Femmes et négoce
dans les ports européens

P.I.E. Peter Lang

Bruxelles · Bern · Berlin · New York · Oxford · Wien

Bernard Michon et Nicole Dufournaud (dir.)

Femmes et négoce dans les ports européens

Pour une Histoire nouvelle de l'Europe,
vol. 6

Ce volume a fait l'objet du soutien du Labex EHNE.

Illustration de couverture : Pierre Bernard Morlot, *Marguerite Deurbroucq et son esclave*, 1753.
© Château des ducs de Bretagne – Musée d'histoire de Nantes, André Bocquel

Cette publication a fait l'objet d'une évaluation par les pairs.

Toute représentation ou reproduction intégrale ou partielle faite par quelque procédé que ce soit, sans le consentement de l'éditeur ou de ses ayants droit, est illicite. Tous droits réservés.

© P.I.E. PETER LANG s.a.
Éditions scientifiques internationales
Brussels, 2018
1 avenue Maurice, B-1050 Bruxelles, Belgium
brussels@peterlang.com ; www.peterlang.com

ISSN 2466-8893
ISBN 978-2-8076-0771-2
ePDF 978-2-8076-0772-9
ePub 978-2-8076-0773-6
Mobi 978-2-8076-0774-3
DOI 10.3726/b14887
D/2018/5678/104

Information bibliographique publiée par « Die Deutsche Bibliothek »

« Die Deutsche Bibliothek » répertorie cette publication dans la « Deutsche Nationalbibliografie » ; les données bibliographiques détaillées sont disponibles sur le site <http://dnb.ddb.de>.

Table des matières

Remerciements 9

Introduction scientifique 11
Bernard Michon et Nicole Dufournaud

PARTIE 1
DE LA MARCHANDE À LA NÉGOCIANTE :
LA DIVERSITÉ DU TRAVAIL FÉMININ DANS LES PORTS

Les femmes dans le commerce dieppois à la fin du Moyen Âge 25
Philippe Lardin

Les femmes et l'expansion maritime portugaise. Femmes
entrepreneuses au Portugal et outre-mer au XVIe siècle 45
Amélia Polónia

Comment rendre visible le rôle économique des femmes
sous l'Ancien Régime ? Étude méthodologique
sur les marchandes à Nantes aux XVIe et XVIIe siècles 65
Nicole Dufournaud

Le rôle des femmes dans le commerce antillais du port
de Nantes dans la seconde moitié du XVIIe siècle 85
Marion Tanguy

Les affaires, la mode et la mer : ports et entrepreneuriat
au féminin en Méditerranée occidentale dans les dernières
décennies de l'Ancien Régime 99
Anne Montenach

Les activités de négoce des femmes dans les ports
atlantiques de l'Espagne au XIXe siècle 117
Luisa Muñoz Abeledo

PARTIE 2
DE L'ASSOCIATION FAMILIALE À LA MAISON DE COMMERCE : LES RÔLES DES FEMMES DANS LES ENTREPRISES FAMILIALES

Marguerite Urbane Deurbroucq, née Sengstack, et son esclave 139
Krystel Gualdé

Des suppléantes aux négociantes : la place des femmes dans le grand commerce rochelais du XVIIIe siècle 155
Brice Martinetti

Femmes et négoce outre-mer : Marseille et la Martinique au XVIIIe siècle 171
Gilbert Buti

Femmes de commerçants, femmes commerçantes à Bordeaux de la fin de l'Ancien Régime à la Restauration 189
Philippe Gardey

Négociantes à Lorient sous la Révolution et l'Empire : entre émancipation et réalité complexe des pratiques commerciales 213
Karine Audran

Rôles des femmes à la direction des entreprises familiales. Va-et-vient entre le visible et l'invisible 231
Paulette Robic

Conclusions 249
Martine Cocaud

Bibliographie générale 257

Liste des contributeurs 293

Remerciements

Nous tenons à remercier sincèrement les institutions pour leur concours à la réalisation de cet ouvrage.

- Le Labex « Écrire une histoire nouvelle de l'Europe » (EHNE), particulièrement son axe 4 intitulé « L'Europe, les Européens et le monde », dirigé par Michel Catala, professeur d'histoire contemporaine à l'Université de Nantes ; Virginie Chaillou-Atrous, post-doctorante en charge de la coordination de l'axe 4.
- Le Centre de recherches en histoire internationale et atlantique (CRHIA) et son directeur, Éric Schnakenbourg, professeur d'histoire moderne à l'Université de Nantes ; Thomas Burel, chargé de la valorisation et de la communication, et Aurélie Cloarec, gestionnaire financière.
- Les Archives départementales de Loire-Atlantique et du Rhône qui ont permis la publication de documents conservés dans leurs fonds.
- Les Musées qui ont autorisé la reproduction des illustrations présentes dans ce volume : Musée d'histoire de Nantes, château des ducs de Bretagne ; Musée d'Aquitaine, Bordeaux ; Musée du Louvre, Paris ; Metropolitan Museum, New-York.

Cette publication a été finalisée grâce à l'aide de Barbara Chiron, salariée de l'association Les Anneaux de la Mémoire, pour les illustrations, et de Dorothea Nolde, professeure d'histoire à l'Université de Vienne (Autriche), pour les références bibliographiques allemandes. Qu'elles en soient ici remerciées.

Enfin, nous avons demandé un effort particulier aux contributrices et contributeurs qui ont accepté nos directives. Nous leur en savons gré et les remercions chaleureusement pour leur concours.

Introduction scientifique

Bernard MICHON

*Maître de conférences en histoire moderne
Centre de recherches en histoire internationale
et atlantique (CRHIA-EA 1163)
Université de Nantes*

Nicole DUFOURNAUD

*Docteure en histoire moderne
Laboratoire de démographie et d'histoire sociale
(LaDéHiS) et « Histoire du genre »
École des hautes études en sciences sociales (EHESS), Paris*

« Interrogez un historien : avant Mme Francine Gomez [qui dirigea l'entreprise Waterman de 1972 à 1986], combien de femmes d'affaires pourrait-il citer ? ». Telle est l'apostrophe que Serge Chassagne, dans un ouvrage de 1981, lançait en présentant la publication de la correspondance commerciale et financière de Marie-Catherine-Renée Darcel (1737-1822), épouse de Sarrasin de Maraise, entretenue entre 1767 et 1789 avec le célèbre Christophe-Philippe Oberkampf (1738-1815), fondateur de la manufacture royale de toiles imprimées de Jouy-en-Josas. Il poursuivait en écrivant que « notamment à la période moderne, l'homme n'a pas toujours dominé sans partage la sphère de production[1] » et signalait également la place occupée par des femmes, généralement des veuves, dans les sociétés d'armement ou de négoce portuaires.

Zones de contacts entre des espaces différents, les grands havres de commerce ont joué, au seuil de l'époque moderne, un rôle décisif dans le processus de désenclavement des grandes parties du monde et sont

---

[1] S. Chassagne (dir.), *Une femme d'affaires au XVIIIe siècle, la correspondance de Madame de Maraise, collaboratrice d'Oberkampf*, Toulouse, Éditions Privat, 1981, p. 7.

devenus des espaces majeurs de la mondialisation[2]. Le départ des hommes pour des périodes plus ou moins longues, dans le cas des gens de mer ou dans celui des négociants et des planteurs, oblige à laisser la responsabilité de la gestion de la maison et du négoce à une autre personne, souvent à l'épouse. Au-delà de la prééminence du noyau familial, ce choix témoigne de la confiance dont elle jouit de la part de son mari et apporte également la preuve de ses compétences et de sa connaissance des affaires maritimes. Au croisement de l'histoire atlantique et de l'histoire du genre, un ouvrage dirigé par les historiens Douglas Catterall et Jodi Campbell, a justement cherché à mettre l'accent sur la place des femmes dans les sociétés portuaires, en élargissant la focale au-delà des seuls milieux négociants[3].

De fait, des études historiques consacrées aux milieux négociants des grands ports de commerce ont relevé la présence de femmes dans ce secteur traditionnellement très masculin, posant en creux la question d'une éventuelle spécificité des milieux maritimes. Parmi ces femmes, les veuves ont retenu l'attention. Dès 1969 par exemple, Jean Meyer mentionnait pour Nantes au XVIIIe siècle, les cas de Françoise Despinoze, veuve de Gabriel Michel, ou d'Anne O'Schiell, veuve de Guillaume Grou, et insistait sur le caractère profondément familial du capitalisme marchand[4]. André Lespagnol a également constaté dans son étude sur le négoce malouin cette « réalité à première vue surprenante et même problématique, au sens premier de l'expression », au point que son article est devenu une référence historiographique sur ce sujet[5]. L'auteur a recensé 15 femmes « négociantes » en 1701 sur un total de 148 négociants, « soit un taux de "féminité" de plus de 10 % qui n'a rien de dérisoire[6] ». Ce

---

[2] S. Gruzinski, *Les quatre parties du monde : histoire d'une mondialisation*, Paris, La Martinière, 2004 ; G. Saupin (dir.), *Africains et Européens dans le monde atlantique, XVe-XIXe siècles*, Rennes, Presses universitaires de Rennes, 2014.

[3] D. Catterall et J. Campbell (dir.), *Women in Port. Gendering Communities, Economies, and Social Networks in Atlantic Port Cities, 1500-1800*, Leiden-Boston, Brill, 2012. Parmi les contributions, voir en particulier celle de Kim Todt et Martha Dickinson Shattuck, « Capable Entrepreneurs : The Women Merchants and Traders of New Netherland », pp. 183-214, ainsi que celle de Dominique Rogers et Stewart King, « Housekeepers, Merchants, Rentières : Free Women of Color in the Ports Cities of Colonial Saint-Domingue, 1750-1790 », pp. 357-397.

[4] J. Meyer, *L'armement nantais dans la seconde moitié du XVIIIe siècle*, Paris, SEVPEN, 1969 (réédition EHESS en 1999), pp. 104, 184-186.

[5] A. Lespagnol, « Femmes négociantes sous Louis XIV. Les conditions complexes d'une promotion provisoire », dans A. Croix, M. Lagrée, J. Quéniart (dir.), *Populations et cultures. Études réunies en l'honneur de François Lebrun*, Rennes, 1989, p. 463.

[6] *Ibid.*, p. 464.

Introduction scientifique 13

rôle des veuves de négociants peut également être mesuré pour des sites de moindre envergure : ainsi dans la première moitié du XVIIIe siècle, sur plus de 1 000 retours de morutiers des Sables-d'Olonne en provenance des bancs de Terre-Neuve effectués à Nantes, environ 18 % des navires étaient armés par des femmes[7]. De tels chiffres interrogent : sont-ils exceptionnels ou susceptibles de se retrouver dans d'autres lieux ?

Ce constat n'est évidemment pas une spécificité française et se rencontre à l'échelle européenne : pour le nord du continent, Pierre Jeannin a mis en évidence les situations de nombreuses veuves, de Katharina, veuve de Wilhem Bresser à Lübeck, à la veuve d'Andreas Berenberg à Hambourg[8]. S'intéressant aux femmes d'affaires et plus précisément aux marchandes, l'historien Daniel Rabuzzi a relevé plusieurs noms de femmes dans le commerce de gros à Stralsund, au bord de la mer Baltique : elles représentent 11 % du total des marchands entre 1750 et 1815, 50 sont veuves et 4 autres célibataires. Passé le milieu du XVIIIe siècle, il constate toutefois une diminution de leur nombre[9]. En Europe du Sud, où la situation des femmes est traditionnellement considérée comme plus défavorable, les cas ne manquent pas non plus. À Marseille par exemple, Perrine Baux, épouse Rabaud (1759-1840), est rendue visible par son veuvage, perpétuant le négoce de son défunt mari pendant vingt ans avant de le transmettre à son fils[10]. En Italie, « Dès les XIVe-XVe siècles, l'instruction élémentaire, au moins la connaissance de l'écriture et du calcul, devient une nécessité pour les femmes [...] de la bourgeoisie

---

7   N. Dufournaud et B. Michon, « Les femmes et l'armement morutier : l'exemple des Sables-d'Olonne pendant la première moitié du XVIIIe siècle », *Annales de Bretagne et des Pays de l'Ouest*, Presses universitaires de Rennes, t. 110, n° 1, 2003, p. 97.

8   P. Jeannin, *Marchands du Nord, espaces et trafics à l'époque moderne*, P. Braunstein et J. Hooch (dir.), Paris, Presses de l'École normale supérieure, 1996, pp. 249-250 ; Id., *Marchands d'Europe, pratique et savoirs à l'époque moderne*, J. Bottin et M.-L. Pelus-Kaplan (dir.), Paris, Éditions Rue d'Ulm, 2002, p. 288. Pour la fin du Moyen Âge, voir S. Abraham-Thisse, « Les affaires sont-elles une affaire de femmes ? Les femmes d'affaires dans le monde hanséatique », dans *Femmes de pouvoir et pouvoir des femmes dans l'Occident médiéval et moderne*, Valenciennes, Presses universitaires de Valenciennes, 2009, pp. 303-329.

9   D. A. Rabuzzi, « Women as Merchants in Eighteenth-Century Northern Germany : The Case of Stralsund, 1750-1830 », *Central European History*, 1995, vol. 28, n° 4, pp. 435-456.

10 É. Richard, « Femmes chefs d'entreprise à Marseille : une question de visibilité », dans G. Dermenjian, J. Guilhaumou et M. Lapied (dir.), *Femmes entre ombre et lumière. Recherches sur la visibilité sociale (XVIe-XXe siècles)*, Paris, Éditions Publisud, 2000, pp. 89-97.

commerçante qui remplacent leur mari quand celui-ci s'absente pour ses affaires[11] ».

Les colonies européennes, situées outre-mer, n'échappent pas non plus à ce schéma : par exemple, Laëtitia Béchet a retracé l'itinéraire de vie de Catherine Macary, veuve de Pierre Wandas, négociante à Saint-Pierre de la Martinique dans le dernier quart du XVIIIe siècle et dans les premières années du XIXe siècle[12].

Un autre travail, mené sur le commerce maritime nantais a, par ailleurs, montré qu'au-delà des veuves, des femmes mariées et des « filles seules » participaient aussi au négoce[13] ; Marie-Catherine-Renée Darcel, femme mariée étudiée par Serge Chassagne, occupait les fonctions de « directeur commercial et financier » de la société fondée entre son mari et Oberkampf. Mariée à presque 30 ans, elle était auparavant la commissionnaire d'Oberkampf dans le port de Rouen. Le veuvage n'est donc pas obligatoire pour être une femme d'affaires reconnue : parmi les nombreux exemples possibles, citons celui de Magdeleine Lartessuti (1478-1546), « armatrice » à Marseille sous François I[er][14]. La « fille seule » devient moins visible en se mariant et en passant sous la tutelle de son époux mais par des voies détournées, elle peut réapparaître quand la société patriarcale, mais pragmatique, l'autorise à exercer des activités économiques et financières. Comme l'a souligné l'historienne Scarlett Beauvalet-Boutourye : « De nombreuses descriptions nous montrent les femmes s'affairant dans la finance ou le commerce, tenant boutique, traitant avec des marchands étrangers, en leur nom ou pour le compte de leur époux, achetant, vendant. [...] Certes, on ne saurait généraliser la participation des femmes aux affaires, le degré de collaboration avec leur mari dépendant de la personnalité de chacune[15] ».

---

[11] S. Beauvalet-Boutourye, *Les femmes à l'époque moderne* (XVIe-XVIIIe siècles), Paris, Belin Sup Histoire, 2003, p. 102.

[12] L. Béchet, « La traite négrière à la Martinique à travers la presse locale au début du XIXe siècle », *Revue du Philanthrope*, n° 6, Presses universitaires de Rouen et du Havre, 2015, pp. 262-266.

[13] N. Dufournaud et B. Michon, « Les femmes et le commerce maritime à Nantes (1660-1740) : un rôle largement méconnu », *Clio Histoire, Femmes et Sociétés*, n° 23, Presses universitaires du Mirail, 2006, pp. 311-330.

[14] Magdeleine Lartessuti est la fille naturelle d'un procureur d'Avignon et comptait parmi les plus riches et les plus actifs marchands de la place de Marseille. Voir W. Kaiser, *Morphologie sociale et luttes de factions 1559-1596. Marseille au temps des troubles*, Paris, EHESS, 1992, pp. 76-77.

[15] S. Beauvalet-Boutourye, *op. cit.*, pp. 101-102.

Introduction scientifique

Dès son origine, cette étude a souhaité s'inscrire dans le courant de l'histoire des femmes et du genre. Si la sociologue anglaise Ann Oakley[16] a introduit dans les années 1970 le terme de *gender* pour théoriser la distinction entre le sexe – donnée biologique – et le genre – une construction sociale –, l'historienne américaine, Joan Scott, quant à elle, a vu dans ce concept une façon de signifier des rapports de pouvoir qui génèrent une domination masculine[17]. En France, il a fallu attendre les années 1990, pour que le concept *gender* – en français « genre » – s'impose en histoire grâce au mouvement militant des années 1970 en histoire des femmes qui a trouvé depuis un ancrage académique[18]. Il a d'abord fallu écrire l'histoire des femmes pour faire émerger 50 % de la population, rendre visible l'invisible, faire apparaître des femmes comme actrices sociales et économiques avant d'étudier les relations et les rapports entre les hommes et les femmes. « Pas d'histoire sans elles ! » écrivait l'historienne Françoise Thébaud en 2004[19]. Les formes récentes d'institutionnalisation comme l'ampleur des productions scientifiques montrent une légitimité nouvelle de ce champ de recherche[20].

« Qu'est-ce que le genre ? Comment le penser en histoire ? », s'interrogeait Michèle Riot-Sarcey. Le concept du genre sert à poser des questions[21]. Il constitue une catégorie d'analyses, une véritable boîte à outils pour les chercheuses et les chercheurs en histoire. Il s'agit alors de déconstruire les stéréotypes, d'étudier la construction sociale des rapports de sexe et des rapports de pouvoir et de domination ; en d'autres termes penser différemment. Si les études sur le rôle économique des femmes sont nombreuses pour la période contemporaine, elles le sont beaucoup moins pour les siècles précédents. De nombreux obstacles

---

[16] A. Oakley, *Sex, gender, and Society*, London, Temple Smith, 1972.
[17] J. W. Scott, *Gender and the Politics of History*, Columbia University Press, 1988 ; Id. « Genre : une catégorie utile d'analyse historique », *Les cahiers du Grif*, traduit par E. Varikas, 1988, *Le genre de l'histoire*, n° 37-38, pp. 125-153.
[18] Sur la question, lire S. Teixido, « Genre et identités sexuelles », dans C. Halpern (dir.), *Identité(s). L'individu. Le groupe. La société*, Auxerre, Éditions Sciences Humaines, 2004, pp. 76-77.
[19] F. Thébaud, *Pas d'histoire sans elles. Ressources pour la recherche et l'enseignement en histoire des femmes et du genre*, SCEREN-CRDP académie d'Orléans-Tours (coll. « Les guides pédagogiques »), 2004.
[20] Parmi les institutions, citons entre autres, pour la France, l'Institut du Genre au sein du CNRS, les associations comme Mnémosyne, les revues comme *Clio, Femmes, Genres, Histoire*.
[21] M. Riot-Sarcey, *Le Genre en questions : pouvoir, politique, écriture de l'histoire : recueil de textes 1993-2010*, Paris, Creaphis éditions, 2016, p. 5.

de compréhension de la condition féminine sont à l'origine de cette situation : par exemple le système de représentation sociale autour de la famille nucléaire ne fonctionne pas pour le début de l'époque moderne[22] ; la « mère au foyer » entourée de nombreux enfants est une invention du XVIIIe siècle dont la pratique ne se développe qu'au XIXe siècle, surtout dans les couches moyennes de la population[23]. Pour le médiéviste Didier Lett, les questions en histoire des femmes et du genre sont biaisées car trop souvent des catégories contemporaines non pertinentes sont plaquées pour les époques anciennes[24]. Enfin, comme l'a indiqué Éliane Richard : « les historiens, victimes du discours normatif de l'époque qui cantonne les femmes dans le champ du privé, n'ont pas toujours tenté de vérifier la pertinence de ces idées reçues[25] ». Quant à l'éducation, que ce soit dans les secteurs de l'industrie ou du commerce, dans le monde rural ou urbain, les enfants ne sont pas seulement instruits par les mères, mais par les femmes pour les plus jeunes enfants et par les hommes à partir d'un certain âge, environ sept ans[26]. L'instruction hors de l'école et la formation aux métiers sont assurées par les familles avec les domestiques ou chez les artisans[27]. Ces deux sujets – femmes au sein des familles et éducation des filles – méritent d'être approfondis au prisme du genre.

---

[22] La famille est une nouvelle structure sociale qui remplace la féodalité. Elle s'impose progressivement à partir du XVIIe siècle. Lire G. Conti Odorisio, *La famille et l'État dans La République de Jean Bodin*, Paris, L'Harmattan (coll. « Bibliothèque du féminisme »), 2007, pp. 13 et suiv.

[23] Quand les mères relèvent de couche, elles reprennent leurs tâches soit aux champs soit à la boutique. La « mère au foyer » est bien une invention du XIXe siècle. En conséquence, mettre au monde de nombreux enfants ne signifie pas que la mère reste confinée au foyer, d'autant que la mortalité infantile est élevée. Pour Yvonne Knibiehler, Jean-Jacques Rousseau, dans son *Émile*, « déplace le sacré, il le détache de la religion pour l'inscrire dans la famille, dans la vie privée. C'est sa vision qui projette l'image de la mère au foyer. Inventée d'abord dans l'intérêt de l'enfant, celle-ci passe ensemble au service de la révolution industrielle » ; Y. Knibiehler, « La mère au foyer », dans G. Dermenjian, J. Guilhaumou et M. Lapied (dir.), *op. cit.*, pp. 33-40.

[24] D. Lett, « Les régimes de genre dans les sociétés occidentales de l'Antiquité au XVIIe siècle », *Annales Histoire, Sciences sociales*, vol. 67, n° 3, septembre 2012, pp. 563-572.

[25] É. Richard, art. cité, pp. 89-97.

[26] J. de Viguerie, *L'institution des enfants : l'éducation en France*, XVIe-XVIIe siècles, Paris, Calmann-Lévy, 1978.

[27] U. Krampl, D. Picco et M. Thivend, « Introduction », *Genre & Histoire* [En ligne], 20 | Automne 2017, mis en ligne le 01 janvier 2017, consulté le 07 février 2018. URL : http://journals.openedition.org/genrehistoire/2979 ; R. Rogers et F. Thébaud, *La fabrique des filles. L'éducation des filles de Jules Ferry à la pilule*, Paris, Éditions Textuel, 2010.

Fort des acquis de l'historiographie, l'ambition du présent volume est de faire dialoguer des chercheuses et chercheurs en histoire portuaire et maritime avec celles et ceux qui travaillent sur l'histoire des femmes et du genre[28]. Une telle entreprise se justifie en effet par l'éclatement de la recherche en grands champs thématiques : aussi l'un des objectifs de ce livre est-il de dresser un bilan historiographique sur la question, généralement peu mise en avant, de la place des femmes dans le négoce des ports européens de la fin de l'époque médiévale au début de la période contemporaine. La période étudiée permet d'interroger l'éventuel impact de la dilatation des horizons commerciaux des Européens et de l'essor du trafic colonial sur le rôle des femmes dans les places portuaires[29].

L'ouvrage regroupe douze textes, portant sur des espaces géographiques et des périodes différents, répartis en deux grands axes[30].

Le premier cherche à mettre en évidence la diversité du travail féminin dans les milieux portuaires européens sur la longue durée, grâce aux études de Philippe Lardin sur Dieppe à la fin de l'époque médiévale, d'Amélia Polónia sur le Portugal (Vila do Conde) et ses colonies en Afrique et en Asie au XVIe siècle, de Marion Tanguy sur le commerce vers les Antilles à partir du port de Nantes au XVIIe siècle, d'Anne Montenach sur le monde de la Méditerranée occidentale dans la deuxième moitié au XVIIIe siècle et de Luisa Muñoz Abeledo sur les ports atlantiques de l'Espagne (La Corogne) au XIXe siècle. S'y ajoute un texte méthodologique de Nicole

---

[28] L'ouvrage reprend les communications présentées lors de deux journées d'études (les 10 mars et 6 octobre 2016) à la Maison des sciences de l'homme « Ange Guépin » de Nantes, dans le cadre des activités du Labex « Écrire une histoire nouvelle de l'Europe » (EHNE), particulièrement de son axe 4 intitulé « L'Europe, les Européens et le monde », dirigé par Michel Catala.

[29] Le thème des femmes et de la mer, dans un sens plus large, avait déjà donné lieu à une journée d'études le 16 avril 2014, à l'université de Bretagne Sud-Lorient, organisée par Emmanuelle Charpentier et Philippe Hrodĕj. La question du travail féminin le long des littoraux y avait notamment été abordée mais également celle de la découverte de la mer par des femmes appartenant à la haute société des XVIIIe et XIXe siècles. Voir E. Charpentier et P. Hrodĕj (dir.), *La femme et la mer à l'époque moderne*, Rennes, Presses universitaires de Rennes, à paraître. Depuis, un colloque s'est déroulé à Rochefort (11-13 mai 2017), à l'initiative d'Emmanuelle Charpentier et de Benoît Grenier : « Femmes face à l'absence de l'Antiquité à l'époque contemporaine : terre, mer, outre-mer (Europe-Amérique du Nord) » ; il devrait donner lieu à une publication.

[30] Malheureusement, plusieurs intervenants n'ont pas pu contribuer à cette publication, pour des raisons professionnelles. C'est le cas notamment d'Anne Wegener Sleeswijk, « Le vin au féminin. Vendre et acheter une boisson de luxe aux Provinces-Unies (XVIIe-XVIIIe siècles) ».

Dufournaud sur une démarche pour appréhender les archives et rendre visibles les traces des femmes dans les sources masculines.

La réalité et la diversité du travail des femmes dans les milieux portuaires européens – qu'il serait inexact de cantonner uniquement à la prostitution et à la tenue de cabarets –, ont été observées par plusieurs contemporains. En son temps, Turgot écrivait : « Depuis la revendeuse qui étale des herbes au marché, jusqu'à l'armateur de Nantes ou de Cadix, qui étend ses ventes et ses achats dans l'Inde et dans l'Amérique, la profession de marchand, ou le commerce proprement dit, se divise en une infinité de branches, et pour ainsi dire de degrés[31] ». Il convient de souligner au passage la répartition sexuée des tâches : aux femmes les activités subalternes et aux hommes les fonctions les plus importantes. L'ouvrage souhaite au contraire mettre en lumière l'accès de certaines femmes au titre de « négociante ». En France en effet, si le terme de « négoce » est utilisé dans les sources pratiquement dès le début de l'époque moderne, le mot « négociant » apparaît à la fin du XVIIe siècle pour désigner la frange supérieure des marchands.

Se pose d'ailleurs la question des facteurs favorables ou non à l'activité des femmes en général et dans le commerce en particulier. Malgré l'existence de corporations excluant les femmes, il semble que le statut juridique parfois favorable aux femmes ait autorisé une capacité d'agir dans certaines régions comme dans le pays nantais et en Bretagne[32] mais

---

[31] *Œuvres de Turgot, Nouvelle édition classée par ordre de matières*, Paris, Guillaumin Libraire, 1844, p. 43. Cité par G. Le Bouëdec, *Activités maritimes et sociétés littorales de l'Europe atlantique 1690-1790*, Paris, A. Colin, 1997, p. 300.

[32] Finalement, dans les villes portuaires françaises comme Nantes, Le Havre, Rouen ou Bordeaux, le milieu marchand semble avoir influé fortement sur la rédaction des coutumes depuis le XVe siècle : les usages de la ville de Nantes permettent aux femmes de jouir de tous les biens de la communauté conjugale en cas du décès du mari, jusqu'à leur propre mort. Ces usages sont repris dans la rédaction de la coutume à la fin du XVIe siècle pour préserver ces privilèges féminins qui facilitent le commerce et répondent à un pragmatisme marchand. Les hommes, que ce soient les pères, les maris ou les fils, s'absentent régulièrement car ils partent en mer avec leurs propres marchandises pour les livrer eux-mêmes ou rejoindre des comptoirs : les femmes, que ce soient les mères, les épouses ou les filles, doivent être en mesure de les remplacer sur une longue durée. Voir N. Dufournaud, *Rôles et pouvoirs des femmes au XVIe siècle dans la France de l'Ouest*, thèse d'histoire, dactyl., A. Burguière (dir.), EHESS, Paris, 2007, disponible en ligne sur http://nicole.dufournaud.org ; Ead., « Between parental power and marital authority : How merchant women stood the test of customary laws in Brittany in the sixteenth to seventeenth centuries », dans A. Bellavitis et B. Zucca Micheletto (dir.), *Gender, Law and Economic Well-Being in Europe from the Fifteenth to the Nineteenth Century North versus South ?*, London, Routledge, 2018.

aussi dans la Hanse[33] et en Flandres. L'incapacité juridique des femmes, caractéristique du XIXe siècle et clairement affirmée dans le Code civil napoléonien, s'est étendue alors à l'Europe. Daniel Rabuzzi a également constaté que le système politique prussien a empêché les femmes de Starlsund d'exercer leurs activités quelques années après l'annexion de la ville par la Prusse. En combinant les systèmes politique et juridique excluant les femmes du domaine public, nous pouvons trouver une bonne explication de la disparition progressive des marchandes dans le négoce à partir du XIXe siècle.

Par ailleurs, Évelyne Berriot-Salvadore, reprenant les travaux d'Émile Coornaert sur Anvers au XVIe siècle, a rappelé que les contemporains observaient la singularité des femmes anversoises « qui ont appris les langues étrangères, la comptabilité et les règles de la correspondance dans ces écoles de filles dirigées par un Pierre Heyns ou un Gabriel Meurier[34] ». Quoique peu étudiée, l'éducation des filles et l'éducation domestique est également un critère à prendre en compte. Marie-Catherine-Renée Darcel, fille de marchands-merciers, possède la technique comptable et les éléments de mathématiques qu'elle enseigne aux commis ; elle connaît et lit couramment l'anglais et aussi l'allemand ; elle révèle de grandes qualités commerciales « car, à son mariage, une partie des trente mille livres de ses propres vient "des épargnes de son commerce"[35] ». Enfin, elle pratique l'équitation habillée en cavalier. Ce portrait esquissé montre une éducation soignée et des qualités certainement développées lors d'une éducation domestique auprès de parents eux-mêmes marchands.

Le deuxième grand axe de l'ouvrage, comportant six contributions, s'intéresse aux structures commerciales (sociétés et maisons de commerce) et aux rôles des femmes dans les entreprises familiales : Krystel Gualdé étudie les portraits d'un couple de négociants nantais ; le texte de Brice Martinetti sur la place de La Rochelle au XVIIIe siècle et celui de Gilbert Buti sur les liens entre Marseille et la Martinique par le prisme de la correspondance commerciale de la Maison Roux, font émerger des figures de femmes négociantes ; tandis que Philippe Gardey et Karine Audran, par leurs approches respectivement sur Bordeaux et Lorient, questionnent de possibles évolutions survenues dans le négoce

---

[33] D. Rabuzzi, art. cité, pp. 435-456.
[34] É. Berriot-Salvadore, « Rôles féminins dans la bourgeoisie d'affaires du XVIe siècle », dans *Marseillaises. Les femmes et la ville*, Paris, Côté-Femmes, 1993, pp. 210-218.
[35] S. Chassagne (dir.), *op. cit.*, p. 14.

avec la Révolution française. Comme pour la première partie, un texte méthodologique apporte un indispensable éclairage pour mieux étudier les fonctions occupées par des femmes dans le négoce : Paulette Robic, par son regard de gestionnaire, donne une grille de lecture pertinente aux historiens et historiennes pour analyser le va-et-vient entre le rôle visible et invisible des femmes.

Les négociants forment en effet des « firmes[36] », des « maisons de commerce » ou des « entreprises commerciales ». La notion d'« entreprise » mérite d'être explicitée. Selon l'historienne Hélène Vérin, elle devient au début du XVIIIe siècle « un concept théorique lorsqu'elle est définie comme une forme d'intervention économique produite par/productrice de – un *ordre* ou une *classe* d'entrepreneurs[37] », même si le mot désigne surtout pour les contemporains des constructeurs de bâtiments. De nos jours, pour les économistes et les gestionnaires, l'entrepreneuriat suppose la présence de salariés au sein de la structure.

Ces structures et leur fonctionnement doivent être interrogés au regard du modèle économique des sociétés préindustrielles. D'après l'historien Jean-Yves Grenier qui travaille sur la parenté, il faut attendre les années 1850 pour percevoir les transformations du ménage conduisant à une autre organisation, le modèle de l'homme comme unique source de revenu et la femme qui se consacre aux travaux domestiques[38]. Dès le XVIIIe siècle, le développement du capitalisme serait la cause de la séparation entre l'entreprise et le ménage, entre l'économie marchande et la vie quotidienne, cette dernière étant définie comme l'ensemble des activités nécessaires à l'entretien et au développement des individus[39]. La dimension familiale dans les activités économiques est au cœur de notre sujet. Jusqu'au XVIIIe siècle, les entreprises que nous qualifions de

---

[36] Le mot « firme » revient régulièrement sous la plume de l'historien Jacques Bottin par exemple pour qualifier des structures marchandes de la première modernité. Voir J. Bottin, « Apprendre au large et entre soi : la formation des négociants rouennais autour de 1600 », dans J.-P. Poussou et I. Robin-Romero (dir.), *Histoire des familles, de la démographie et des comportements : en hommage à Jean-Pierre Bardet*, Paris, Presses de l'Université Paris-Sorbonne, 2007, pp. 741-755.
[37] H. Vérin, *Entrepreneurs, Entreprises. Histoire d'une idée*, Paris, Presses universitaires de France, 1982, p. 12.
[38] J.-Y. Grenier, « Travailler plus pour consommer plus. Désir de consommer et essor du capitalisme, du XVIIe siècle à nos jours », *Annales. Histoire, Sciences sociales*, 2010, 65e année, n° 3, pp. 787-798.
[39] J.-M. Barbier, *Le quotidien et son économie. Essai sur les origines historiques et sociales de l'économie familiale*, Paris, CNRS, 1981.

familiales par commodité, apparaissent comme des entreprises dont la structure est bien plus large que le couple et leurs enfants : elle comprend également les oncles et tantes, neveux et nièces, commis et domestiques. La structure parentale semble être un facteur d'autonomie pour les femmes qui ne sont pas enfermées au sein de la cellule familiale.

Une bibliographie générale sélective complète les textes fournis par les contributrices et contributeurs de cet ouvrage. Parmi les difficultés inhérentes à ce sujet de recherche, s'ajoute la non-visibilité des femmes dans les titres de livres. Quand il s'agit d'étudier le travail des femmes et même celles qui se retrouvent à la tête d'entreprises – femmes d'affaires, veuves de négociants –, il est difficile de trouver les ouvrages traitant de ce sujet par le seul titre. Par ailleurs, si la consultation du catalogue de la Bibliothèque nationale de France référence les livres sur les femmes depuis quelques années, le sujet « femmes d'affaires » ne renvoie qu'à 49 ouvrages dont un seul en langue française concerne l'époque moderne, celui portant sur la correspondance de Madame de Maraise, un deuxième porte sur des femmes d'affaires dites mythiques de la Veuve Cliquot à aujourd'hui[40] et un dernier sur les femmes conquérantes du Moyen Âge au XXe siècle[41]. Là encore, les livres d'origine française sont en minorité : seulement 10 sur 49 et tous ne portent pas sur la France[42].

Finalement, l'ambition de cet ouvrage est de montrer les femmes en capacité d'agir à partir de l'exemple des milieux portuaires. À partir de figures oubliées, il s'agit de dégager une évolution des rôles des femmes et de leur rapport avec les hommes : comment sont-elles perçues par les hommes de leur entourage ? Nous espérons que les premières réponses apportées ici favoriseront d'autres recherches sur ces « femmes fortes » qui participent à l'économie française et européenne de la fin du Moyen Âge au XIXe siècle.

---

[40] C. Lanfranconi et A. Meiners, *Femmes d'affaires mythiques : Veuve Clicquot, Coco Chanel, Florence Knoll, Estée Lauder, Miuccia Prada, Marie Tussaud et bien d'autres*, Paris, Dunod, 2010.

[41] C. Rigollet, *Les conquérantes : du Moyen Âge au XXe siècle, ces femmes méconnues qui, en France, firent prospérer des empires*, Paris, NIL, 1996.

[42] Cette étude, très limitée, a été effectuée sur le catalogue de la BnF en décembre 2017.

Partie 1
De la marchande à la négociante :
La diversité du travail féminin dans les ports

Les femmes dans le commerce dieppois à la fin du Moyen Âge

Philippe LARDIN

Maître de conférences honoraire en histoire médiévale
Groupe de recherche d'histoire (GRHis-EA 3831)
Université de Rouen

Connaître les femmes dieppoises au Moyen Âge n'est pas chose aisée car les sources dont nous disposons ne sont pas très prolixes sur le sujet[1]. En effet, il s'agit avant tout de comptabilités conservées à Rouen par les trésoriers des archevêques, seigneurs de la ville de Dieppe depuis la fin du XIIe siècle[2]. Les sources locales ont presque totalement disparu en 1694 dans l'incendie qui suivit le bombardement de la ville par une flotte anglo-hollandaise[3]. Quelques autres registres ecclésiastiques ou des lettres de rémission font parfois apparaître des femmes mais les données sont là encore très succinctes et assez largement anecdotiques.

Les femmes étaient évidemment au moins aussi nombreuses que les hommes dans l'économie comme dans la société mais leur présence massive n'est visible que de manière tout à fait occasionnelle. C'est le cas, par exemple, en 1347, où 338 femmes furent rassemblées pour tirer et faire sortir de la vase du port des bateaux royaux destinés à ravitailler la

---

[1] Sur la difficulté à écrire l'histoire des femmes, voir « La place des femmes dans l'histoire ou les enjeux d'une écriture », *Revue de synthèse*, n° 1, janvier-mars 1997, repris dans M. Riot-Sarcey, *Le genre en questions. Pouvoirs, politique, écriture de l'histoire, (Recueil de textes 1993-2010)*, Grane, Creaphis Éditions, 2016, pp. 231-262. Sur la période du Moyen Âge, lire D. Lett, *Hommes et Femmes au Moyen Âge. Histoire du genre*. XIIe-XVe *siècles*, Paris, Armand Colin, « Cursus Histoire », 2013 et S. Cassagnes-Brouquet, *La vie des femmes au Moyen Âge*, Rennes, Ouest France, coll. « Histoire », 2009.
[2] Arch. dép. Seine-Maritime, G 854 ; Arch. mun. Dieppe, Fonds Langlois 1re classe, layette 1 n° 2. L'échange eut lieu en 1197.
[3] Un document du XVIIIe siècle indique que les mesures servant au commerce des boissons ont disparu lors de l'incendie qui détruisit totalement les bâtiments de la Vicomté qui abritaient les hommes de l'archevêque. Arch. dép. Seine-Maritime, G 906.

ville de Calais assiégée par Édouard III[4]. Le choix de femmes pour cette tâche ingrate qui s'explique sans doute par le fait qu'elles étaient plutôt jeunes et assez frêles pour ne pas s'embourber montre que, dans certains cas, c'est à elles que l'on préférait faire appel. En revanche, dans d'autres occasions, plus officielles, elles étaient totalement ignorées. Ainsi, en mars 1363, pour remédier à l'état déplorable des quais, les représentants de l'archevêque convoquèrent plusieurs assemblées de « bourgeois et habitants en la ville de Dieppe » pour mettre en place une taxe dite de « cayage ». Le texte qui nous est parvenu contient une liste des personnages présents qui ne comportent pas moins de 110 noms parmi lesquels on retrouve la plupart de ceux qui intervenaient dans la pêche et dans le commerce maritime. Toutefois, parmi ces noms, on ne trouve aucune femme alors que, comme on va le voir, elles intervenaient elles aussi dans le secteur de la pêche, de la vente et de la transformation du poisson et, dans une moindre mesure, dans le commerce local[5].

Les femmes et la pêche

Lorsqu'ils rentraient au port, les pêcheurs devaient payer à l'archevêché des droits d'entrée appelés « coutumes » qui représentaient l'essentiel des recettes de la seigneurie. Un bateau qui revenait avec moins de 4 450 harengs devait laisser le dixième de la valeur de sa pêche[6]. S'il en rapportait davantage, il devait la valeur d'un millier de harengs à la meilleure vente, c'est-à-dire au meilleur prix à la date du déchargement. Cette législation locale ne s'appliquait pas à tous les pêcheurs puisque de nombreuses exemptions avaient été accordées aux occupants de certaines parcelles de terrain appelées francs-fiefs dès lors « que l'entrée dudit franc-fief, le feu et le lit [étaient] sur le lieu franc[7] ». En principe, les pêcheurs qui habitaient ces francs-fiefs auraient donc dû pouvoir décharger leur cargaison sans avoir à payer de « coutume ». Ce n'était pourtant pas ainsi que les choses se passaient[8].

---

[4] Cité par A. Merlin-Chazelas, *Documents relatifs au clos des Galées de Rouen*, 2 vol., Paris, 1977-1978, t. 2, texte XXXII, p. 118.
[5] Arch. dép. Seine-Maritime, G 876.
[6] Une « queue » contenait en principe 4 450 poissons. Arch. dép. Seine-Maritime, G 499, fol. 22.
[7] *Ibid.*, G 908.
[8] P. Lardin, « La pluriactivité dans le port de Dieppe : Hôtes-vendeurs et guerre de course à la fin du Moyen Âge », *Annales de Bretagne et des Pays de l'Ouest*, t. 120, n° 2,

Les hôtes-vendeurs

En effet, si les pêcheurs avaient dû se rendre à l'hôtel de la Vicomté pour y obtenir les « congés », autrement dit les autorisations de déchargement en faisant valoir leurs franchises, ils auraient perdu beaucoup de temps. C'est pourquoi ils avaient été amenés à faire appel à des intermédiaires que les textes appellent des « hôtes »[9]. Le terme avait, comme aujourd'hui, un double sens. Il désignait d'abord ceux que le *Coutumier* appelle les « hôtes-vendant » ou les « hôtes-vendeurs » qui se chargeaient des formalités administratives à la place des pêcheurs qui, dès lors, devenaient eux-mêmes leurs « hôtes », puisqu'ils étaient en leur « hostage ».

Ces bourgeois allaient chercher les autorisations de déchargement sans distinguer sur le moment les poissons francs des autres[10]. Les hôtes-vendeurs fournissaient aussi aux pêcheurs qui dépendaient d'eux l'« estorement » des navires, c'est-à-dire le ravitaillement en nourriture, en boisson et en matériel de pêche ce qui leur permettait de repartir aussi vite que possible. Pendant qu'ils étaient à terre, les marins pouvaient également demander à leurs hôtes de leur avancer de la nourriture ou de la boisson, les comptes étant apurés à la fin de la campagne de pêche[11]. Par ailleurs, certains hôtes-vendeurs étaient propriétaires de bateaux de

---

2013, pp. 17-38. Voir aussi E. Coppinger (dir.), *Le Coustumier de la Vicomté de Dieppe par Guillaume Tieullier*, Dieppe, 1884, pp. 94-96 et M. Mollat, « La pêche à Dieppe au XVᵉ siècle », *Bulletin de la société libre d'émulation du commerce et de l'industrie de la Seine-Inférieure*, Rouen, 1938, pp. 181-192. Sur les activités portuaires de Dieppe, lire P. Lardin, « L'activité du port de Dieppe à travers la comptabilité de l'archevêque de Rouen », dans *Ports maritimes et ports fluviaux au Moyen âge*, Actes du 35ᵉ Congrès de la SHMES, Société des historiens médiévistes de l'enseignement supérieur (La Rochelle, 5-6 juin 2004), Paris, Publications de la Sorbonne, 2005, pp. 171-182.

[9] M. Mollat, « Les hôtes et les courtiers dans les ports normands à la fin du Moyen Age » *Revue historique de droit français et étranger*, 4ᵉ série, t. XXIV, Paris, n° 47, 1946, pp. 49-67. Repris dans *Études d'histoire maritime*. Cette institution n'était pas propre à la ville de Dieppe et se retrouvait dans de nombreux autres ports, notamment à Boulogne-sur-Mer et à Fécamp.

[10] Les remboursements de franchise avaient lieu au début de l'année suivante à l'issue de ce que l'on appelait le « compte de la harengaison ».

[11] Arch. nat. France, JJ 174, n° 281, fol. 124v. En 1429, par exemple, le marin Laurençon Clémence qui était entré dans une maison de prostitution, uniquement pour y prendre un repas, à ce qu'il disait, avait demandé à son compagnon d'aller avec deux pots vides en l'hôtel de Colin de Greiges, son hôte-vendeur, pour y quérir deux pots de cervoise qu'ils boiraient en mangeant. Le pêcheur n'avait rien payé sur le moment pour cette fourniture ce qui n'avait pas posé de problème puisque le marin était revenu presque immédiatement avec la cervoise.

pêche, parfois en association avec les pêcheurs eux-mêmes et ils recevaient ainsi tout ou partie de la cargaison dont ils faisaient la déclaration devant la Vicomté[12]. Enfin, les hôtes-vendeurs, comme leur nom l'indique, se chargeaient aussi de l'écoulement des poissons livrés par les pêcheurs qui dépendaient d'eux[13]. Ils se comportaient donc un peu comme des mareyeurs achetant et revendant les poissons amenés sur les quais de Dieppe et il est probable que c'est de cette activité qu'ils tiraient la plus grande part de leurs revenus. C'étaient d'ailleurs les mêmes hommes qui dominaient la harengaison et qui faisaient enregistrer les importations et exportations de poissons, par l'intermédiaire de marchands, à destination de la Flandre ou de l'Angleterre[14].

Au début du xve siècle, ces hôtes-vendeurs étaient avant tout des hommes mais on remarque, parmi eux, la présence d'une femme nommée Marotte Carrel, sans doute veuve à cette date[15]. C'était la fille de Jean Carrel, lui-même hôte-vendeur de son vivant[16]. Son rôle n'était pas négligeable car, en 1405, elle arrivait en sixième position pour le montant payé à l'administration archiépiscopale. Certes, elle était loin des deux hôtes les plus puissants de la saison de pêche de cette année-là mais elle semblait ne pas avoir beaucoup moins d'hôtes disposant de franchises, ce qui laisse supposer qu'elle représentait des pêcheurs qui lui faisaient confiance de manière régulière. Sa part dans la harengaison se maintient ainsi jusqu'à 1428[17], ce qui lui procurait sans doute des revenus importants puisqu'elle put prêter 30 livres à l'archevêque en avril 1427[18].

Plusieurs autres femmes intervinrent également dans le système des hôtes-vendeurs au lendemain de la prise de la ville par les partisans de

---

[12] Arch. dép. Seine-Maritime, G 504, fol. 5. Par exemple, Baudouin Eude et Jean Loutrel dans la première moitié du xve siècle.

[13] *Ibid.*, G 502, fol. 53v En novembre 1426, Jean Loutrel avait vendu à l'archevêque un marsouin pris dans les filets d'un de ses hôtes lors de la harengaison et, en mai suivant, Jean Doublet avait, quant à lui, vendu une oie de mer prise par un autre pêcheur.

[14] Lire R. Degryse, « Het schip en de zeevisserij te Dieppe in de 15de eeuw (Le navire et la pêche maritime à Dieppe », *Académie de Marine de Belgique*, Anvers, 1975, p. 62.

[15] Arch. nat. France, JJ 175, n° 320. En 1434, on confisqua ses biens dont son gendre Jean Hartel qui complotait contre les Anglais, avait hérité par son mariage avec Jeanne, la fille de Marotte.

[16] Arch. dép. Seine-Maritime, 2^{E}1/152, fol. 104v, 24 novembre 1370.

[17] *Ibid.*, G 523, fol. 9v. Elle habitait alors dans la Grande Rue, du côté « *vers la mer* », ce qui traduit une certaine aisance.

[18] *Ibid.*, G 528, fol. 10. Elle mourut peu après. Arch. dép. Seine-Maritime, G 502, fol. 52. En 1477, la maison de la Grande Rue était tenue par Roger Loutrel « en lieu des hoirs marote carrel ».

Charles VII. Les Dieppois trop liés aux Anglais, tels Baudouin Eude, David Miffant ou Étienne Vasselin, avaient préféré s'exiler, le plus souvent à Rouen, et ils avaient été remplacés par leur femme ou leur fille[19].

Au lendemain de la guerre de Cent Ans (1337-1453), l'activité d'hôte-vendeur fut à nouveau totalement monopolisée par les hommes. Il y avait alors 25 à 26 hôtes-vendeurs de puissance variable mais on ne trouvait plus aucune femme au moins jusqu'en 1461, année au cours de laquelle apparaissent, pour des sommes relativement modestes, Marion Baudaire, Katherine Sauvage et Perrotelle Eude, cette dernière intervenant aussi lors de la maquelaison, c'est-à-dire la pêche au maquereau.

Toutes ces femmes, malgré leur situation subalterne dans le commerce des harengs et des maquereaux, appartenaient à des familles notables de la ville. Elles étaient soit les filles soit les veuves d'hôtes-vendeurs décédés. C'était déjà le cas en 1408 pour Marion Loutrel qui avait commencé sous la tutelle de son père Jean avant de se marier et de cesser d'intervenir dans la pêche au hareng[20]. Ce fut aussi le cas pour Katherine Morel qui intervint à partir de 1463 aussi bien dans les arrivages de harengs que de maquereaux à la suite de son mari Robinet décédé[21].

Toutefois, cette participation des femmes aux opérations de harengaison du hareng et du maquereau cessa en 1471. Elles furent remplacées par des hommes de leur famille. Ce fut le cas en particulier pour Katherine Morel qui laissa sa place à son fils Jeannet apparu dès 1471 et qui, comme sa mère, s'occupait aussi bien des harengs que des maquereaux[22]. Katherine Sauvage et Perrotelle Eude, encore présentes parmi les hôtes de la harengaison, disparurent ensuite et il faut attendre 1485 pour voir la veuve Michel Véron, dont le prénom n'est même pas mentionné, intervenir jusqu'en 1491 à la place de son mari décédé[23].

À Dieppe, se répète donc un phénomène qui a été noté dans un certain nombre de villes normandes à l'exception de Rouen, c'est-à-dire l'éviction des femmes des activités les plus valorisantes et des organisations de métier[24]. Il faut malgré tout constater que si des femmes ont pu

---

[19] *Ibid.*, G 516, fol. 23v.
[20] *Ibid.*, G 499, fol. 20.
[21] *Ibid.*, G 518, fol. 8v.
[22] *Ibid.*, G 521, fol. 27v. Il est appelé aussi Jeannot ou simplement Jean dans les comptes suivants.
[23] *Ibid.*, G 536, fol. 17 ; G 537, fol. 16 ; G 538, fol. 3v.
[24] J.-L. Roch, « Femmes et métiers en Normandie au Moyen Âge », dans B. Bodinier (dir.), *Être femme(s) en Normandie*, Actes du 48e Congrès des sociétés historiques et

avoir un rôle notable dans les activités liées à la harengaison, leur place restait néanmoins souvent secondaire aussi bien par les sommes qu'elles manipulaient que par leur place dans la profession. Ainsi, en 1428, un conflit opposa les hommes de l'archevêque aux hôtes-vendeurs à propos des franchises de la harengaison. Il y eut un procès dont le compte rendu contient les noms de tous les hôtes-vendeurs, y compris les femmes, c'est-à-dire à cette date Marotte Carrel et Katherine Loutrel. Toutefois, l'accord final fut séparé en deux parties l'une pour les hommes et l'autre pour Marotte Carrel et Katherine Loutrel[25].

Le commerce local du poisson

La vente des poissons au détail était, quant à elle, concentrée dans la halle où se trouvaient des étaux dont le revenu annuel à l'archevêque s'élevait à la somme relativement importante de treize sous quatre deniers. À l'origine, la halle avait été divisée en seize étaux mais au lendemain de la peste, il n'y en eut plus autant et leur nombre varia selon les années. Sur ces étaux, on vendait surtout des poissons qui ne faisaient pas partie de la grande pêche des harengs ou des maquereaux. En 1405, les officiers de l'archevêque achetèrent ainsi « demy quarteron de rayes seschées à plusieurs personnes en la poissonnerie de Dyeppe » et « 14 congres de Bretaigne »[26]. On vendait aussi des saillecoques, c'est-à-dire des coquillages[27]. Certaines de ces poissonnières s'approvisionnaient en poissons auprès des transporteurs par bateau. C'est ainsi que Jeanne Rachine qui tenait son étal depuis 1437 au moins, fit décharger en janvier 1448 un baril de merlans et dix-neuf de morues, puis à nouveau trois barils de merlans en février suivant[28]. Au début du XVe siècle, ce commerce était entièrement effectué par des femmes. C'est ce que constate le receveur quand il indique que les poissons dont on vient de parler furent achetés « à plusieurs femmes de la poissonnerie ».

Quelques-unes étaient désignées par le nom de leur mari telle, en 1405, la femme Colin le Tailleur et la femme Raoul Belengle ou en 1424

---

   archéologiques de Normandie (Bellême, 16-19 octobre 2013), Louviers, Fédération des Sociétés historiques et archéologiques de Normandie, 2014, pp. 257-268.
[25] Arch. dép. Seine-Maritime, G 908. L'accord final est un parchemin qui, une fois transcrit, fait environ trois pages ; il est constitué de noms et de considérations répétitives sur l'acceptation de l'accord par tous les personnages nommés.
[26] *Ibid.*, G 498, fol. 22v.
[27] *Ibid.*, G 499, fol. 50.
[28] *Ibid.*, G 507, fol. 39v.

la femme Guillaume Maynet, la femme Jean le Fare et la femme Mahiet d'Arques[29]. Cette formulation reflète sans doute la situation ambiguë de ces femmes qui étaient en principe les responsables des étaux qu'elles louaient et où elles travaillaient mais qui dépendaient en réalité des hommes, c'est-à-dire des pêcheurs, pour leur approvisionnement. Ainsi, en 1409, Jeanne Rachine qui tenait un étal était la femme de Jean Rachine qui possédait un bateau avec lequel il faisait le commerce des harengs caqués[30] ; Guillaume Maynet était un des maîtres de nef qui amenait du poisson dans le port, un Thomas Maynet étant aussi mentionné en 1461 parmi les hôtes-vendeurs tandis que Marion et Malines Pierres étaient sans doute la femme et la fille du chasseur de marée Guillaume Pierres.

La situation changea radicalement après 1435 quand la ville fut prise par les partisans du roi Charles VII. La liste des titulaires d'étaux comportait désormais les noms de six hommes ce qui ne signifie pas forcément qu'ils vendaient réellement le poisson mais que ce sont eux qui payaient le droit d'installation, tel ce même Guillaume Maynet dont la femme ou la mère était déjà autrefois mentionnée dans la liste. Pierre Jentil qui tenait, lui, un étal de boucher en 1437-1438 était également mentionné dans la liste des titulaires des étaux de poissonnerie[31]. C'est sans doute dans la profession de vendeurs de poissons que le renouvellement fut alors le plus marqué puisqu'il ne restait plus que deux poissonnières enregistrées en 1433 et que tous les autres titulaires d'étaux étaient nouveaux. Les hommes, désormais régulièrement présents, représentaient entre environ le tiers et la moitié des effectifs, même s'ils étaient parfois associés à une femme pour la tenue d'un étal comme en 1438 Jean Marié associé à Robine la Cervoise[32]. D'autres étaux étaient, eux, partagés entre deux femmes que les difficultés économiques liées à la conjoncture politique et militaire avaient obligé à se partager un étal[33].

Cette évolution est d'ailleurs notée par les receveurs qui avaient l'habitude de mentionner les « étaux aux poissonniers » comme le spécifiait le *Coutumier* de Guillaume Thieullier. À partir de 1426 et jusqu'à la

---

[29] *Ibid.*, G 498 et G 500.
[30] *Ibid.*, G 499, fol. 24 ; G 500, fol. 7. En 1414, il livrait aussi des harengs saurs.
[31] *Ibid.*, G 506, fol. 15. Il avait également pris la ferme du criage.
[32] *Ibid.*, G 505, fol. 5.
[33] *Ibid.*, G 508, fol. 20. En 1433, Alison Le Cat, vieillissante, s'était associée à une « compagne » dont le nom n'est pas indiqué. Jeanne Du Dois, quant à elle, devenue trop vieille elle aussi, ne tenait plus qu'un demi-étal pour lequel elle resta finalement quitte « à cause de sa pauvreté ».

prise de la ville, Jean Blancbaston entérina le monopole que les femmes exerçaient sur cette activité, en parlant des « étaux aux poissonnières »[34]. En revanche, à partir de 1437, son successeur revint à la formule initiale puisque les hommes étaient désormais beaucoup plus présents. Les hommes disparurent à nouveau des listes au lendemain de la guerre et, en 1458, les tenancières d'étaux étaient toutes des femmes. Parmi elles, on trouvait notamment une Perrine Gentil alors que précédemment c'était un Pierre Gentil qui était mentionné tandis que Robine et Étiennette Du Gardin remplaçaient désormais Jean Du Gardin. Il semble donc que les femmes ou les filles aient repris les étaux à la place des hommes à qui la paix et la lente reprise économique offraient de nouvelles activités. Néanmoins, toutes les femmes ne reprirent pas l'activité de leur mari et le receveur mentionna en 1463 qu'il n'avait pas pu récupérer les amendes infligées à d'« anciens poissonniers dont les femmes [avaie]nt renoncé après le trépas de leurs maris[35] ».

Le receveur entérina donc ce retour à une féminisation complète des étaux en revenant dès 1457 à la formulation « étaux aux poissonnières » qu'il conserva avec des interruptions peut-être dues à de l'inattention jusqu'en 1471. À cette date, en effet, plusieurs hommes réapparurent dans la liste de ceux qui payaient leur droit de vendre du poisson. Peu nombreux au début, ils prirent peu à peu une plus grande place, passant de deux à cinq entre 1471 et 1479, confirmant en quelque sorte l'évolution que nous avons constatée pour les hôtes-vendeurs puisque les femmes, après avoir perdu leurs places au moment de la harengaison, se voyaient aussi éliminées, même si ce n'était que partiellement, de l'activité de vente du poisson. Il est d'ailleurs remarquable que le receveur ait indiqué le nom de « la veuve Fumée » sans jamais indiquer son prénom après le décès de Colin Fumée qui avait loué un étal de 1471 à 1476. Elle n'était donc pas là à titre personnel mais avant tout comme veuve aux yeux du receveur.

La transformation du poisson

Les harengs pêchés en novembre étaient essentiellement destinés au Carême suivant. C'est pourquoi ils devaient être conservés par des moyens divers. C'est apparemment au XVe siècle que les harengs caqués apparurent sur le marché. Cette préparation qui consistait à entasser les poissons dans des tonneaux avec du sel était réalisée par des hommes,

---

[34] *Ibid.*, G 501 bis, fol. 2v.
[35] *Ibid.*, G 518, fol. 21.

parfois directement sur les bateaux. Toutefois, il était également habituel de fumer le poisson, ce qui permettait de le garder pendant quelques mois. Ce saurissage nécessitait certaines installations appelées « roussables » qui semblent avoir été très nombreuses dans la ville[36]. En effet, les harengs saurs étaient vendus deux fois plus cher que les harengs blancs, ce qui était très rentable malgré le coût de la préparation[37] car celle-ci nécessitait un certain nombre de manipulations, décrites avec précision dans le compte de l'année 1405-1406.

Cette année-là, pour livrer des poissons à l'archevêque installé à Louviers, on utilisa les techniques les plus perfectionnées dont on disposait alors. L'essentiel du travail fut confié à des femmes qui recevaient un salaire de 19 deniers par jour légèrement supérieur à celui des autres femmes qui travaillaient à Dieppe, ce qui traduisait sans doute l'importance de cette activité. Amenés par des hommes dans des hottes imperméabilisées, les poissons étaient d'abord nettoyés dans des « paniers laveurs » puis dans des cuves par des « laveresses » et enfin, vidés par des « évisceresses ». L'eau douce nécessaire à cette opération était amenée par d'autres femmes moins bien payées. Après quoi, les « hottiers » transportaient les poissons dans les « roussables », autrement dit dans les fumeries où ils étaient pendus à un « banc », à l'aide de crochets de bois ou de métal. On allumait un grand feu de bois que l'on étouffait ensuite, ce qui dégageait une fumée blanche qui desséchait les poissons. L'opération de roussissage durait plusieurs jours sans interruption, des chandelles permettant de surveiller le travail pendant la nuit. Il fallait en effet repérer avec précision le moment où le hareng était suffisamment fumé et arrêter aussitôt le « réchauffage » pour éviter qu'il ne cuise et ne puisse plus se conserver. Cette surveillance était, elle aussi, confiée à une femme qui devait ensuite emballer le hareng fumé puis salé. En plus de leur salaire, les évisceresses qui faisaient un travail pénible et malodorant, recevaient des cadeaux, notamment des gâteaux, des petits pâtés appelés « simeneaux » et de la cervoise[38].

---

[36] Le mot était utilisé dans d'autres expressions et on parlait ainsi des « clous à roussables » là où ailleurs on aurait parlé de « clous à lattes ».

[37] E. Deseille, *Études sur les origines de la pêche à Boulogne-sur-mer*, Boulogne-sur-Mer, 1875, p. 38.

[38] Arch. dép. Seine-Maritime, G 502, fol. 53. En 1427, 6 000 harengs saurs salés à sec et d'autres poissons formant du « mellent » (poissons d'espèces variées) furent expédiés à Paris où se trouvait l'archevêque, après avoir été emballés dans de la paille à l'intérieur d'une toile de lin serrée avec de la corde.

Des opérations analogues étaient appliquées aux maquereaux. Les autres poissons subissaient aussi des transformations diverses, mais généralement moins compliquées. Les congres étaient salés, les raies séchées[39]. Bien que les sources ne soient pas très explicites, il est probable que la salaison était également confiée à des femmes.

Les autres activités des femmes

Les comptabilités dieppoises contiennent des chapitres plus ou moins longs consacrés aux mouvements de marchandises dans le port. Le système reposait là aussi sur les hôtes-vendeurs mais à la différence de ce qui se passait au moment des pêches, les femmes en étaient totalement absentes. Aucune de celles qui participaient à la harengaison en novembre ou à la maquelaison pendant l'été pas plus qu'aucune autre femme n'apparaît pour aider les marins à faire enregistrer leurs marchandises et payer les droits auxquels celles-ci étaient soumises. Elles n'intervenaient donc comme hôtes-vendeurs que pour la pêche et jamais pour le commerce international qui restait une affaire d'hommes. Il faut toutefois remarquer que cette activité était moins importante et ne représentait que des sommes limitées. De plus, les capitaines de bateaux qui chargeaient ou déchargeaient des marchandises dans le port n'étaient pas aussi pressés que lors de la grande saison de la pêche et à mesure que l'on avance dans le xve siècle, on les voit se passer de plus en plus de l'aide des hôtes-vendeurs. Il est donc assez logique que les femmes aient été absentes de ce secteur.

Les salariées

Les autres activités des femmes nous échappent assez largement car elles se situent souvent dans des secteurs qui ne donnaient pas lieu à des revenus pour l'archevêque. On sait, par exemple, qu'il y avait dans la ville des activités textiles qui avaient donné lieu à une réglementation dès le xiiie siècle mais elle nous reste totalement inconnue alors que des femmes y participaient sans doute, même si leur place se situait en amont de la production[40]. Quelques professions domestiques apparaissent au fil des comptabilités. C'est le cas, par exemple, pour Auguette le Pelue, chambrière de la Vicomté, qui reçut, pour une raison non indiquée,

---

[39] *Ibid.*, G 498, fol. 23.
[40] J.-L. Roch, *Un autre monde du travail. La draperie en Normandie*, Rouen, Presses universitaires de Rouen et du Havre, 2013.

4 livres supplémentaires que lui remit, à titre de don, un des officiers de l'archevêque alors que ses gages étaient de 8 livres par an, ce qui restait assez faible[41]. En 1409, il y eut deux chambrières pour la Vicomté mais elles durent se partager les 8 livres de gages annuels[42]. Les gages de ces chambrières étaient insuffisants pour vivre et la fonction fut d'ailleurs supprimée au lendemain de la guerre de Cent Ans[43]. Il est d'ailleurs remarquable que, tant qu'elle exista, la chambrière fut payée directement par le receveur qui recevait une somme globale de 120 livres par an avec laquelle il payait les gages de cette femme et ceux du clerc de la Vicomté qui recevait, lui, 15 livres par an[44].

De même, des lingères apportaient des draps et des serviettes à l'archevêque ou à ses représentants lorsqu'ils logeaient dans l'hôtel de la Vicomté. En 1409, par exemple, Martinette Yver et sa fille furent payées pour y avoir, pendant plusieurs jours, dressé trente lits à l'occasion de la venue de l'archevêque[45]. La situation des domestiques était donc sans doute extrêmement difficile. Il suffit pour s'en convaincre de lire les registres de l'officialité de l'archevêque de Rouen qui punit notamment les transgressions sexuelles des prêtres de la province. Ceux des paroisses dieppoises y apparaissent régulièrement pour avoir entretenu des relations sexuelles avec leurs bonnes ou d'autres femmes célibataires et pour leur avoir parfois fait des enfants. Certains vivent en concubinage notoire avec ces femmes mais ils doivent les quitter ce qui, si la sanction est suivie d'effet, les plonge dans les difficultés économiques. Si la plupart des coupables reconnaissent leurs fautes et paient une amende à l'archevêque certains essaient de se disculper en invoquant la mauvaise moralité de leurs victimes dont certaines sont dites « *quasi publica*[46] ». On est donc souvent dans une relation déséquilibrée qui donne tout pouvoir à l'homme surtout si c'est l'employeur.

---

[41] Arch. dép. Seine-Maritime, G 499, fol. 20v-21.
[42] *Ibid.*, G 499, fol. 36.
[43] *Ibid.*, G 506, fol. 30.
[44] *Ibid.*, G 502, fol. 42. « ÀNicolas Pintel, receveur pour ses gaiges et despens de lui, son clerc, le sergent sepmainier et la chambriere pour un an durant cest present compte 120£ au 4 termes accoutumés (St-Michel, Noël, Pâques, St-Jean). Pour ce 120 £. Au clerc de la dite recette qui prend 15 £. Àla chambrière de la dite recette 8 £. ».
[45] *Ibid.*, G 499, fol. 45. Elles reçurent 10 deniers par jour et 6 deniers de dépens alors que les ouvriers de bras qui amenèrent « les tables, la vaisselle et autres choses pour la venue de monditseigneur » reçurent 2 sous 6 deniers pour peine et dépens.
[46] Arch. dép. Seine-Maritime, G 271, fol. 39, 1484-1485. Toute la série de ces registres (G 249 à G 271) fourmille de cas semblables.

Salaires faibles et durée réduite du travail annuel nécessitaient, pour celles qui n'étaient pas soutenues par leur communauté, de trouver des revenus multiples et cela pouvait parfois aller jusqu'à la prostitution.

La prostitution

Dans un port comme Dieppe, il est probable qu'il existait une activité de prostitution plus ou moins tolérée par les hommes de l'archevêque même si celle-ci n'est évidemment pas toujours enregistrée dans les comptabilités. Toutefois, selon le Coutumier de la Ville, le bourreau de Dieppe percevait à titre de gages un certain nombre de « drois appartenans à Monseigneur de Rouen, à cause de la haute justice » et, en particulier, « de chascune femme commune au bordel chascune semaine, 5 deniers tournois »[47]. En 1409, le receveur enregistrait dans le chapitre consacré aux revenus des locations, la somme de 15 sous versée par Marion la Corbeillonne pour « le louage d'une année de la maison où est le bordel[48] ». Toutefois, par la suite, cette maison ne fut plus louée qu'à des hommes, les représentants de l'archevêque ne voulant plus désormais que la moralité de cette maison puisse être mise en cause.

De la même façon, mais de manière indirecte, on apprend que le boucher Bellenger Bénard avait vendu, en juin 1462, 4 livres de rente sur une maison qui se trouvait juste à la limite des murs de la ville qu'on appelait « la maison des estuves », ce qui peut signifier qu'il s'agissait d'une maison de prostitution où l'on pouvait aussi se baigner. Il est peu probable que le boucher ait pratiqué cette activité mais elle avait sans doute donné son nom à la maison, pendant l'occupation anglaise ou avant[49].

De même, une affaire de meurtre qui est relatée dans une lettre de rémission de 1429 fait intervenir des prostituées qui étaient peut-être complices d'un maître-chanteur. Deux marins, Laurençon Clémence, père de famille, et Perrenot de Beaunnoy se rendirent « vers le soir pour aller boire de la cervoise dans l'hôtel Jean Baudouin à l'enseigne de la Hache, dans la rue des Wes, auprès du lieu où demeurent les fillettes communes ». En sortant, ils entrèrent dans la maison de prostitution

---

[47] E. Coppinger (dir.), *op. cit.*, p. 62.
[48] Arch. dép. Seine-Maritime, G 499, fol. 18.
[49] J. Rossiaud, *Amours vénales. La prostitution en Occident*, XIIe-XVIe siècles, Paris, 2010, p. 27. Dans un registre de 1483, les étuves rouennaises sont mentionnées comme des lieux de débauche, ce qui semble traduire une évolution des mentalités, Arch. dép. Seine-Maritime, G 271, fol. 41.

uniquement pour manger la « trop bonne porée[50] » dont ils avaient senti le fumet. Ils trouvèrent « dans l'ostel desdites fillettes où ils trouv[èrent] Janneton du Val et Janneton du Bois ainsi qu'une autre dont il ne savait pas le nom ». Ils y furent rejoints par un Anglais qui les menaça de les mener en prison sous le prétexte que le plus âgé avait « femme et enfants [que, disait-il] ce n'est pas votre état d'être au bordel ». L'affaire se termina par une bagarre dans laquelle l'Anglais, blessé à la tête, mourut dans la nuit[51]. Ce texte est évidemment riche d'enseignements puisqu'il montre l'existence de maisons de prostitution dans la ville mais on voit que celles-ci servaient aussi de lieu de restauration, mais sans pouvoir vendre de boisson. On constate aussi que le fait d'aller dans ce genre de lieu est assez mal vu car Laurençon Clémence insiste sur le fait qu'il n'est entré que pour manger de la porée tandis que l'Anglais l'accuse de venir dans un lieu mal famé alors qu'il est marié et a des enfants. On remarque aussi que trois femmes au moins travaillaient dans cette maison et qu'elles devaient être assez pauvres car les tarifs de la prostitution étaient plutôt bas. Pour une nuit avec un client à Rouen, une prostituée recevait tout juste le salaire d'un maçon alors qu'elles devaient payer leur employeuse et leur nourriture[52].

Si cette activité était mal vue, elle n'en continua pas moins au lendemain de la guerre de Cent Ans. On apprend ainsi, dans les comptes du pénitencier, qu'en 1452, le prêtre Roger de France qui avait eu à plusieurs reprises des relations charnelles avec une prostituée nommée Colinette la Papillonne fut condamné à une forte amende et resta un mois en prison[53]. De même, en septembre 1462, un prêtre de la paroisse Saint-Jacques de Dieppe nommé Jean de La Vigne fut condamné à une amende parce qu'il avait été surpris dans le même lit qu'une femme mariée, ce qui aggravait encore la faute qu'il avait commise. Il ne nia pas le fait mais invoqua pour sa défense que cette femme se faisait payer et donc qu'elle était « *quasi publica* », ce qui semble donc indiquer la présence persistance de filles publiques dans la ville[54] même si elle semble avoir été de moins en moins tolérée ouvertement. On préférait ne voir que les femmes actives ou les épouses.

---

50   Plat de poireau à l'ail avec du sénevé.
51   Arch. nat. France, JJ 174, n° 281, fol. 124v.
52   P. Le Cacheux, *Actes de la chancellerie d'Henri VI concernant la Normandie sous la domination anglaise (1422-1435)*, Rouen, 1931, pp. 134-138.
53   Arch. dép. Seine-Maritime, G 259, fol. 86v.
54   *Ibid.*, G 266, fol. 35v.

Les épouses d'artisans

Certaines femmes pouvaient effectivement avoir une activité indépendante mais cela était assez rare. C'était sans doute le cas pour Jeanne de Glatigny qui, en 1405, prit aux enchères la ferme du marché de l'Aître où l'on vendait du chanvre et des vieilles cordes pour seulement 12 sous, ce qui était très peu comparé aux autres fermes de la ville dont les montants étaient au moins de plusieurs livres[55]. Ce fut toutefois exceptionnel et, apparemment, plus aucune femme ne prit une ferme quelconque au cours du siècle.

Beaucoup d'entreprises tenues par un ou plusieurs hommes étaient, en réalité, souvent des activités familiales dans lesquelles les femmes jouaient un rôle important aussi bien dans le travail proprement dit que dans les aspects plus financiers ou administratifs. Même si dans la coutume normande les femmes étaient apparemment sans droit, elles avaient souvent une compétence qui apparaissait dès lors qu'elles étaient veuves et qu'elles retrouvaient toutes leurs capacités juridiques.

Les femmes de pêcheurs étaient ainsi associées à leurs maris car il fallait maintenir une présence pendant les sorties en mer. En 1425, à la suite d'une tempête, les quais du port furent endommagés par plusieurs bateaux amarrés juste devant les habitations de leurs propriétaires qui durent donc payer une partie des réparations. Parmi les cinq personnes qui furent taxées, il y avait trois hommes connus pour leurs activités d'hôtes-vendeurs ainsi que deux femmes de pêcheurs qui se chargèrent du paiement en l'absence de leur mari[56].

Ces femmes de marin étaient également parfois chargées de surveiller et de payer les réparations des bateaux de leurs maris dans les chantiers navals de la ville. Ainsi, en 1405, la « femme Jean Picart » paya la réparation de la nef de son mari, très actif dans le commerce des harengs et sans doute absent, tandis qu'en 1437, Robinette Féré fit réparer une « barge à hune » que son mari Robert fit à nouveau réparer quelques années plus tard[57]. C'était également cette femme qui vendait les poissons pêchés par son mari et d'autres, une fois caqués ou fumés, en les expédiant par bateau avec d'autres marchandises. Ce fut même elle qui, une seule fois,

---

[55] *Ibid.*, G 498, fol. 4 ; G 499, fol. 17.
[56] *Ibid.*, G 501, fol. 54v.
[57] *Ibid.*, G 505, fol. 17 ; G 507, fol. 30 ; G 508, fol. 39. Robinette Feré faisait peut-être le commerce de draps.

paya à la Vicomté, les droits de passage pour l'envoi d'un demi-baril de harengs caqués[58]. Encore en décembre 1449, Marotte Fouterelle paya les réparations effectuées à « un cordier par elle mis en l'astellier[59] ». Toutefois, on ne trouve plus aucune femme commanditaire de réparations après la guerre de Cent Ans et là encore, ce furent les maris ou éventuellement des hôtes-vendeurs de la harengaison qui se chargèrent d'ordonner les travaux.

Les femmes d'artisans étaient le plus souvent associées à leur mari. En effet, en plus des étaux de poissonnières ou de poissonniers, les comptabilités contiennent des chapitres concernant les changeurs, les boursiers, les boulangers, les bouchers, les merciers, les brasseurs et les fèvres[60]. Ces professions étaient essentiellement masculines et la répartition des tâches était révélatrice des hiérarchies sociales. Ainsi, parmi les boursiers, en 1405, le receveur séparait les « boursiers faisans bourses neufves à Dieppe » qui payaient 6 sous par an, « dont n'y que Regnault Simon faisant bourses neufves » et « une femme nommée Salebras refaisant vieilles bourses, laquelle est mendiante » et qui, de ce fait, ne payait rien. En 1424, parmi les six boursiers, on trouvait Martine Simon sans doute la fille du précédent[61] dans une profession qui se féminisait un peu puisque l'année suivante, on comptait quatre femmes sur quatorze boursiers[62].

Parmi les merciers, en 1424, on trouvait notamment une Jeannette Malot et un Miquelin Malot qui n'étaient pas forcément mari et femme. Toutefois, les rares femmes qui apparaissent dans ces chapitres sont le plus souvent des veuves qui ont pris la suite de leurs maris. Ainsi, en 1424, Laurence Albite loua un étal de boulanger à la place de son mari Guillaume sans doute décédé[63]. De même, en 1433, on trouvait Jeanne la Sénéchalle parmi les brasseurs tandis que « la femme Pierre Beausire » s'associait à Tassin Eude pour partager un étal pour une demi-année[64]. En 1464, au lendemain d'une épidémie de peste qui fut apparemment très meurtrière, on trouvait parmi les boulangers la veuve Simonnet Goulle, parmi les bouchers, la veuve Raoullet Bénard pour trois étaux,

---

[58] *Ibid.*, G 506, fol. 23v ; G 507, fol. 35v, 37v, 39, 40, 46 et 50v. En 1447, elle fit charger dans des bateaux un total de trente-trois barils et demi de harengs caqués, un demi-let (soit 5 000) harengs saurs, trois draps et quatre cents livres de suif.
[59] *Ibid.*, G 509, fol. 38.
[60] Les fèvres sont des travailleurs du fer.
[61] Arch. dép. Seine-Maritime, G 501, fol. 15.
[62] *Ibid.*, G 501 bis, fol. 2.
[63] *Ibid.*, G 498 fol. 3v ; G 499, fol. 13 ; G 501, fol. 15.
[64] *Ibid.*, G 503, fol. 6.

parmi les fèvres, la veuve Jeannin Papegay pour quatre étaux et parmi les brasseurs les veuves Robin Désert et Barthélémy de Saint-Blimont[65]. Ces activités durèrent pendant plusieurs années, au moins jusqu'en 1471 pour les veuves Raoullet Bénart et Jeannin Papegay, et n'étaient donc pas transitoires.

L'exil de ceux qui avaient collaboré avec les Anglais fit aussi intervenir certaines femmes dans des activités exercées précédemment par leurs conjoints. Ce fut le cas pour Yolette Miffant qui remplaça son père non seulement dans sa fonction d'hôte-vendeur mais qui prit aussi la responsabilité de sa brasserie jusqu'en 1450[66]. Dans un certain nombre de cas, en particulier chez les bouchers, si certains hommes pouvaient louer un étal, c'était explicitement « à cause de leur femme », ce qui signifie que celles-ci étaient veuves remariées ou filles de bouchers et qu'elles avaient hérité du droit de place de leur mari ou de leur père, selon la coutume normande[67].

Comme pour les hôtes-vendeurs de la pêche, on constate donc que ces femmes connaissaient parfaitement le fonctionnement des entreprises dont leurs maris étaient les responsables officiels. Si ces veuves ne travaillaient pas forcément de leurs mains dans la boulangerie, la boucherie ou la transformation du fer, elles étaient toutefois au moins en mesure de diriger les ouvriers qui travaillaient sous leurs ordres aussi bien que d'organiser l'approvisionnement en matières premières et l'écoulement des produits finis. Elles devaient aussi tenir des comptabilités et il est probable qu'elles avaient déjà participé à ces activités du vivant de leurs maris[68].

On en a la preuve avec Katherine Machue qui livra en juin 1425 des planches, des clous à latte pour les réparations qui furent effectuées dans l'hôtel de la Vicomté et qui, à cette occasion, fournit une cédule dans laquelle elle détaillait l'ensemble de ce qu'elle avait amené. Elle fit d'ailleurs une deuxième livraison de clous à plomb et de pentures pour fenêtres quelques semaines plus tard puis une troisième pour livrer les clous destinés aux réparations du moulin à eau[69]. Or, elle était la veuve de Colin Machue qui payait 9 sous pour utiliser un étal de mercier en 1405

---

[65] *Ibid.*, G 518 fol. 2 à 5v.
[66] *Ibid.*, G 509, fol. 5 et 33v. Après 1450, Jeannette, la nouvelle épouse de David Miffant et désormais sa veuve, le remplaça à la tête de la brasserie familiale.
[67] *Ibid.*, G 501 bis, fol. 2v et fol. 3.
[68] On retrouve le même phénomène dans les métiers du bâtiment. C'est le cas à Rouen, par exemple, pour les plâtriers et les couvreurs.
[69] *Ibid.*, G 501, fol. 63, 65 70.

et elle-même reprit cet étal en tant que « la femme Colin Machue » en 1424[70]. Elle succédait ainsi sans problème à son mari qui, de son vivant, était le fournisseur régulier des clous achetés par le receveur[71] et, à ce titre, elle n'était pas moins présente que les autres fournisseurs masculins.

Dans certains cas, les activités commerciales procuraient une incontestable aisance financière. C'est le cas, par exemple pour Katherine Loutrel qui livra des tuiles en 1427 pour les réparations de l'hôtel de la Vicomté sans que l'on puisse savoir avec certitude si elle appartenait à la famille de notables qui dominait la harengaison[72]. Cela semble pourtant très probable car elle disposait visiblement de grandes quantités d'argent et elle prêta, en effet, 100 livres au trésorier de l'archevêque le 6 février 1426[73] alors que Colette de Bresmes, bourgeoise de Rouen, ne prêtait que 60 livres.

*

De ce qui précède découlent quelques conclusions. En premier lieu, les niveaux sociaux des femmes étaient évidemment très divers. Il n'y a aucune comparaison entre la fortune de Katherine Loutrel ou encore celle de Katherine de Longueil, femme noble et veuve du lieutenant de l'amiral à la fin du XIVe siècle, qui possédait une grande maison avec cave où l'on pouvait entreposer le vin prévu pour recevoir de duc de Bedford de passage à Dieppe[74] et Girarde de Belleville, femme sorcière, dont les biens furent vendus en 1427 après son exécution pour la très modique somme de 15 sous et 10 deniers[75]. La vieillesse et le veuvage pouvaient d'ailleurs mettre certaines femmes dans des situations difficiles. Ce fut le cas en 1429 pour Martine, « deguerpie de Regnault Simon agée de 80 ans ou environ » qui ne pouvait plus payer les « 4 livres de rente que Monseigneur pren[ait] sur sa maison » et dont les « arrerages » s'élevaient à près de 16 livres qui furent annulés « en regard à sa vieillesse et pauvreté » par les officiers de l'archevêque[76]. De même, en 1446, il n'y avait aucun bottier qui prît un étal « si non une povre fame veufve à laquelle n'a esté

---

[70] *Ibid.*, G 498, fol. 3v ; G 501, fol. 15.
[71] *Ibid.*, G 499, fol. 44v.
[72] *Ibid.*, G 502, fol. 48.
[73] *Ibid.*, G 501, fol. 73v. ; G 501 bis, fol. 36. C'était la deuxième par ordre d'importance après les 300 livres versées en deux fois par un certain Messire Regnault. Katherine Loutral prêta encore 60 livres à l'archevêque l'année suivante.
[74] *Ibid.*, G 501 fol. 54v et fol. 75v. Elle refusa de se faire payer pour ce service.
[75] *Ibid.*, G 501, fol. 54v.
[76] *Ibid.*, G 504, fol. 31.

aucune chose demandé[77] ». La pauvreté de certaines femmes dieppoises est d'ailleurs encore manifeste en 1483 dans le cas de « Auberée femme de feu Jean d'Espinay laquelle se jeta et noya au hable ». Ce suicide était peut-être dû, selon le receveur, à la solitude qu'elle ne supportait plus mais comme cela représentait une « forfaiture », ses biens furent confisqués et mis aux enchères. Or, ils ne rapportèrent qu'un peu plus de 26 livres, soit environ la moitié du salaire annuel d'un maçon[78].

Celles qui étaient salariées étaient incontestablement dans une situation médiocre. Les chambrières, les lingères et, bien sûr, les prostituées, avaient des revenus très faibles car leurs salaires étaient généralement beaucoup plus faibles que ceux des hommes[79], sauf pour celles qui préparaient les harengs saurs mais la durée réduite de l'engagement et la pénibilité du travail en réduisaient sérieusement les avantages.

En revanche, on peut constater que les femmes mariées avec un homme qui dirigeait une entreprise plus ou moins importante, avaient à ses côtés un rôle qui était loin d'être subalterne. Elles étaient souvent en mesure de continuer à la faire fonctionner convenablement pendant plusieurs années après la mort ou le départ de leur mari. Certaines, comme Marotte Carrel ou Katherine Loutrel, étaient même à la tête d'entreprises qui ne dépendaient plus directement d'un mari mais d'un héritage. On peut donc supposer que bien des femmes qui n'apparaissent pas dans les sources avaient le même rôle auprès de leur mari. C'est pourquoi, s'il est incontestable que les femmes deviennent progressivement moins nombreuses parmi les hôtes-vendeurs ou les poissonniers, cela montre avant tout une reprise en main par les hommes des aspects administratifs des professions. Ils sont apparemment en première ligne et seuls à exercer leur profession mais leurs femmes sont présentes dès que la nécessité l'exige comme on le voit dans le cas de la « veuve Michel Véron ». De même, on peut penser que bien des poissonniers qui payaient le droit pour un étal, y laissaient travailler leur femme avec ou sans eux[80]. C'est

---

[77] *Ibid.*, G 507, fol. 23v.
[78] *Ibid.*, G 534, fol. 38.
[79] *Ibid.*, G 501, fol. 76. En 1425, trois femmes qui amenèrent le foin qui avait été livré près du moulin à eau, à l'entrée de la ville, jusqu'à l'hôtel de la Vicomté furent payées 15 deniers chacune pour une journée de travail alors que le salaire des manœuvres hommes était de 2 sous 6 deniers, soit exactement le double.
[80] Comme le montre Maurice Daumas, *Quel que soit le partage des pouvoirs, le pouvoir n'échappe pas aux hommes* dans *Qu'est-ce que la Misogynie ?*, Paris, ARKHÉ, 2017, pp. 97-98.

en ce sens que la situation des femmes de Dieppe à la fin du Moyen Âge est ambiguë. Elles semblent ne pas participer à la vie économique de manière importante et leur place apparente se réduit mais elles restent bien souvent des collaboratrices importantes voire indispensables pour leurs maris et leurs activités communes.

Les femmes et l'expansion maritime portugaise. Femmes entrepreneuses au Portugal et outre-mer au XVIe siècle

Amélia POLÓNIA

Professeure au département d'histoire
Centre de recherches pluridisciplinaires sur la culture
ibérique et sa mémoire (CITCEM)
Université de Porto

Cette contribution vise à évaluer les rôles des femmes dans le processus d'expansion maritime du Portugal au XVIe siècle. Traditionnellement, le phénomène expansionniste est lu au masculin ; pourtant, il semble nécessaire d'étudier comment la présence féminine s'articule dans ce processus[1].

D'après Goldberg, à l'époque moderne, la diminution de la valeur du travail féminin dans l'économie urbaine européenne est liée à l'augmentation de l'activité masculine, le nombre d'hommes actifs

---

[1] Ce texte reprend plusieurs études antérieures de l'auteure, notamment : A. Polónia, « Ocupações femininas em sociedades marítimas (Portugal. Século XVI) », *Mare Liberum*, n° 18/19, décembre 1999-juin 2000, pp. 153-178 ; Ead., « De Portugal al espacio ultramarino. Inclusión y exclusión de agentes femeninos en el proceso de expansión ultramarina. (Siglo XVI) », dans D. Davila Mendonza (dir.), *Historia, Género y Familia en Iberoamérica. Siglos XVI-XX*, Caracas, Université catholique André Bello, Konrad Adenauer Stiftung, 2004, pp. 21-65 ; Ead., « The Sea and Its Impact on a Maritime Community, Vila do Conde, Portugal, 1500-1640 », *International Journal of Maritime History*, n° 1, 2006, pp. 199-222 ; Ead.,« Women's Contribution to Family, Economy and Social Range in Maritime Societies. Portugal. 16th Century », *Portuguese Studies Review*, n° 13, 2005, pp. 269-285 ; Ead., « Female : the Alter Ego of Maritime Societies. Practices and Representations of Gender (Portugal, Sixteenth Century) », dans A. Polónia et C. Antunes (dir.), *Seaports in the First Global Age. Portuguese agents, networks and interactions (1500-1800)*, Porto, Éditions de l'Université de Porto, 2016, pp. 269-288.

dépassant celui des femmes dans les centres urbains². Cette thèse est toutefois à nuancer quand il s'agit des sociétés littorales. Les conditions particulières créées par l'expansion portugaise outre-mer aux XVIᵉ et XVIIᵉ siècles ont des répercussions sur l'univers professionnel de la société portugaise : elles produisent de multiples transformations des rôles joués par les femmes dans le monde du travail, que ce soit dans les domaines familial, social et économique. À l'origine de ce phénomène se trouvent l'absence masculine et ses conséquences démographiques, particulièrement dans les sociétés maritimes.

Fort de cette affirmation, le propos cherchera à montrer comment la coopération entre les Portugais et les sociétés, les économies et les cultures autochtones pendant le processus d'expansion et de colonisation dépend de l'activité économique des femmes. Même si une grande partie de cette coopération est imposée, les femmes semblent être des éléments centraux dans la dynamique et les résultats de la colonisation européenne. Cela concerne les femmes portugaises et autochtones, à différentes échelles et niveaux. Entre résistance, conflit, tricherie, métissage et assimilation, ces femmes ont d'importants rôles en tant qu'intermédiaires entre ces différents mondes. Leur présence et leur action sont vitales pour les flux économiques car elles jouent un rôle essentiel dans des processus de négociation et d'organisation sociale, par leur fonction au sein de famille et dans ce qu'il faut qualifier de marché sexuel en marge des systèmes institués, ainsi que dans la reconfiguration des environnements sociaux coloniaux³.

L'étude sera organisée en deux parties : en premier lieu, les répercussions des absences masculines dans l'implication des femmes dans les sociétés maritimes, dans le monde du travail, dans l'économie et dans la société en générale ; en second lieu, les activités des femmes européennes émigrées et des femmes autochtones, s'imposant comme des agentes économiques actives dans les espaces ultramarins occupés par les Portugais.

---

[2] G. P. G. Goldberg, *Women, Work, and Life Cycle in a Medieval Economy. Women in York and Yorkshire c. 1300-1520*, Oxford, Clarendon Press, 1992, pp. 339-340.

[3] B. W. Andaya, « From Temporary Wife to Prostitute : Sexuality and Economic Change in Early Modern Southeast », *Journal of Women's History*, vol. 9, n° 4, 1998, pp. 11-34 ; A. Polónia, R. Capelão, « Connecting worlds. Women as intermediaries in the Portuguese Overseas Empire. The State of India, 1500-1600 », dans T. Bührer *et al.*, *Cooperation and Empire. Local Realities of Global Processes*, Oxford, New York, Berghahn Books, 2017, à paraître.

Les femmes comme agentes économiques dans les sociétés littorales du Portugal

L'expansion du Portugal outre-mer exige l'implantation d'industries liées à la navigation, tels que la construction navale, le tissage et la fabrication de voiles, la corderie et l'industrie alimentaire – conserves et production de biscuits. Devant le manque d'hommes, le recours à la main-d'œuvre féminine augmente. Simultanément, le développement interne des villes et villages littoraux exige une main-d'œuvre croissante, alimentée par des migrations féminines à partir des espaces ruraux environnants. De même l'augmentation des effectifs des métiers et du commerce est garantie par les femmes qui restent, alors que les hommes partent.

La participation sociale et économique des femmes dans les sociétés du littoral portugais

Dans ces sociétés maritimes, le taux de participation des femmes dans le monde du travail est important. Ainsi, selon Cristóvão Rodrigues de Oliveira[4] et João Brandão[5], dans les années 1550, le taux des femmes actives à Lisbonne s'élève à respectivement 37,4 % et 44 % du total.

Le travail féminin existe non seulement dans les villes portuaires, mais aussi dans l'*hinterland* agricole. L'industrie de la toile, en particulier, en offre un bel exemple : développée dans tout le nord du Portugal, zones rurales inclues, dans une dynamique économique où le tissage, cette occupation féminine par excellence, n'est plus une activité familiale et domestique, mais se trouve plutôt reliée à une dynamique industrielle qui vise à l'exportation de toiles pour les foires européennes et pour les chantiers navals nationaux et d'outre-mer, et se présente encore articulé aux stratégies de marché dirigées par des négociants de grande envergure[6]. Un autre témoignage de ce phénomène se trouve dans l'industrie de la

---

[4] C. Rodrigues Oliveira, *Lisboa em 1551. Sumário em que brevemente se contêm algumas coisas assim eclesiásticas como seculares que há na cidade de Lisboa*, Apresentação e Notas de José da Felicidade Alves, Lisboa, Livros Horizonte, 1987.

[5] J. Brandão, *Tratado da Magestade, Grandeza e Abastança da Cidade de Lisboa na 2ª Metade do Século* xvi *: Estatística de Lisboa em 1552*, Lisboa, Liv. Férin, 1923.

[6] A. Polónia, « A Tecelagem de panos de tréu em Entre-Douro-e-Minho no século xvi. Contributos para a definição de um modelo de produção », dans J. Fernandes Alves (dir.), *A Indústria Portuense em Perspectiva Histórica*, Actes d'un colloque, Porto, Centro Leonardo Coimbra – Faculdade de Letras da Universidade do Porto, 1998, pp. 11-24.

corde à Lisbonne où les femmes sont actives, et aussi dans la région du Ribatejo, zone de fort développement de la même industrie, comme support logistique des chantiers navals de la Ribeira das Naus à Lisbonne[7].

Cette dynamique a un impact familial et démographique. En effet, l'augmentation du travail féminin apporte, aux femmes célibataires et aux veuves, de plus grandes opportunités d'autosuffisance avec pour conséquence des taux plus bas de mariages ou de seconds mariages. Dans le même temps, cette situation permet aux femmes mariées d'augmenter les revenus de leurs familles grâce à leurs contributions.

En parallèle, l'économie maritime elle-même exige la participation des femmes dans le monde du travail, de façon à permettre une plus grande stabilité financière en raison de revenus qui, dans le cas des navigateurs, sont de nature aléatoire et fréquemment précaire. Dans ce domaine, il faut cependant distinguer la situation des marins techniquement spécialisés – pilotes, capitaines et maître d'embarcations – de celle des autres marins et travailleurs maritimes. Les femmes des premiers appartiennent aux milieux de la petite et moyenne bourgeoisie ou même aux plus bas niveaux de la noblesse, et n'accèdent pas, en raison de leur condition, au monde du travail rémunéré. Elles disposent néanmoins de sources de revenus qui permettent de relativiser la précarité matérielle provoquée par d'éventuels retards dans la perception des revenus nautiques. Les femmes des seconds, par contre, appartiennent à un monde plus précaire, comparable à celui des artisans urbains, des salariés ou de la basse bourgeoisie. En intégrant le monde du travail, elles font de leur coparticipation financière une contribution essentielle à l'équilibre du revenu familial.

Nous défendons l'hypothèse que, tant que ces conditions se maintiennent, la participation féminine dans les dynamiques économiques, marché du travail inclus, est un facteur historique important au Portugal. Situé au nord-ouest du Portugal, Vila do Conde, en constitue un exemple.

Vila do Conde : étude d'un port au XVIe siècle

Le port de Vila do Conde permet de comprendre le lien entre les activités socio-économiques des femmes et l'absence des hommes. Aux XVIe et XVIIe siècles, cette communauté gagne une dimension particulière et une

---

[7] L. Freire Costa, *Naus e galeões na Ribeira de Lisboa. A construção naval no Século* XVI *para a Rota do Cabo*, Cascais, Patrimonia, 1997, pp. 342-359.

certaine visibilité, associée à une construction historique spécifique. Vila do Conde jouit en effet d'un cadre socio-démographique et économique singulier : premièrement, la ville voit sa population masculine partir en raison des activités de transport et de commerce maritime ; deuxièmement, malgré sa petite taille, son économie est dominé par les échanges de biens maritimes et commerciaux, non fonciers ; troisièmement, la ville est dominée par les petits et moyens commerces dans lesquels les épouses participent aux sociétés commerciales ou comme investisseuses de contrats de type « prêts à la grosse aventure[8] ».

L'intérêt d'une telle étude sur Vila do Conde repose aussi sur l'importance des industries liées aux navires (construction navale, corderie et voile), sur l'existence d'une flotte significative – une des plus importantes en capacité de transport à l'échelle du Portugal au XVIe siècle –, et un nombre important de marins spécialisés. Entre 1500 et 1620, 1 665 hommes de la mer ont été identifiés, 1 110 marins et 555 maîtres et pilotes. C'est aussi une ville dans laquelle la structure socioprofessionnelle est dominée par des activités liées au transport et au commerce maritime.

En lien avec la crise de la navigation et du commerce ultramarin portugais, en particulier ressentie à partir de la seconde moitié du XVIe siècle, cette communauté est aussi marquée par un important taux d'émigration, en particulier masculin. Cette petite communauté, sans véritable hinterland, s'est tournée vers l'émigration par voie maritime en raison d'un contexte politico-économique favorable. Les « hommes de la mer » totalisent 60 % du total de la population en âge de travailler et d'autant taxée. Navigation, commerce et émigration outre-mer sont, de ce fait, trois éléments qui alimentent le même flux : le départ, transitoire ou permanent, de courte ou longue durée, de nombreux hommes vers l'extérieur.

À Vila do Conde, l'expansion de ce phénomène est exprimée de manière très nette dans une déclaration des agents de la municipalité affirmant, en 1643, qu'il n'existe pas en ville 150 logements où un homme est présent[9] sur un total de 1 200 à 1 300 foyers identifiés

---

[8] Présents dans les minutes notariales, ces prêts d'argent pour financer des expéditions maritimes prévoient des taux de profits fréquemment plus élevés que ceux autorisés par le droit ecclésiastique.

[9] Arquivo da Santa Casa da Misericórdia de Vila do Conde, Mç. De Requerimentos Antigos, fol. 16-16v.

pendant cette période[10]. Cette réalité peut, aussi bien, être représentée par le taux de masculinité, calculé sur la base d'une comparaison entre les registres de baptême et ceux de décès. Les taux calculés et leur répartition chronologique se trouvent dans le tableau 1.

Tableau 1 : Taux de masculinité à Vila do Conde - Perspective comparative

Périodes	Taux de masculinité à la naissance	Taux de masculinité au décès
1535-1540	92,3	
1541-1550	97,3	
1551-1560	99,3	
1561-1570	100,5	
1571-1580	113,0	
1581-1590	107,9	
1591-1600	92,5	44,3
1601-1610	89,2	63,4
1611-1620	96,9	59,0
1621-1630	111,7	77,4
1631-1640	131,7	65,9
Moyenne	**101,1**	**64,1**

Sources : Arquivo Distrital do Porto, Registres paroissiaux.
Vila do Conde, *Baptêmes*, Lv. 1 et 2 ; *Décès*, Lv. 1.

En comparant ces résultats avec les taux moyens proposés par Louis Henry pour les sociétés européennes[11], nous constatons qu'à la naissance, la moyenne est plus basse à Vila do Conde par rapport à la valeur de référence, mais qu'elle se trouve dans les marges d'erreur. À la date des décès, au contraire, les différences sont telles qu'à l'évidence la population masculine semble avoir disparu.

Une telle situation ne peut pas laisser les cellules familiales indemnes, ni affecter directement l'univers féminin et la vie quotidienne. Regardons

---

[10] A. Polónia, *A Expansão Ultramarina numa Perspectiva local : o porto de Vila do Conde no século* XVI, Lisboa, Imprensa Nacional-Casa da Moeda, vol. II, 2007, p. 385.

[11] L. Henry, *Técnicas de análise em demografia histórica*, trad. e notas J. Manuel Nazareth, Lisboa, Gradiva, 1988, pp. 26-29. Les ouvrages de Louis Henry utilisés sont les suivants : L. Henry et M. Fleury, *Nouveau manuel de dépouillement et d'exploitation de l'état-civil ancien*, Paris, Institut National d'Études Démographiques, 1965 ; L. Henry, *Anciennes familles genevoises. Étude démographique :* XVIe-XXe *siècles*, Paris, Presses universitaires de France, 1956.

de quelle façon cette réalité a des conséquences dans le monde du travail, à partir de deux recensements issus de sources fiscales : l'impôt local des droits de mutation, datant de 1568, et celui de la taille militaire, datant de 1643.

Tableau 2 : Femmes cheffes de famille et taux d'imposition féminine

Impôts	Nombres de contribuables	Femmes cheffes de famille	% de femmes contribuables	% d'imposition féminine
Impôt local des droits de mutation (1568)	639	115	18	13
Impôt de la taille (1643)	697	300	43	19,3

Sources : archives municipales de Vila do Conde, Lv. 1699 et 1877

Dans ces documents, les pourcentages de foyers dirigés par des femmes sont significatifs, atteignant respectivement 18 et 43,3 % du total enregistré, ce qui correspond, en termes absolus, à 115 et 300 foyers. Le calcul est construit sur les foyers imposables à partir d'un référent d'identification féminin, sans que cela ne corresponde à une catégorisation professionnelle ou à une situation définie dans l'univers du travail.

Ce constat est, en tout cas, révélateur non seulement du poids social des femmes, mais aussi de leur poids économique. Toutefois, l'étude révèle que les veuves devenues cheffes de famille ne participent pas systématiquement au marché du travail, car elles ne sont pas forcément intégrées parmi les contribuables. Le tableau 2 montre ainsi un écart entre le pourcentage de femmes contribuables et celui des femmes imposées.

Pour appréhender la participation féminine dans l'économie, une approche différente peut être tentée, cette fois à partir des registres notariés. Les chiffres présentés dans le tableau 4 correspondent aux activités des femmes qui, en l'absence d'hommes, assument des fonctions qui leur étaient défendues auparavant, se chargeant, en plus de l'éducation, de la dotation et du mariage de leurs enfants, des affaires de famille, faisant preuve, parfois, d'un grand savoir-faire et même d'agressivité dans les domaines économiques.

Ce rôle peut être mesuré par la fréquence de ces femmes dans les actes notariés. Entre 1560 et 1620, sur près de 4 000 actes notariés dépouillés, environ 1 200 impliquent des femmes, non pas comme de simples participantes, mais comme des actrices économiques, ce qui représente 30 % du total. L'importance de ce dynamisme justifie une étude plus détaillée.

Tableau 3 : Femmes dans les actes notariés - Répartition en fonction de leur état-civil

État-civil	Nombre	%
Célibataires	59	5,5
Mariées	332	31,0
Veuves	681	63,5
Sous-total	1 072	100
Femmes religieuses	16	
Sans mention	129	
Total	1 217	

Sources : Arquivo Distrital do Porto, actes notariés.
Vila do Conde, 1er cart., 1ª, 2ª, 3ª e 4ª sr., *passim*.

Comme attendu, la répartition en fonction de leur état-civil témoigne de la nette supériorité des veuves : 63,5 % face aux 31 % de femmes mariées et seulement 5,5 % de célibataires. Le veuvage transfère naturellement aux femmes les obligations et les fonctions dévolues aux hommes, ce qui accentue leurs activités économiques. Le phénomène est identique pour les femmes mariées : les absences des hommes dans cette société maritime expliquent le transfert des responsabilités masculines à leurs épouses respectives, en leur donnant des fonctions qu'elles n'accompliraient pas autrement. Évaluons, concrètement, ces activités.

La longue liste des actes a permis de construire le tableau suivant. Les principales actions des femmes sont liées aux négociations de biens, aux interventions judiciaires et aux donations. Certaines de ces activités sont exercées en leur nom propre, alors que d'autres sont menées par délégation, autrement dit par procuration.

Tableau 4 : Pouvoirs et fonctions exercées par des femmes dans des actes notariés

Secteurs d'intervention	Pouvoirs et fonctions exercées	Nombre	%
	Adoptions	2	0,1
	Tutelles	2	0,1
	Institution et administration de chapelles	3	0,2
Société	Concessions d'affranchissements[12]	3	0,2
	Rachats des captifs	3	0,2
	Testaments	5	0,4
	Donations	89	7,1
Justice	Interventions judiciaires	185	14,6
Administration	Possession de charges	3	0,2
	Loyers ecclésiastiques et fiscaux	6	0,5
	Cautions	38	3,0
	Construction navale	3	0,2
	Contrats d'apprentissage	6	0,5
	Gestion des embarcations	13	1,0
Économie	Approvisionnement de voyages	1	0,1
	Commerce	19	1,5
	Crédit. Créanciers	34	2,7
	Négociation de biens	351	27,6
	Perceptions et quittances	460	36,3
	Investissements financiers	11	0,9
Divers	Exercices de divers pouvoirs	33	2,6
	Total	**1 270**	**100**

Sources : Arquivo Distrital do Porto, actes notariés.
Vila do Conde, 1er cart., 1ª, 2ª, 3ª e 4ª sr., *passim*.

La place des activités de nature civique est à souligner, par exemple les testaments, l'institution et l'administration de chapelles, mais aussi les actes d'adoptions, de pardons, les concessions d'affranchissements et les exercices de tutelles, tâches qui occupent, de même que la dotation, une position centrale dans la vie familiale. L'exercice de la tutelle d'enfants, petits-enfants ou de parents collatéraux, investit ces femmes de pouvoirs agrandis. Notons, encore, la fonction de rachat des captifs, qui serait, en réalité, bien plus importante que la documentation ne le laisse entrevoir.

---

[12] Les concessions d'affranchissements concernent les esclaves.

En général, toutes ces pratiques atteignent près de 9 % des actes recensés dans notre échantillon.

Dans le domaine économique, au-delà de la perception de l'argent et de biens découlant, d'une part, du décès de parents ou du conjoint et, d'autre part, des échéances des affaires en cours et de la gestion générale des biens, notons la participation aux impôts, ecclésiastiques et financiers, les cautions données aux affaires en cours, les interventions dans le commerce, l'application de capital ou la perception d'argent résultant de la construction navale pour les armées royales ; la gestion des embarcations faite par procuration, les contrats d'apprentissages professionnels, la pratique du crédit ou des investissements financiers « à perte ou a profit », qui reviennent, généralement, en faveur des activités commerciales menées à terme par un médiateur, et alimentés par le femmes et leurs capitaux. En somme, toutes ces interventions féminines d'aspect économique atteignent le taux le plus élevé du tableau, près de 74 % ce qui démontre le rôle économique de ces femmes dans une ville portuaire.

Parallèlement, en cherchant à identifier le profil sociologique de ces femmes, il semblait évident, *a priori*, que le milieu marchand devait former le secteur socioprofessionnel le plus important de ces femmes.

Tableau 5 : Femmes dans les actes notariés - référence socioprofessionnelles indirecte

Association professionnelle. Parents directs des femmes participant aux activités notariales	Nombre	%
Ecclésiastiques	1	0,1
Militaires	1	0,1
Ecuyer / Nobles / Chevaliers	29	3,6
« Fonctionnaires » (administratifs)	45	5,6
Marins / Maîtres / Pilotes	601	75,2
Marchands	75	9,4
Ouvriers mécaniciens	47	5,9
Total	**799**	**100**

Sources : Arquivo Distrital do Porto, actes notariés.
Vila do Conde, 1er cart., 1ª, 2ª, 3ª e 4ª sr., *passim*.

Les femmes et l'expansion maritime portugaise 55

Pourtant, le tableau 5 fait nettement apparaître la supériorité numérique des femmes liées au secteur maritime par leurs parentés ou leurs alliances : 75,2 % des femmes sont liés aux « hommes de la mer » : pilotes, marins et maîtres de navigation. Ces résultats ne peuvent être compris qu'en comparant ces données avec celles relatives aux motivations directes des actes présentés dans le tableau 6.

Tableau 6 : Motivations directes des actes notariés commandés par des femmes

Motivations directes	Nombre	%
Capture de parents par des corsaires	1	0,2
Captivités de parents	3	0,5
Tutelles	34	5,7
Affaires en cours	73	12,2
Veuvage	101	16,9
Décès outre-mer	173	29,0
Absences masculines	211	35,4
Total	**596**	**100**

Sources : Arquivo Distrital do Porto, actes notariés.
Vila do Conde, 1er cart., 1ª, 2ª, 3ª e 4ª sr., *passim*.

Les absences masculines constituent le facteur le plus important des actes recensés, suivi par les décès outre-mer, la condition des veuves et la gestion des affaires en cours. Notons qu'ensemble, les deux premières motivations – absences et décès des hommes – réunissent à elles seules 64,4 % des motifs exprimés.

La surmortalité et le taux élevé des absences masculines ont pour incidence une reconnaissance sociale aux femmes que l'on peut trouver, par exemple, dans la signature des actes publics, réalisée en leur nom propre.

Dans les sociétés de l'Ancien Régime et, plus encore, au XVIe siècle, l'analphabétisme est généralisé et les femmes sont exclues de l'instruction, à l'exception de certaines franges minimes du monde savant et de l'aristocratie. En revanche, pour ces femmes liées majoritairement aux hommes de la mer et aux marchands, la situation est différente : environ 16 % des actes établis à la demande des femmes sont signés par elles. Bien entendu, toutes ne sont pas alphabétisées, mais certaines signent leur nom de forme fine, claire et esthétiquement distincte. Ces femmes savent, sans aucun doute, écrire, et pas seulement leur nom. C'est le cas de la femme d'un pilote de carrière de l'Inde qui écrit son testament de sa propre main[13], ou celui d'une marchande célibataire qui rédige ses livres de comptabilité[14].

Cette étude questionne l'émancipation sociale des femmes favorisée par le monde des affaires maritimes dans le cadre spécifique d'une ville portuaire comme Vila do Conde. Ce modèle existe-t-il ailleurs ? Même si les conclusions auxquelles nous sommes parvenues ne peuvent pas être généralisés, sans des études approfondies, à d'autres zones du littoral portugais comme Porto ou Lisbonne, ou à d'autres sociétés fortement marquées par une économie et une existence maritime tournée vers l'expansion outre-mer, des traits généraux peuvent être identifiés, montrant des dynamiques sociales et économiques propres aux espaces maritimes du Portugal et de l'Europe dans le courant des XVIe et XVIIe siècles.

De même, la participation des femmes en outre-mer est une réalité encore peu connue. Malgré tout, des signes clairs de son importance sont perceptibles[15].

Femmes et négoces en outre-mer

Les travaux européens sur le rôle des femmes dans les mondes coloniaux sont principalement centrés sur les sociétés de l'Atlantique : Afrique, Brésil ou Amérique Latine. En revanche, les femmes comme actrices économiques et sociales ont été clairement négligées dans les études sur l'État portugais de l'Inde[16]. Ceci est encore plus marqué pour le XVIe siècle, période pourtant décisive dans l'établissement de

---

[13] Arquivo da Santa Casa da Misericórdia de Vila do Conde, Col. 1ª, mç. 12, Dossier Chapelle de Amador Carneiro.

[14] A. Polónia, *A Expansão Ultramarina…*, *op. cit.*, vol. II, pp. 404-407.

[15] Cette étude poursuit les travaux déjà présentés ou publiés par Amélia Polónia et Rosa Capelão, notamment « Women as go-betweens in the Asian Seas » dans le panel organisé par Amélia Polónia et Ana Sofia Ribeiro, *The Asian Seas : a stage for cooperation and self-organization in the First Global Age (1500-1800)*, 17th World Economic History Congress (Kyoto, 3-7 août 2015) ; Ead., « Connecting worlds… », art. cit.

[16] L'État portugais de l'Inde (Estado da Índia) désigne tous les territoires compris entre le Cap de Bonne-Espérance et l'Extrême Orient, du Mozambique au Japon. Voir L. Ferreira Reis Thomaz, *De Ceuta a Timor*, Lisboa, Difel, 1994, p. 207.

relations interculturelles[17]. Il s'agit de combler cette lacune en analysant l'importance des femmes, autochtones et portugaises, dans les aspects socio-économiques de leurs activités.

Les femmes autochtones, agentes économiques pour le Portugal

Deux dimensions peuvent être analysées : d'une part, le rôle joué par les femmes asiatiques avant l'arrivée massive des Européens au XVIe siècle et, d'autre part, le rôle joué par les femmes – autochtones et portugaises – dans le contexte des nouveaux espaces économiques ; la seconde dimension sera privilégiée.

Pour l'Asie du Sud-Est, deux auteurs, Anthony Reid[18] et Ellison Findly[19], ont particulièrement étudié le rôle des femmes en tant que dirigeantes. Depuis, le travail de Saifal Uman sur les États islamiques, fondé sur l'analyse du sultanat d'Aceh en Indonésie, a également souligné les pouvoirs politiques et économiques de femmes dans cette partie du monde[20]. Des femmes interviennent donc en tant que dirigeantes

---

[17] Sur ce sujet, voir A. Polónia, « Women's participation in labour and business in the European Maritime Societies in the Early Modern Period », dans *La famiglia nell'Economia Europea Secc. XIII-XVIII. The Economic Role of the Family in the European Economy from the 13th to the 18th centuries*, Prato, Firenze University Press, 2009, pp. 705-720 ; Ead., « Women's Contribution to Family… », art. cit. ; A. Caldeira, *Mulheres, sexualidade e casamento em São Tomé e Príncipe (séculos XV-XVI)*, Lisbon, Cosmos, 1999 ; B. Nizza da Silva, *Sexualidade, familia e religião na colonização do Brasil*, Lisboa, Livros Horizontes, 2001.

[18] A. Reid, « Female Roles in Pre-Colonial Southeast », *Modern Asian Studies*, n° 3, vol. 22, Special Issue, Asian Studies in Honour of Professor Charles Boxer, 1988, pp. 629-645. L'auteur montre la grande autonomie des femmes dans l'économie, aux XVIe et XVIIe siècles en Asie du Sud-Est et particulièrement dans le repiquage et la récolte du riz, le tissage et leur commercialisation. Il référence P. Pelliot, *Mémoires sur les coutumes du Cambodge de Tcheou Ta-kouan*, Paris, Adrien Maisonneuve, 1951.

[19] E. Findly, « The Capture of Maryam-uz-Zamānī's Ship, Mughal Women and European Traders », *Journal of the American Oriental Society*, n° 2, vol. 108, 1988, p. 227-238. L'auteure insiste sur le rôle des femmes dans le commerce du poivre et cite B. W. Andaya, « Women and Economic Change : The Pepper Trade in Pre-Modern Southeast Asia », *Journal of the Economic and Social History of the Orient*, vol. 38, n° 2, Women's History 1995, pp. 165-190.

[20] S. Uman, « Controversies surrounding the Aceh's Sultanahas. Understanding relation between Islam and female leadership », *Journal of Indonesian Islam*, vol. 7, n° 1, 2013, pp. 1-23. L'auteur se demande « Comment les femmes musulmanes deviennent souveraines d'un royaume islamique malgré l'enseignement islamique qui leur interdisait de prendre une position de dirigeante », soulignant que « l'existence de

politiques avec lesquelles les Portugais dialoguent ou luttent, comme les reines de Coulão (Kollam) et Camorim (Kanyakumari) sur le Côte Malabar en Inde[21].

Ces femmes exercent également un pouvoir économique : les Portugais traitent donc avec elles puisqu'elles sont des intermédiaires dans le commerce asiatique. Ellison Findly a raconté à ce sujet la capture par les Portugais d'un navire *Le Rahimi*, appartenant à Maryam-uz-Zamani, la mère de l'empereur moghol. En 1613, l'attaque portugaise est considérée comme une provocation par l'empereur moghol Jahangir (1605-1627), étant donné que la propriétaire du navire est sa propre mère. La plupart des femmes nobles moghols de cette époque sont riches et plusieurs d'entre-elles sont actives dans les affaires à risque, investissant dans le commerce extérieur. La capture du *Rahimi* révèle l'importante implication des femmes dans le commerce maritime[22].

En ce qui concerne les activités des femmes ordinaires, l'article d'Anthony Reid reprend les témoignages de plusieurs marchands et colons européens, en commençant par des Portugais. En 1515, l'ambassadeur portugais en Chine, Tomé Pires, écrit que, dans la ville de Melaka, les vendeurs de rue sont des femmes, et qu'elles ont même un marché de nuit[23]. En 1544, António de Galvão décrit la manière dont les femmes en Birmanie gèrent des entreprises mercantiles plus importantes que leurs

---

dirigeantes féminines est une preuve de cette position continue des femmes dans la sphère publique même dans des États islamiques ».

[21] F. Lopes de Castanheda, *Historia do Descobrimento e Conquista da India pelos Portugueses*, Lisbon, Typographia Rollandiana, 1833, pp. 215-216.

[22] E. Findly, « The Capture… », art. cit. D'autres exemples sont donnés par A. Reid. Dans les années 1660, Lomo'Tombo, épouse du Sultan Hasanuddin de Makassar, est la propriétaire des navires qu'elle envoie dans des missions commerciales très rentables à Joho. De même, les femmes qui occupent les trônes d'Aceh, Jambi et Indragiri au XVIIe siècle ont échangé et spéculé comme leurs homologues masculins. Voir C. Speelman, « De Handelsrelaties van het Makassaarse rijk volgens de Notitie van Cornelis Speelman uit 1670 », *Nederlandse Historische Bronnen*, III, 1983, pp. 96-121 ; W. Ph. Ed. Coolhaas, *Generale Missiven van Gouverneurs-Generaal en Raden aan Heren* XVII *der Oostindische Compagnie*, vols. I-II, Gravenhage, Nijhoff. 1960-1968.

[23] T. Pires, 1515 ?, *The Suma Oriental of Tomé Pires*, London, Hakluyt Society, 1944, p. 274 ; H. Chung, « Hai Yu (Words about the sea) », 1537, dans *Historical Notes on Indonesia and Malaya, Compiled from Chinese Sources*, Groeneveldt, 1880, p. 128, cité dans A. Reid, « Female Roles… », art. cit., p. 635.

maris et comment, de façon surprenante, les femmes des Moluques sont celles qui négocient, font des affaires, achètent et vendent[24].

Il est étonnant de constater la rareté des sources portugaises sur la participation des femmes orientales dans le secteur économique, en comparaison avec celles sur leurs rôles en tant que dirigeantes politiques et militaires, faiseuses d'opinion ou responsables des liaisons culturelles[25]. Leurs contributions comme épouses et partenaires des Portugais, sont néanmoins considérées comme primordiales, directement ou indirectement, aussi essentielles que la richesse et la transmission de la propriété. Tel est le cas, au Mozambique, sur la route de l'Inde, d'une propriétaire autochtone, mariée à un Portugais. Les chroniques rapportent un drame résultant de rencontres difficiles entre les deux cultures. L'histoire de ce mariage mixte se termine mal : la femme assassine son mari par jalousie et fait mettre à mort des hommes portugais par ses esclaves :

> Dans l'année de notre Seigneur 1595, au Mozambique a eu lieu le cas suivant. Sur cette île a vécu un Portugais, nommé Francisco Leitão, marié avec une mestiza [métisse], qui avait déjà été mariée auparavant, et était riche et avait des fermes et des palmiers, de l'autre côté, sur le continent, où elle avait ses esclaves, et des fermes, qu'elle administrait elle-même[26].

Il est patent que la richesse et la puissance économique de cette femme ont joué un rôle pour favoriser ce mariage. Les femmes s'imposent comme des intermédiaires actives entre deux mondes qui ont besoin de se connecter afin d'atteindre les objectifs d'un projet colonial, applicable partout dans l'océan Indien, comme sans aucun doute en Afrique orientale.

Tout au long des XVIe et XVIIe siècles, l'accès des Portugais à la zone aurifère du Monomotapa dépend de femmes qui agissent comme des actrices essentielles. Les *prazos do Zambeze* (les baux du Zambèze) en sont un exemple[27]. La domination portugaise s'étend à l'administration

---

[24] H. Jacobs, « A Treatise on the Moluccas (c. 1544) : Probably the Preliminary Version of António Galvão's lost História das Molucas », Rome, Jesuit Historical Society, 1971, p. 75, cité dans A. Reid, « Female Roles… », art. cit., p. 634.
[25] A. Polónia et R. Capelão, « Connecting worlds… », art. cit.
[26] J. dos Santos, *Ethiopia Oriental, e Varia historia de cousas, notáveis do Oriente, E da Christandade que os Religiosos da Ordem dos Pregadores nelle fizeram*, vol. I, Évora, Manoel de Lira, 1608-1609, 77v.
[27] Ils ont déjà fait l'objet de plusieurs études historiques portugaises. Lire J. Capela, *Donas, Senhores e Escravos*, Porto, Afrontamento, 1995 ; A. Isaacman, *Mozambique : the Africanization of a European Institution. The Zambezi Prazos. 1750-1902*, Madison, The University of Wisconsin Press, 1972 ; A. Lobato, *Colonização senhorial*

et à l'exploitation des énormes propriétés des chefs bantous dont le gouvernement est assuré par le capitaine portugais de l'île de Mozambique. Ces propriétés font l'objet de contrats entre la Couronne portugaise et l'Empire du Monomotapa.

La singularité apparente de ces contrats provient du fait que, au cours du XVIIe siècle, les représentants de la Couronne portugaise ne les accordent qu'aux seules femmes, les filles des Portugais. Les fils de ces mariages sont exclus de la succession, les propriétés étant seulement transmises dans la lignée féminine comme le permet la loi portugaise autorisant l'héritage par les filles[28].

Cependant, les femmes ne peuvent obtenir et conserver ces baux qu'à condition de se marier avec des Portugais blancs. Dans le contexte colonial de l'Afrique de l'Est, le sens de cette transmission intentionnelle de terres par lignée féminine, sous condition d'alliance avec un homme portugais, est double : d'une part, il reconnaît et consacre le rôle des femmes, y compris les femmes métisses, dans les processus de construction impériale, suivant le modèle de transmission des terres qui avait une orientation matrilinéaire, même si cette situation n'est pas exclusive à la région du Zambèze ; d'autre part, il témoigne d'une tentative de « blanchir » les colons de la région, dans la mesure où ces filles étaient plutôt descendantes de mariages mixtes. Il s'agit donc bien de « blanchir » l'ascendance des propriétaires fonciers et des détenteurs du pouvoir.

Les femmes portugaises dans les colonies portugaises

Les activités économiques des femmes liées aux colonies portugaises de l'Orient sont inexorablement imbriquées avec leur position en tant que bénéficiaires de postes administratifs et de privilèges reçus de la couronne portugaise. Dans un monde de l'Ancien Régime où le roi occupe un rôle central en tant que distributeur des privilèges, les veuves et les orphelines portugaises ont une position importante.

Un grand nombre de ces postes a effectivement été donné à des femmes, pour la plupart veuves de détenteurs de positions militaires, navales ou

---

da Zambézia e outros estudos, Lisbonne, Junta de Investigação Ultramarina, 1962 ; M. D. D. Newitt, *Portuguese Settlement on the Zambesi*, London, Longman, 1973 ; E. Rodrigues, *Portugueses e Africanos nos Rios de Sena. Os prazos da Coroa nos séculos XVII e XVIII*, Lisbonne, unpublished PhD thesis, 2002.

[28] Cette pratique est courante en Inde dans les « villages du Nord », de Chaul à Daman, une région administrée de Bassein.

administratives dans les espaces coloniaux, ou bien à des orphelins sous la tutelle de leurs mères et de leurs familles, ou comme orphelins du roi. Ces femmes détiennent des responsabilités administratives, des richesses et des opportunités d'affaires dont dépendent des hommes : leurs fils, leurs frères et leurs futurs maris. Ceux-ci, en leur nom, maintiennent des positions politiques, administratives et logistiques, et des emplois financiers et fiscaux liés à l'administration coloniale. L'accès à ces postes dépend, dans une large mesure, de leurs relations avec les femmes – cibles privilégiées des privilèges royaux et héritières des positions de leur père.

En outre, il existe des veuves portugaises qui agissent dans le monde du commerce et des affaires, au nom de leurs maris décédés. Par exemple, en 1622, Dona Luisa da Silveira, veuve de l'ancien gouverneur d'Ormuz, est autorisée à agir en tant que gestionnaire des navires précédemment contrôlés par son mari[29]. C'est également le cas d'Isabel Reigota à Macao. Originaire du Japon, cette veuve est connue pour ses tentatives de réintroduction des jésuites après leur expulsion de l'archipel, et pour son rôle important dans les « Guerres du bois de santal[30] ». Dans les querelles judiciaires contre les jésuites, Isabel Reigota apparaît comme l'un des principaux acteurs du commerce dans le bois de santal avec Mau en Inde[31].

Le rôle de ces femmes portugaises peut même être étendu au commerce de la Route du Cap, c'est-à-dire la voie maritime vers l'Inde. Parmi les privilèges concédés aux veuves, notons les licences pour le transport d'épices et d'autres produits, dont l'exclusivité revenait à la Couronne. Par exemple, en 1563, l'autorisation royale permet à Dona Francisca Henriques, comtesse de Feira, d'importer des marchandises en provenance de l'Inde jusqu'à une valeur de 14 000 *cruzados*, somme qui doit contribuer à la dot de sa fille, Dona Inês de Castro. Il est alors stipulé sur ces licences que les produits ne doivent pas inclure de poivre, de clous de girofle, de cannelle, de gingembre, de muscade, de *macis*, d'indigo, ni

---

[29] C. Boxer, *A Mulher na Expansão Ultramarina Ibérica 1415-1815. Alguns factos, ideias e personalidades*, Lisbonne, Livros Horizonte, 1977, p. 98.
[30] Les guerres du bois de santal concernent toute cette aire géographique jusqu'au Timor et monopolisent les forces militaires régionales contre les intérêts jésuites solidement implantés dans la région.
[31] E. Penalva, *Mulheres em Macau. Donas Honradas, Mulheres Livres e Escravas. Século XVI e XVII*, Lisbonne, Centro de História d'Além Mar, 2011.

de *lasso* qui sont sous monopole[32]. Ce privilège féminin est un moyen de contourner les monopoles d'État.

Même si les archives officielles portugaises contiennent des preuves de femmes portugaises, africaines et asiatiques agissant comme agentes économiques, leur nombre est faible, moindre semble-t-il que celui des femmes commerçant dans le monde atlantique. Le témoignage de la *Peregrinação*, écrit par Fernão Mendes Pinto peut être mobilisé pour étayer ce constat[33]. Parmi les multiples références aux femmes dans cette source, leur présence comme agentes économiques n'est pas prégnante. Le rôle des femmes en tant qu'agentes locales du commerce n'en demeure pas moins évident. L'un des récits qui retient l'attention, implique une femme ayant secouru des Portugais – comme cela arrive si souvent dans la *Peregrinação*. Après avoir fait naufrage à la suite d'une attaque de Maures dans la barre de Lugor, dans le royaume de Siam, les survivants se jettent à l'eau pour tenter de s'échapper. Après sept jours, ils sont recueillis et soignés par cette femme autochtone dont les activités lucratives et de grande envergure sont liées au commerce du sel. Son histoire fournit un exemple marquant de la façon dont les femmes préservent les entreprises familiales, dans l'adversité et en l'absence des hommes et des enfants. C'est le cas ici puisque son mari et ses parents ont été tués par le roi de Siam.

Les histoires de Fernão Mendes Pinto impliquant des femmes soulignent toujours leur force, leur humanité, leur intelligence et leur utilité en tant que passeuses d'information ou intermédiaires entre les Portugais et les pouvoirs des sociétés locales. De multiples épisodes montrent des femmes secourant des Portugais en détresse. Lorsque Pinto et ses compagnons continuent leur voyage en Chine, ils arrivent à un endroit appelé Suzoanganee et sont reçus par une vieille femme : elle les aide à poursuivre leur chemin jusqu'à Nankin puis atteindre Comhay, un port où les Portugais sont implantés. Cette femme est en fait intentionnellement envoyée pour clarifier les intentions des Portugais ; elle discute de la question avec plus de 100 citoyens et un personnage central, un religieux, avec lequel les Portugais doivent négocier.

Les femmes se positionnent ainsi comme des médiatrices diplomatiques, des traductrices et des fournisseuses d'informations. Même

---

[32] J. Heliodoro da Cunha Rivara, *Archivo Portuguez Oriental*, 6 vol., Nova-Goa, Imprensa Nacional, 1857-1876, vol. 5, p. 531.

[33] F. Mendes Pinto, *Peregrinação*, Mem Martins, Publicação Europa-América, 1996, 2 vol.

si ces domaines ne peuvent pas être considérés comme économiques au sens strict du terme, ils méritent une réflexion plus poussée, car ils placent les femmes comme des éléments centraux du commerce interculturel.

Le constat est le même pour la présence coloniale néerlandaise en Asie. La plupart du temps, ces femmes qui ont été des partenaires commerciaux et sexuels des commerçants étrangers, deviennent des interprètes nécessaires pour le bon fonctionnement des affaires. Il est donc compréhensible que la première mission néerlandaise en Cochinchine soit traitée par une femme vietnamienne qui parle très bien le portugais et le malais, et a longtemps résidé à Macao. Avec une autre femme âgée qui a épousé deux Portugais ainsi qu'un Vietnamien, elle devient l'interprète principale de la cour de Cochinchine pendant trente ans.

L'élargissement des horizons européens dépend largement des informations liées à la connaissance du climat, de la géographie, des productions et des consommations des différents marchés, des circuits maritimes, des langues, des cultures, des produits. Les femmes font partie de cette chaîne de transmission des informations et des réseaux dans lesquels la connaissance et la parenté ont été consolidées. Ces flux d'informations ne sont évidemment pas unilatéraux et les mêmes femmes peuvent être tout aussi précieuses pour les sociétés, les communautés et les familles autochtones, en utilisant l'argent, le pouvoir et l'influence des nouveaux venus.

Il faut insister sur le fait que, à Macao, de nombreuses femmes chinoises sont d'abord partenaires de Portugais puis, plus tard, d'autres agents européens, à savoir les Scandinaves, négociants à Canton, puis à Macao. Radhika Seshan, dans des publications récentes, a souligné les rôles joués par les femmes et les filles des colons portugais dans la colonie britannique de Madras sur la côte de Coromandel[34]. Ces femmes relient non seulement les Européens aux non-Européens, mais établissent aussi des liaisons entre les différentes communautés européennes.

*

L'étude de Vila do Conde montre pour le Portugal ce que plusieurs auteurs ont déjà mis en évidence pour d'autres espaces maritimes européens, notamment la France et les Pays-Bas : le dynamisme socio-économique des femmes dans les sociétés littorales. Face aux opportunités

---

[34] R. Seshan, « Trans-National and Informal Networks in the Seventeenth Century Coromandel Coast », dans A. Polónia et C. Antunes (dir.), *Seaports in the First…*, *op. cit.*, pp. 347-355.

économiques, les réponses des femmes ne se font pas attendre : elles profitent des conjonctures qui leur sont favorables.

En somme, le processus d'expansion outre-mer, en favorisant l'absence masculine et en provoquant des facteurs d'instabilité sociale, offre des opportunités. Au-delà des hommes qui restent, les femmes assument également, de façon systématique, ces responsabilités, en augmentant leur rôle social, économique et familial. En dépit du droit et des contraintes juridiques de l'époque, les femmes assument naturellement et en accord avec les exigences imposées par les absences, temporaires et définitives des hommes, des fonctions qui leur attribuent un rôle central dans la vie de la communauté. Cela ne conduit pas à la déstructuration du modèle patriarcal, mais permet plutôt l'émergence d'un nouveau modèle de relations sociales dans lequel s'intensifient les rôles de certains acteurs sociaux : les femmes y sont essentielles.

Bien que les sources primaires portugaises examinées – chroniques, rapports officiels, correspondances ou lettres de missionnaires, et littérature de voyages – ne sont ni abondantes sur des témoignages ni claires sur la reconnaissance des femmes en tant que protagonistes clés dans l'économie, elles fournissent assez d'éléments pour les présenter comme essentielles dans la construction et l'entretien de la dynamique coloniale. Il est évident que les femmes asiatiques et portugaises ont joué un rôle central pour consolider la présence et les intérêts des Portugais en Orient. Un grand nombre de métisses, résultant d'une variété de contacts mixtes, licites et illicites, formels et informels, constitue une force : les femmes sont, par nécessité, des éléments de transferts culturels et matériels entre les différents mondes.

Comment rendre visible le rôle économique des femmes sous l'Ancien Régime ? Étude méthodologique sur les marchandes à Nantes aux XVIe et XVIIe siècles

Nicole Dufournaud

Docteure en histoire moderne
Laboratoire de démographie et d'histoire sociale
(LaDéHis) et « Histoire du genre »
École des hautes études en sciences sociales (EHESS), Paris

Répondre à la question posée dans le titre, oblige au préalable à s'interroger sur la visibilité et l'invisibilité des femmes en histoire. Poursuivre la réflexion de la chercheuse Paulette Robic[1], signifie partir du silence des sources historiques[2] pour rendre visible les actrices de l'histoire et finalement faire émerger leurs rôles économiques. A cette fin, la numérisation massive des documents, des archives et des livres semble offrir des possibilités nouvelles aux usagers de la recherche[3].

Dans un monde numérique idéal de la recherche empirique historique, et avec un peu d'imagination, de nouvelles pratiques pourraient donner des résultats inattendus. Par exemple, le chercheur ou la chercheuse accumulerait des milliers de sources collectées – les textes devenant alors des données numériques – en vue de traitement pour construire un récit historique. Ce monde idéal serait performant grâce aux outils informatiques nouveaux et aux différents systèmes de recherche en ligne :

---

[1] Voir son texte dans le présent ouvrage.
[2] Je ne reviens pas sur la question du silence des sources bien étudiée par M. Perrot, *Les femmes ou les silences de l'histoire*, Paris, Flammarion, 1998 et F. Thébaud, *Écrire l'histoire des femmes*, Fontenay-aux-Roses, ENS Éditions 1998.
[3] Lire N. Dufournaud, « La recherche empirique en histoire à l'ère numérique », *La Gazette des Archives, Voyages extraordinairement numériques : 10 ans d'archivage électronique, et demain ?*, n° 240, 2015, pp. 397-407.

un moteur de recherche comme Google et ses puissants algorithmes, ou encore des portails comme ceux des Archives de France et de la Bibliothèque nationale de France. Une requête tapée sur l'ordinateur renverrait alors les résultats escomptés en quelques secondes. Leur présentation pourrait être celle-ci :

Figure 1 : Résultat automatique de multiples requêtes

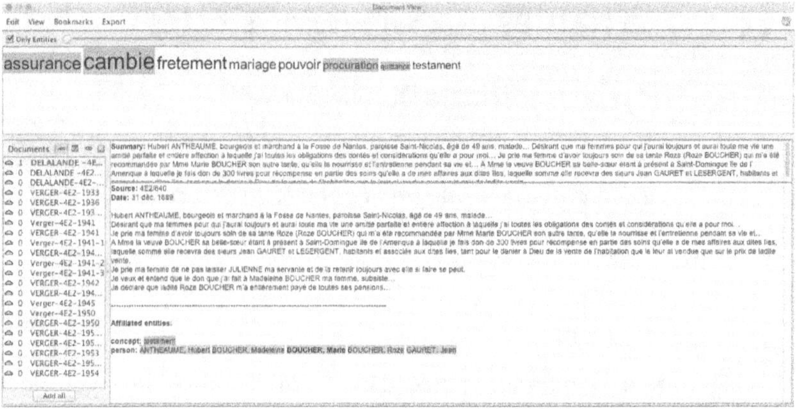

Cet exemple reprend celui de Marie Boucher, figure nantaise de la seconde moitié du XVIIe siècle, dont les prénom et nom très fréquents ne facilitent pas le travail du chercheur et de la chercheuse. Dans ce monde idéal, ces retours de requêtes en un clic correspondraient, miraculeusement, exactement à la figure féminine recherchée. Dans le menu de gauche, se trouverait une liste de documents, chaque document étant transcrit et apparaissant dans la fenêtre centrale à chaque clic. La lecture en serait facilitée grâce à un résumé du texte, une typologie des documents, une liste de personnages en lien avec Marie Boucher, etc. À partir de ce premier résultat, il serait alors plus simple de parcourir les sources historiques sur un sujet particulier et construire une biographie.

Bien entendu, aujourd'hui, il est impossible de travailler ainsi ; en fait, la table de données de Marie Boucher, bien réelle, est le fruit d'un travail artisanal fastidieux commencé avec Bernard Michon au début des années 2000 avant la numérisation massive des documents et poursuivi encore aujourd'hui[4].

---

4 Lire les articles N. Dufournaud et B. Michon, « Les femmes et le commerce maritime à Nantes (1660-1740) : un rôle largement méconnu », *Clio. Histoire, femmes et sociétés*,

Finalement, une recherche empirique en histoire à l'ère numérique implique la constitution d'un corpus numérique. En conséquence, la question essentielle est la suivante : comment travailler après avoir accumulé des milliers de données sur son ordinateur personnel ? Nous constatons aussi que les nouveaux usages numériques produisent des données structurées dont l'exploration permet de donner du sens qu'il s'agit alors de développer. Quel est le processus du travail en histoire qui permet d'explorer les données numériques ? Comment recueillir ces données, les traiter et les exploiter sans être pour autant des spécialistes en informatique ? En quoi l'informatique change-t-elle notre vision de certains textes et permet-elle de nouveaux enrichissements ? Je propose de remonter dans le processus de l'enquête historique et de montrer le flux du travail en histoire qui permet d'explorer les données numériques issues des sources textuelles historiques. Comment passer du texte aux données et les enrichir ? Comment explorer des textes numérisés ? J'en décrirai le processus d'exploration et montrerai quelques résultats.

Mon terrain d'expérimentation est le pays nantais. La ville de Nantes est dès la fin du xve siècle une place de commerce internationale. Nantes et ses avant-ports sont au carrefour entre le Poitou, l'Anjou, la Normandie et la Bretagne[5]. Les divers travaux sur l'apport économique des femmes depuis le Moyen Âge que ce soit par leur travail, leur rôle financier ou leur association en tant qu'épouse ou veuve[6] autorisent à penser que le

---

n° 23, *Le genre du Sport*, mai 2006, pp. 311-330 et N. Dufournaud, B. Michon, B. Bach et P. Cristofoli, « L'analyse des réseaux, une aide à penser : réflexions sur les stratégies économique et sociale de Marie Boucher, marchande à Nantes au xviie siècle », dans C. Carribon, D. Picco, D. Dussert-Galinat, B. Lachaise et F. Bugnon (dir.), *Réseaux de Femmes, Femmes en réseaux* (xvie-xxie siècles), Actes du colloque de Bordeaux (16-17 octobre 2014), Pessac, Presses universitaires de Bordeaux, 2018, pp. 109-138.

[5] À la fin du xve siècle, Nantes est un lieu de rencontre entre les marchands du royaume de France, comme ceux venus d'Anjou, du Poitou, de Normandie et du duché de Bretagne, avec ceux venus d'Espagne : les Espagnols achètent les toiles, les draps et vendent leurs laines mais aussi du fer, de l'acier, des cuirs, des figues, etc. Une foire franche annuelle est créée sous Charles VIII pour attirer également les marchands du Portugal, d'Angleterre, de Flandre, etc. Voir F.-J. Verger (dir.), *Archives curieuses de la ville de Nantes et des départements de l'ouest, pièces authentiques inédites, ou devenues très-rares, sur l'histoire de la ville et du comté de Nantes et ses environs*, Nantes, Forest, 1840, vol. 5/3, pp. 40 et 58.

[6] À ce sujet, voir l'introduction du présent ouvrage. Lire également N. Dufournaud et B. Michon, « Les femmes et l'armement morutier : l'exemple des Sables-d'Olonne pendant la première moitié du xviiie siècle », *Annales de Bretagne et des pays de l'Ouest*, vol. 110, n° 1, 2003, pp. 93-113.

pôle d'attraction qu'est devenue Nantes est favorable à une recherche historique sur le rôle économique des femmes aux XVIe et XVIIe siècles.

À la recherche des informations perdues

Dans une enquête historique, la question qui se pose au préalable est de trouver des archives avec des personnages féminins. Pour pallier au manque de sources, il s'agit de faire preuve d'ingéniosité.

En premier lieu, il faut retrouver l'identité perdue des femmes. En effet, les codes identitaires du XVIe siècle ont disparu. Que signifie l'appellation « Haute dame dame Suzanne de Bourbon dame de Rieux » ? Pourquoi des femmes nobles mariées sont-elles nommées « damoiselle » ? Pourquoi Marie Boucher, femme célibataire et roturière, est-elle dite « honnête dame » ? Ces codes, disparus au fil du temps, augmentent la difficulté d'identifier les personnages féminins que l'on trouve d'ailleurs cités trop souvent par « femme de », « épouse de », « veuve » sans prénom et nom patronymique[7]. De plus, des prénoms tels que Claude, Philippe ou Dominique sont ambigus car ce sont des prénoms masculins et féminins, sans distinction de sexe.

En second lieu, une autre difficulté est la résolution des données manquantes dans les sources qui produisent de l'incertitude, données biaisées par les pratiques mêmes des acteurs et actrices de nos recherches : pas de signature de femmes même si elles savent signer, présence non signalées des femmes alors qu'elles sont bien présentes au moment des actes, etc.

Enfin, le travail des archivistes des XIXe et XXe siècles a participé à la destruction des traces féminines dans les archives. J'en veux pour preuve les répertoires constitués avec uniquement les noms des hommes en supprimant toute trace de noms de femmes, même dans le cas de contrat de mariage[8].

À ces difficultés, s'ajoutent d'une part l'absence d'études historiques sur le rôle économique des femmes, même au sein des entreprises familiales, et d'autre part la déformation des textes par des collègues contemporains peu soucieux d'en respecter la précision. Prenons l'exemple d'un article

---

[7] Sur ce sujet, lire N. Dufournaud, *Rôles et pouvoirs des femmes au XVIe siècle dans la France de* l'Ouest, thèse d'histoire, dactyl, A. Burguière (dir.), EHESS Paris, 2007, chap. 1.

[8] Sur les usages des archives, lire N. Dufournaud, « La recherche empirique… », art. cit.

de Michel Morineau[9]. L'auteur écrit sur le nombre des bateaux recensés dans les ports de la façade atlantique en 1664. En bas de page, la note 9 interpelle : « [le navire *La Pélagie*] venait... d'être racheté à sa propriétaire par Honorable Homme Jan Manseron, sieur de La Poittevinière ». L'auteur ne précise pas le nom de la femme venderesse mais uniquement le nom de l'homme acheteur alors que l'identité de la propriétaire est connue grâce à Léon Maître qui a travaillé sur la même source où elle est citée : elle se nomme « Janne Boizot veuve de hh François Bussonneau »[10].

Quant au manque d'études sur les femmes dans le commerce international, ce n'est pas seulement la conséquence d'une absence de sources. Par exemple, la publication des minutes notariales de Bordeaux, datées de 1470 à 1520, et celles de La Rochelle, de 1423 à 1585, éditées en 1984[11] montre que des femmes participent au trafic des marchandises : c'est le grand commerce international de la façade atlantique dont font partie également les « havres » bretons et les ports de Nantes et de Saint-Malo. À Bordeaux et à La Rochelle, des femmes mariées ou veuves et des filles célibataires expédient du vin, du sel et du pastel vers la Zélande et les Flandres ; et aussi du papier vers Lisbonne et Madère. Si La Rochelle expédie le sel de l'île de Ré vers l'Europe du Nord, Bordeaux est le port d'embarquement pour le vin et le Pastel de Toulouse en direction d'Amsterdam, Anvers, Middelbourg ou Flessingue et Arnemuiden en Zélande. Parmi les importations, notons le hareng venant de Rotterdam ou de Zélande. L'absence de ces études participe à rendre invisible le rôle économique des femmes qui disparaît ainsi de nos mémoires en laissant la part belle aux hommes.

En résumé, faisons preuve d'ingéniosité. À partir des matériaux archivistiques, je propose de collecter les données puis de les enrichir pour ensuite les analyser selon un flux du travail numérique nommé *workflow*[12] (voir Figure 2). Le résultat rend alors possible des analyses qui

---

[9] M. Morineau, « La vraie nature des choses et leur enchaînement entre la France, les Antilles et l'Europe (XVIIe-XIXe siècles) », *Revue française d'histoire d'outre-mer*, vol. 84, n° 314, 1997, pp. 3-24, en ligne sur le site de Persée http://www.persee.fr/web/revues/home/prescript/article/outre_0300-9513_1997_num_84_314_3506.

[10] L. Maître, « Situation de la Marine marchande du Comté nantais d'après l'enquête de 1664 », *Annales de Bretagne*, vol. 18, n° 3, 1902, pp. 326-343, p. 329.

[11] *Documents pour servir à l'histoire du commerce des Pays-Bas avec la France jusqu'à 1585*, Mappie A. Drost, La Haye, M. Nijhoff, 1984, 2 vol.

[12] Dans un précédent projet pionnier des années 1990 avec les Archives nationales, le problème du flux du travail numérique ou *workflow* avait déjà été identifié. L'apport majeur de ce projet avait été la résolution des entités nommées grâce à une manipulation intuitive des données. Voir J.-D. Fekete et D. Ogilvie, « Le projet et la

accroissent la visibilité des femmes et leur rôle économique et social sous l'Ancien Régime.

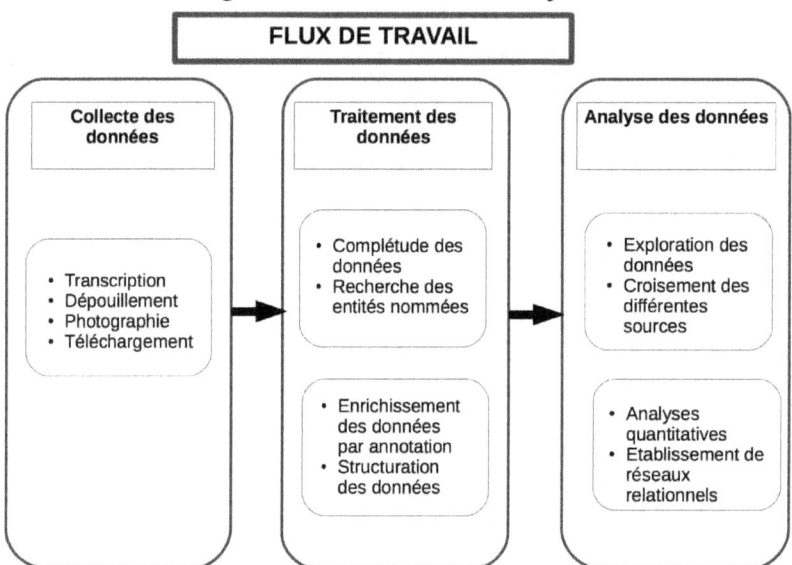

Figure 2 : Flux de travail ou *workflow*

La collecte et le traitement des données

Une donnée historique ne peut pas exister sans les sources qui l'étayent, parfois avec ses contradictions et des biais. S'ajoutent également nos propres erreurs et nos idées reçues, le tout produisant de l'incertitude dans nos données.

---

plate-forme "millefeuille" recherches et outils informatiques Pour de nouveaux usages des Almanachs », Bibliothèque de l'École des Chartes, 166, n° 1, 2008, pp. 89-98. Sur la question du *workflox*, lire N. Dufournaud, « Des humanités aux données. Méthodes en histoire à l'ère du numérique, témoignage d'une e-historienne », *Les Cahiers du Numérique*, 2014, vol. 10, n° 3, pp. 73-88 ; F. Heimburger et E. Ruiz, « Faire de l'histoire à l'ère numérique : retours d'expériences », *Revue d'histoire moderne et contemporaine*, n° 58-4bis, vol. 5/2011, pp. 70-89. Sur l'évolution du métier en histoire, C. Lemercier et C. Zalc, Méthodes *quantitatives pour l'historien*, Paris, La Découverte, coll. « Repères », 2008 ; J.-P. Genet et A. Zorzi (dir.), *Les historiens et l'informatique : un métier à réinventer*, Rome, École française de Rome, 2011 ; N. Delalande et J. Vincent, « Portrait de l'historien-ne en cyborg », *Revue d'histoire moderne et contemporaine*, vol. 2011/5, n° 58-4bis, pp. 5-29 ; P. Rygiel, « L'enquête historique à l'ère numérique », *Revue d'histoire moderne et contemporaine*, vol. 2011/5, n° 58-4bis, pp. 30-40.

La transformation de la source brute en données s'est modifiée depuis l'utilisation massive de micro-ordinateur personnel. La transcription des sources s'effectue dans un fichier informatique que l'usager stocke sur sa machine. Cette tâche reste fastidieuse mais elle lui permet de s'approprier les informations, puis de les digérer ce qui facilite la réflexion. Comme l'écrivent les historiennes Claire Lemercier et Claire Zalc, cette démarche est comparable à l'étude sur le terrain des anthropologues et sociologues[13].

Il nous faut maintenant revenir à une question essentielle. Qu'est-ce qu'une donnée en histoire ? Une donnée est une description élémentaire d'une réalité historique[14]. Quand le lecteur lit « Marie Agouet est baptisée au Croisic le 10 juillet 1560 », l'information résulte d'une recherche dans le registre paroissial du Croisic de l'année 1560.

Les données peuvent être collectées de plusieurs façons : transcription des textes, documents scannés, photographies ou dépouillement succinct des documents par échantillonnage. La saisie des données peut se faire de manière exhaustive dans un éditeur de textes ou par une atomisation du texte dans une base de données ou un tableur. Le Livre blanc du CNRS analyse l'opération ainsi :

> « […] les activités de fouille de textes et de données ont des retombées directes dans les activités d'accès aux connaissances scientifiques par les chercheurs […] le TDM [Text and Data Mining] ouvre des analyses quantitatives inédites dans l'histoire de la science. Jamais autant de corpus de textes et de données n'ont été si disponibles et possiblement analysables. L'interprétation scientifique du chercheur ne change pas en soi, mais son éventail de recherche s'élargit.[15] »

Quotidiennement, nous enregistrons sur nos ordinateurs des données sans qu'elles soient forcément classées ni même traitées. Au mieux, quand on veut y accéder ultérieurement, elles semblent avoir disparu ; au pire, on les a oubliées. Pourtant, elles représentent une véritable manne d'informations. Je propose un exemple concret afin de démontrer l'importance de l'apport des nouvelles technologies.

---

[13] C. Lemercier et C. Zalc, *Méthodes quantitatives…*, op. cit., p. 34.
[14] Définition donnée le CNRS dans *Livre blanc. Une science ouverte dans une République numérique. Études et propositions en vue de l'application de la loi. Guide stratégique d'applications*, CNRS, octobre 2016.
[15] *Ibid.* p. 53. Le Text and Data Mining (TDM) est un ensemble de techniques permettant d'explorer et de traiter de vastes corpus de textes et de données. Il ouvre des champs de recherche nouveaux et autorise de nouvelles approches méthodologiques de construction de connaissances.

En histoire des femmes, les minutes notariales constituent une source primordiale car les femmes sont de bonnes clientes. Or à Nantes, pour le XVIe siècle, les minutes notariales ont été détruites : il n'est donc pas possible de construire de série. Pour le siècle suivant, les minutes notariales sont conservées mais le travail fastidieux reste entier. Il est cependant possible de compenser partiellement la perte des actes notariés en les reconstituant grâce aux « grosses » classées dans les Titres de famille, série E, des Archives départementales de Loire-Atlantique. Prenons l'inventaire de la communauté conjugale des merciers Gabriel Rapion et Lucette Guillopé, établi à la mort de cette dernière[16]. En 1615, avec la boutique sont décrites une chambre basse et au-dessus une chambre haute, le tout attenant. Les femmes qui apparaissent dans cet inventaire sont la lingère Jeanne Simon qui prise le linge, et dans la liste des cédules deux femmes débitrices du couple. Les biens inventoriés montrent que la boutique n'est pas une petite affaire, les produits proviennent d'Italie, d'Espagne, d'Angleterre et de Flandres. Comment rendre explicite le rôle de Lucette Guillopé ? L'inventaire seul ne permet pas d'y répondre.

Voici un second exemple de minute notariale du XVIIe siècle, celle-ci bien conservée :

Figure 3 : Marché de poisson, 24 juillet 1645[17]

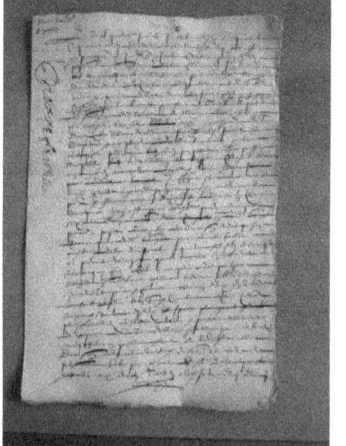
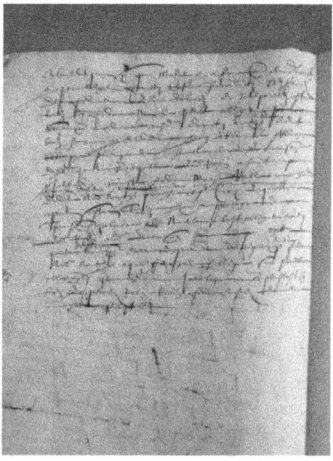

---

[16] Arch. dép. Loire-Atlantique, 4E 2/1564, minutes de Rapion, 14 juillet 1615.
[17] *Ibid.*, 4E 2/1030, minutes de Guilloteau, 24 juillet 1645. L'information m'a été remise aimablement par Jacques Rouziou.

Cet acte est un marché entre femmes : Suzanne Lelou femme de Jan Bellair et Marye Prouet veuve de Pierre Duboys sont toutes deux marchandes au Croisic. Elles vendent à Marye Robin femme de Mathurin Granger, aussi marchande mais à Orléans, quatre barriques de maquereaux vidés qu'elles livreront à Nantes. Il est écrit que « Pour plus grande seureté de la livraison » Marye Ralle, marchande à Nantes, femme d'un marchand, s'oblige pour les femmes croisicaises. L'analyse des textes devient ici complexe car cet acte semble singulier en raison des noms des protagonistes et également par le type de marché. Ce qui l'est moins en revanche concerne les relations d'affaires entre les avant-ports de Nantes, Nantes et Orléans[18].

L'itinéraire d'une vie est donc souvent impossible à reconstituer comme le montrent ces deux exemples. Il faut alors en passer par l'accumulation d'études de cas[19] et le croisement de sources primaires et secondaires. Puis nous devons nous faire aider par nos ordinateurs et utiliser des outils informatiques pour les explorer.

Tout traitement des données commence par de multiples recherches. La première d'entre elles s'articule autour des problèmes d'identités comme nous l'avons vu. Si un nom de personne apparaît dans la source, le chercheur ou la chercheuse enquêtera sur celui-ci soit sur son ordinateur soit sur le Web, puis le régularisera en prenant une orthographe moderne par exemple, Marye devenant Marie. Une autre mention l'interpellera, celle des noms de lieux et les institutions. Enfin, des évènements ou des dates peuvent aussi faire l'objet de recherche puis de régularisation en format standard compris par l'ordinateur comme « aaaa-mm-jj ». Ce sont des entités nommées – expression linguistique et informatique[20] – qui sont détectées puis résolues à l'aide de référentiels comme « Geonames[21] » pour les noms de lieux ou les notices d'autorité de la Bibliothèque nationale de France pour les noms de personnes[22]. Le but de cette enquête n'est

---

[18] Sur les avant-ports, lire B. Michon, *Le port de Nantes au XVIIIe siècle. Construction d'une aire portuaire*, Rennes, Presses universitaires de Rennes, 2011.

[19] Lire J.-C. Passeron et J. Revel (dir.), *Penser par cas*, Paris, EHESS, 2005, introduction, p. 9 et suivantes.

[20] Pour un état de l'art, lire D. Nadeau, S. Sekine, *A survey of named entity recognition and classification*. Lingvisticae Investigationes, 2007.

[21] Voir http://www.geonames.org/.

[22] « Les notices d'autorité visibles dans le catalogue général de la BnF gèrent les entités personnes, collectivités, titres. Les notices sont saisies en format INTERMARC Autorités et sont consultables en format public. Elles peuvent être utilisées aussi bien

pas d'opérer une classification pour uniquement typer et classer mais de comprendre les relations entre les individus, les lieux et les évènements[23] ce qui est fort utile en histoire des femmes.

Cette étape d'extraction et de régularisation des entités nommées étant franchie, il est d'usage de croiser les sources collectées avec les articles scientifiques, les livres anciens ou contemporains. Des textes annotés dans un logiciel de gestion de références bibliographiques comme Zotero[24] complètent l'enrichissement des données saisies.

Après avoir collecté et saisi les données, puis les avoir enrichies, le résultat est une collection hétéroclite comprenant des images, des textes et des tables, le tout stocké sur un ordinateur personnel. À partir de l'exemple de l'acte notarial de 1643 (Figure 3), la table est alors construite et enrichie. Cette dernière est le résultat d'un typage manuel, issu d'un dépouillement de la sélection de sources opérées grâce à l'exploration des textes transcrits. Le texte peut être découpé ligne par ligne avec un signe interrogatif sur les données manquantes qui méritent la poursuite des recherches :

Tableau 1 : Exemple d'une table des données

Personne 1	Activité	Lieu	Lien	Personne 2	Activité	Lieu
Suzanne Lelou	Marchande	Le Croisic	Parenté	Jean Bellair	Gens de mer ?	Le Croisic ?
Suzanne Lelou	Marchande	Le Croisic	Affaires	Marie Prouet	Marchande	Le Croisic
Suzanne Lelou	Marchande	Le Croisic	Affaires	Marie Robin	Marchande	Orléans
Marie Prouet	Marchande	Le Croisic	Affaires	Marie Robin	Marchande	Orléans
Marie Robin	Marchande	Orléans	Parenté	Mathurin Granger	Marchand ?	Orléans ?

---

en vedette personne, collectivité ou titre qu'en accès matière. » http://www.bnf.fr/fr/professionnels/autorites_bnf/s.autorite_bnf_presentation_statistiques.html.

[23] À la Renaissance, le père de Machiavel passa neuf mois à dresser des listes pour constituer des index écrits comme l'indique Elizabeth Eisenstein dans « Des humanités aux données. Méthodes en histoire à l'ère du numérique, témoignage d'une e-historienne », art. cit. Sur la question des listes, lire R. Descimon, « Que faire des listes des confrères parisiens au XVIIe siècle ? », dans *Le Temps des listes. Représenter, savoir et croire à l'époque moderne*, Madrid, Casa de Velazquez, à paraître.

[24] Voir le site du logiciel https://www.zotero.org/ et l'aide en ligne sur le blog de Franziska Heimburger et Emilien Ruiz http://www.boiteaoutils.info/category/tutoriels/zotero/.

Il s'agit encore aujourd'hui d'un travail artisanal qui s'apprend « sur le tas »[25]. La Figure 4 présente le résultat des trois phases essentielles de la collecte et du traitement des données : le matériau archivistique, le dépouillement transcrit et la table de données.

Figure 4 : Du document aux données

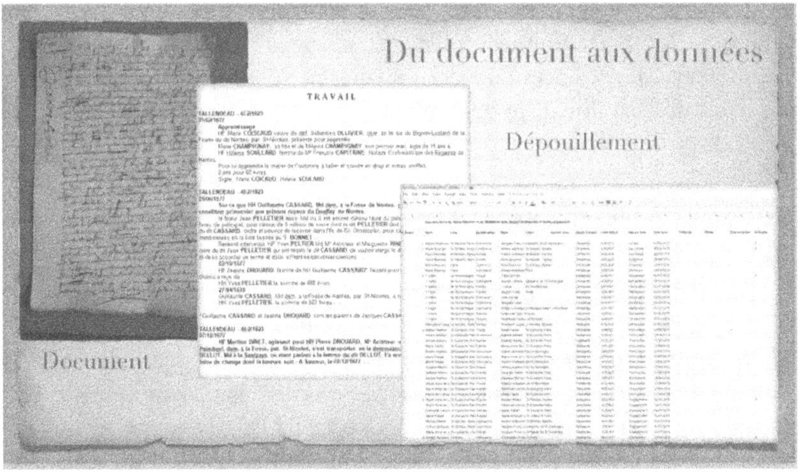

Afin de pouvoir analyser ces données, deux questions se posent immédiatement. La première est la façon simple d'explorer et de naviguer dans des données numériques en nombre croissant sur notre ordinateur et sur le Web ; la seconde question réside sur le sens qu'apportent éventuellement ces outils informatiques à nos textes : en quoi nous aident-ils à penser ?

---

[25] « [...] le véritable intérêt des outils informatiques, c'est finalement qu'ils nous amènent à parler des méthodes, des pratiques propres à notre métier, comme la lecture et la prise de note sur une source, dont il était trop souvent admis, lorsque j'ai débuté, qu'on ne pouvait l'apprendre que sur le tas, en faisant mais sans jamais en discuter collectivement », E. Grandi et E. Ruiz, « Ce que le numérique fait à l'histoire. Entretien avec Claire Lemercier », *Diacronie. Studi di Storia Contemporanea*, 2012, vol. 2, n° 10, p. 14.

Exploration de textes numérisés et premiers résultats d'analyse

L'exploration des données est un thème important en informatique mais malheureusement peu référencé[26]. Pourtant cette pratique est essentielle pour utiliser la méthode indiciaire[27]. Pour analyser les données, la première étape est d'explorer les données collectées : sans exploration, la grande masse de données collectées ne peut pas être utilisée. Il faut interagir avec les données à travers une interface pour varier les perspectives car, comme l'expliquait le psychologue James J. Gibson dans les années 1950, l'action et la perception visuelle sont indissociables[28].

Pour appuyer mon propos, je mobilise deux itinéraires de vie : celles de Jeanne Couillaud (vers 1650-après 1710)[29] et de Marie Colombu (vers 1600-après 1640)[30].

Marchande de poissons à Nantes, Jeanne Couillaud est la femme de Guillaume Frapet, maître gabarier, décédé au début des années 1690. Dès 1688, Jeanne Couillaud est aux affaires : elle possède des « échelles d'eau » ou embarcadères et elle achète les carpes d'un étang. Quand elle devient veuve, elle a encore sept enfants en bas âge. Elle développe sa fortune grâce à plusieurs héritages qui provoquent d'ailleurs des conflits dans sa famille. En revanche, elle est en bon terme avec celle de son défunt mari. Elle possède des gabares et des pêcheries ; pour vendre le poisson, elle acquiert toutes les places à Nantes, de la porte Poissonnière à la Cohue. Signe de réussite et de prospérité sociale, elle demeure à la fin de sa vie dans la maison de la Bellaudière, à l'extérieur de la ville. Elle y réside avec une autre femme de sa parenté, Michelle Drouin, certainement apparentée à la grande famille de négociants nantais du XVIIIe siècle. Jeanne possède une autre demeure au cœur de la ville, dans le quartier

---

[26] La référence en analyse exploratoire est l'ouvrage de J.°W.°Tukey, *Exploratory Data Analysis*, New York, Pearson, 1977.

[27] Le paradigme indiciaire est développé par Carlo Ginzburg dans *Mythes, emblèmes et traces. Morphologie et histoire*, Paris, Flammarion, coll. « Nouvelle Bibliothèque Scientifique », 1989 et « Signes, traces, pistes. Racines d'un paradigme de l'indice », *Le débat*, nov. 1980, pp. 3-44.

[28] J. J. Gibson, *The perception of the visual world*, Oxford, Houghton Mifflin, 1950.

[29] Jeanne Couillaud est une figure déjà présentée dans N. Dufournaud, « Les femmes au travail dans les villes de Bretagne - XVIe et XVIIe siècles », *Annales de Bretagne et des pays de l'Ouest*, vol. 114, n° 3, 2007, pp. 43-66.

[30] Les minutes notariales sur Jeanne Couillaud et Marie Colombu m'ont été aimablement transmises par Jacques Rouziou que je remercie ici.

de la Saulzaie, peut-être pour mieux surveiller ses affaires. Jusqu'en 1709, date probable de son décès, elle achète, vend, afferme, transige et prête de l'argent. Jeanne Couillaud est également liée au plan professionnel à Joachim Descazeaux, l'un des grands armateurs nantais du moment.

Ce récit est issu d'une analyse de 76 actes notariés[31] extraits de ma base de données grâce au logiciel Jigsaw[32]. La méthode consiste à dépouiller les minutes notariales, puis à les ajouter à une base de données existante et enfin à extraire les textes à partir des listes de noms de personnes, de lieux, des concepts et de documents. Si toute classification est réductrice par nature, les indexations et les typologies reviennent en force et nous n'y échappons pas. En fait, les capacités énormes de nos ordinateurs autorisent une exploitation différente des données grâce à des listes qui sont dressées automatiquement à partir des textes.

La figure 5 ci-après montre deux listes : la première est celle des noms de personnes et la seconde des documents, les deux listes extraites automatiquement. Une troisième liste est possible, comme la typologie des documents dressée au fur et à mesure de l'accumulation des sources. À droite de la figure s'affiche les documents sélectionnés dans la liste de gauche[33].

Figure 5 : Jeanne Couillaud dans Jigsaw

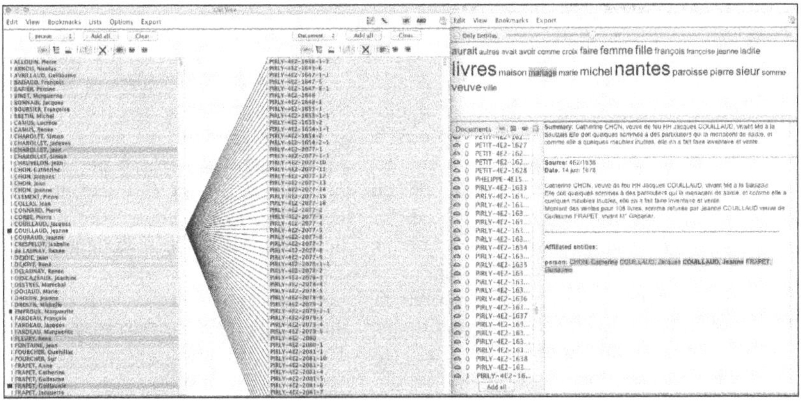

---

[31] Arch. dép. Loire-Atlantique, 4E 2/1637, 1638, 1639, 1642, 1643, 1645, 1646, 1647, 1648, 1650, 1653, 1654, 2077, 2078, 2079, 2080, 2081 et 2082, minutes de Pirly.

[32] Ce logiciel de l'université Georgia Tech permet la navigation et l'exploration des données en nombre important pour trier, classer et organiser les entités nommées et les documents. En ligne sur http://www.cc.gatech.edu/gvu/ii/jigsaw/.

[33] Au moment de cette exploration, la base comprend 213 noms de lieux, 2 056 documents, 5 918 noms de personnes et 93 concepts.

Ce système permet une navigation aisée entre le résultat de l'exploration des données, les listes d'index et les textes qui sont analysés. Grâce à la production automatique de tables d'analyses qui deviennent des instruments de travail, les multiples index croisés permettent de construire des réseaux et facilitent le travail d'analyse avant l'élaboration du récit par un travail d'écriture[34].

En parallèle, à partir d'une extraction d'une table en format « csv[35] », il est possible d'utiliser le logiciel Puck[36] afin de construire les réseaux de parenté. Le but est à partir d'une seule saisie de pouvoir utiliser des outils informatiques différents et, après récupération, de réutiliser les mêmes données pour d'autres usages.

Finalement, à partir de la base Jigsaw, un réseau social est élaboré sur la plate-forme en ligne The Vistorian[37] qui permet le téléchargement

---

[34] « Les nouvelles formes de classification ne sont pas une nouveauté, ce sont les possibilités qu'offre l'ordinateur qui ouvrent de nouvelles perspectives. C'est le nouveau type d'activité intellectuelle que déclenche cette nouvelle technique, comme le classement des mots pour préparer les index et l'élaboration des tableaux et des renvois, qui provoquera un renouveau de la pensée intellectuelle. » N. Dufournaud, « Des humanités aux données… », art. cit., p. 84.

[35] Le format informatique CSV pour « comma-separated values » est un fichier texte dont les données sont séparées par des virgules.

[36] Puck est un outil de généalogie. Ce logiciel analyse des phénomènes de parenté et permet également la saisie des relations hors parenté ou d'alliances. Puck traite des données structurées sous une forme généalogique, assorties ou non à d'autres variables. Il comporte pour un individu son nom, son sexe, l'identité de ses parents et celles de son ou ses conjoint(e)s. Le logiciel propose un masque de saisie de données tout en pouvant intégrer des paramètres socio-économiques ou professionnels, ainsi que des données spatiales et temporelles. Puck est outillé pour importer des corpus préalablement établi sous d'autres formats. On peut obtenir des représentations graphiques des réseaux. Voir http://kintip.net et également la lettre d'information du CNRS en ligne http://www.cnrs.fr/inshs/Lettres-information-INSHS/lettre_infoinshs43hd.pdf.

[37] The Vistorian est une plate-forme en ligne http://Vistorian.org/ Elle permet de construire des réseaux sociaux multiplexes afin d'explorer des données dans une dimension spatio-temporelle dynamique. À l'origine, elle fut créée par Benjamin Bach alors post-doctorant INRIA-Microsoft Research pour le colloque de Bordeaux auquel il a collaboré avec Bernard Michon, Pascal Cristofoli et Nicole Dufournaud. Voir N. Dufournaud, B. Michon, B. Bach et C. Cristofoli, « L'analyse des réseaux… », art. cit. Sur les réseaux sociaux, lire P. Cristofoli, « Principes et usages des dessins de réseau en SHS », *Histoire et informatique, La visualisation des données en histoire*, n° 18/19, 2015. Sur les réseaux informatiques et l'histoire, lire A. Boltanski, « Du réseau à l'individu. Quelques réflexions épistémologiques, à partir de trois exemples de réseaux égocentrés dans la seconde moitié du XVIe siècle », dans J Duma (dir.), *Histoires de nobles et de bourgeois. Individu, groupes, réseaux en France*. XVIe-XVIIIe *siècles*, Nanterre, Presses universitaires de Paris-Ouest, 2011, pp. 35-59.

d'une table en format « csv » et la construction dynamique immédiate du réseau avec l'affichage des différents liens : ce type de réseau est appelé « réseau multiplexe[38] ». Ces liens sont affichés dans le menu de gauche ; une ligne de temps en haut de l'écran facilite le déplacement temporel dans le graphe.

La construction du réseau de Jeanne Couillaud de 1677 à 1709 et de son époux Guillaume Frapet de 1677 à 1689, rend visible des phénomènes peu apparents dans une analyse classique des textes. Le premier réseau « Node Link » montre les relations des deux époux (voir Figure 6).

Figure 6 : Les réseaux de Jeanne Couillaud et de Guillaume Frapet

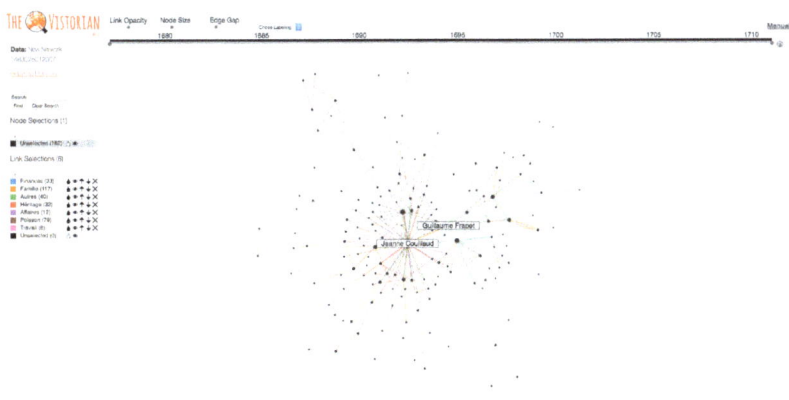

Jeanne Couillaud apparaît automatiquement au centre du réseau. Son mari, Guillaume Frapet se situe à sa droite. Les deux époux ne sont reliés que par René Fleury, jeune maître gabarier, qui deviendra leur gendre après la mort de Guillaume Frapet. À gauche de l'image, sept types de relations s'affichent : finance, famille, autres, héritage, travail et poisson. Cette typologie est subjective et construite par mes soins pour faciliter l'analyse. Elle peut être sélectionnée ou désélectionnée à volonté.

---

[38] La multiplexité est un réseau comprenant plusieurs types de relations entre ses composantes ; par exemple des relations familiales et professionnelles entre individus dans le milieu de l'entreprise. Voir C. Ducruet, *Multigraphes, multiplexes, et réseaux couplés*, 2012. <halshs-00746129>. Pour un état de l'art en informatique sur la question des réseaux, lire B. Bach, *Connections, Changes, and Cubes : Unfolding Dynamic Networks for Visual Exploration*, thèse d'informatique, J.-D. Fekete (dir.), Institut national de recherche en informatique et en automatique (INRIA), 2014, en ligne http://www.aviz.fr/~bbach/homepage/benjamin-bach_thesis_2014.pdf.

L'interactivité est ici privilégiée. Un second réseau, dit « Dynamic Ego », montre les relations de Jeanne Couillaud.

Figure 7 : Le réseau Dynamic Ego de Jeanne Couillaud

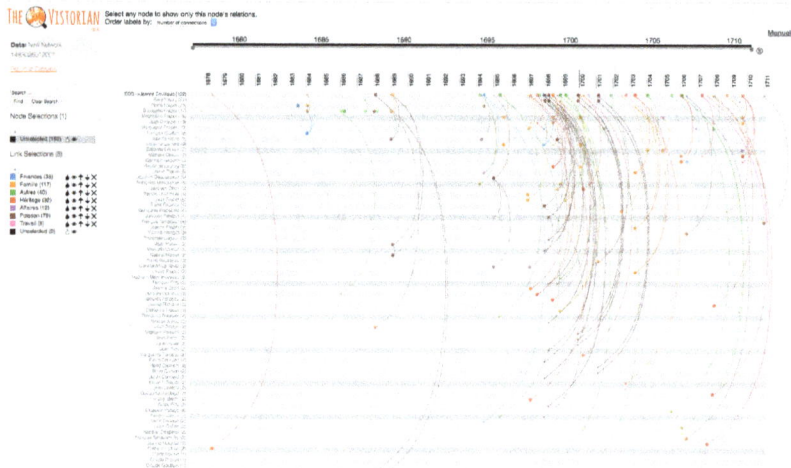

Toutes les affaires de Jeanne Couillaud liées à son activité de marchande de poissons sont visualisées par des arcs de cercle en couleur marron.

Que m'apporte le réseau construit sur la plateforme The Vistorian ? Le réseau de son mari, Guillaume Frapet, s'est constitué grâce au père de Jeanne Couillaud ; lorsqu'il meurt, sa veuve arrête le réseau et en constitue un autre facilitée par le frère de son mari qui lui apporte l'argent nécessaire pour monter de nouvelles affaires. Deux réseaux distincts s'affichent ici : celui avant la mort de son mari et le second après la mort de son mari, bien plus clairement qu'à la lecture des sources.

De plus, le réseau fait apparaître l'activité économique de femmes : Marguerite Amproux et Françoise Patage, épouse Monnier, d'une part et Françoise Trébillard d'autre part. Trois personnalités noyées dans les sources écrites que le réseau rend visible.

Enfin, cette méthode m'a permis de rectifier ma première étude, résultat d'une analyse plus classique, non traçable et sujette à la subjectivité humaine donc aux erreurs.

L'intérêt du second réseau social, celui de Marie Colombu, porte sur la géolocalisation des liens. Marie Colombu est l'épouse de François

Ollivier, maître de la monnaie à Nantes. Sa date de naissance n'est pas précisée dans les différentes sources consultées : elle ne semble pas être née dans le pays nantais. Son époux étant d'Angers, elle vient probablement d'Anjou. Elle apparaît dans les minutes notariales à partir de 1622 et en disparaît en 1634. Marie Colombu semble prendre un rôle important dans le commerce international au moment où son mari développe ses affaires et s'absente avec une fréquence et une durée qui l'obligent à partager la gestion de ses affaires avec son épouse. Leurs affaires sont françaises, puis européennes et enfin connaissent une expansion jusqu'à Terre-Neuve comme le montre la carte ci-dessous.

Figure 8 : Réseau spatio-temporel de Marie Colombu et de son époux

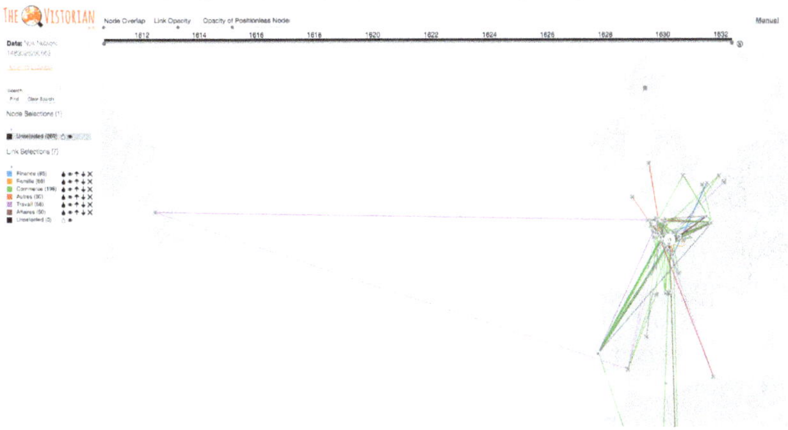

En utilisant les outils de la plateforme The Vistorian, il est possible de cibler immédiatement avec quels individus Marie Colombu est en relation. Par exemple sur la carte, dans son réseau nantais, la relation entre Marie Colombu et Jeanne Pelerin est visible grâce à un affichage de la ville de Nantes sous forme d'un « overlape »[39] puis de parcourir le cercle jusqu'à l'apparition du nom de la personne recherchée ; ici le nom de Jeanne Pelerin, inattendu, est apparu.

---

[39] L'overlape est décrit dans A. Bezerianos, F. Chevalier, P. Dragicevic, N. Elmqvist et J.-D. Fekete, *A System for Exploring Multivariate Social Networks* In Proceedings of Eurographics/IEEE-VGTC Symposium on Visualization (Eurovis 2010), June 2010, Bordeaux, France.

Figure 9 : Exploration du réseau nantais de Marie Colombu et de son mari

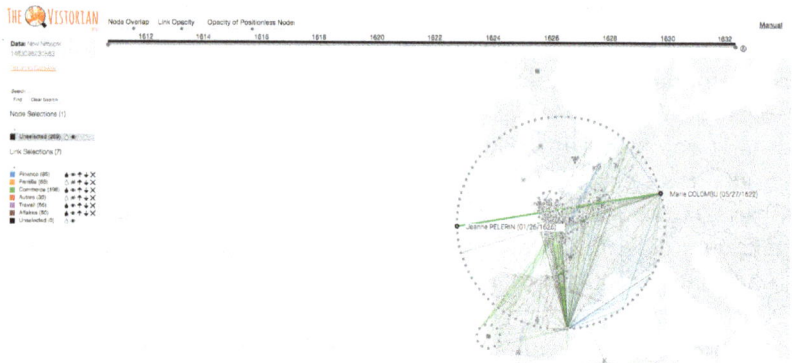

La démarche de Claire Lemercier et de Claire Zalc est ici démontrée : il ne s'agit pas de publier les conclusions d'une analyse historique classique à l'aide de nombreux tableaux et de graphiques « [...] mais plutôt de les utiliser pour avancer dans une recherche, quitte à n'en montrer au lecteur final que quelques-uns[40] ».

*

L'approche du chercheur ou de la chercheuse en histoire moderne exige une observation empirique dès que l'objectif est de mettre en évidence les rapports socio-économiques entre les hommes et les femmes. La spécificité de travailler sur des temps anciens accentue le phénomène en raison des difficultés de compréhension et d'interprétation des textes. Une autre particularité est de travailler sur les femmes. Leurs rôles sont sous-estimés car il est impossible aujourd'hui ni de quantifier ni de visualiser les incertitudes et les biais qui résultent du manque de sources ou d'informations ténues.

La méthode qui consiste à accumuler des itinéraires de vie prend tout son sens à l'ère du numérique. Grâce à l'interaction entre l'humain et la machine, les outils d'exploration et de visualisation des données permettent de voir pour mieux comprendre, et pour émettre, confirmer ou infirmer des hypothèses ; bref, une véritable aide visuelle à l'analyse textuelle.

---

[40] C. Lemercier et C. Zalc, *Méthodes quantitatives…*, *op. cit.*, p. 16.

En 1966, Barney G. Glaser a publié son livre[41] sur une méthode d'enquête visant à construire des théories à partir des données collectées pour y chercher ce qui a du sens : cette théorie est nommée en français « théorie ancrée ». Elle est reprise par Pierre Paillé et Alex Mucchielli[42] depuis quelques années. Elle montre la complexité des actes d'analyse, activité de l'esprit humain présidant au traitement et à l'interprétation des données résultantes d'une enquête empirique en histoire pour comprendre et interpréter la société étudiée. À l'ère de la massification des textes numérisés, les outils informatiques facilitent l'exploration des données et nous aident à penser. Grâce à la traçabilité informatique, les analyses rendent visibles tous les acteurs de l'histoire y compris les femmes, actrices elles-aussi.

---

[41] B. Glaser, B & A. Strauss, *The Discovery of Grounded Theory : Strategies for Qualitative Research*, Chicago, Aldine de Gruyter, 1967.

[42] P. Paillé et A. Mucchielli, *L'analyse qualitative en sciences humaines et sociales*, Paris, Armand Colin, 2012.

Le rôle des femmes dans le commerce antillais du port de Nantes dans la seconde moitié du XVIIe siècle

Marion TANGUY

Docteure en histoire moderne
Centre de recherches en histoire internationale
et atlantique (CRHIA-EA 1163)
Université de Nantes

En 1984, le colloque tenu à Paris intitulé « La femme à l'époque moderne XVIe-XVIIIe siècle » ne faisait aucunement mention de son rôle économique, axant davantage le regard sur la condition féminine, la famille ou la religion[1]. La plupart des études s'accordaient sur la place fondamentale des veuves notamment dans le domaine agricole. Dans les centres urbains, où se concentrent artisanat et commerce, les femmes, à tous les niveaux, ont participé à la vie économique. Néanmoins, leur rôle dans les activités commerciales et industrielles demeure encore quasiment méconnu. Pourtant, de nombreuses femmes sont impliquées dans ce type d'activités, que ce soit à titre indépendant ou en collaboration, d'abord avec leur père, avec leur mari ensuite, puis seules une fois veuves.

Depuis le début des années 2000, les travaux se sont multipliés et montrent un intérêt croissant pour les femmes et les fonctions qu'elles occupaient dans la sphère négociante. À Saint-Malo, André Lespagnol a relevé une quarantaine de femmes « négociantes » pour la période

---

[1] Les actes du colloque ont été publiés dans le bulletin de l'Association des historiens modernistes des universités (dir.), *La Femme à l'époque moderne,* XVIe-XVIIIe *siècles*, Paris, Presses de l'Université Paris-Sorbonne, 1985, vol. 9. D'autres rencontres scientifiques se sont tenues depuis, par exemple L. Capdevila, S. Cassagnes, M. Cocaud, D. Godineau, F. Rouquet, J. Sainclivier (dir.), *Le genre face aux mutations. Masculin et féminin, du Moyen Âge à nos jours*, Rennes, Presses universitaires de Rennes, 2003.

1680-1720[2]. À Nantes, plusieurs mémoires de maîtrise et des études prosopographiques ont été réalisés sur les plus grands négociants de la place, délaissant cependant les figures féminines pourtant nombreuses[3]. Les travaux pionniers de Bernard Michon et de Nicole Dufournaud ont ouvert la voie à Nantes[4]. Plus récemment, la journée d'étude sur « La femme et la mer à l'époque moderne », organisée à l'Université de Bretagne Sud-Lorient le 16 avril 2014, témoigne de l'importance désormais accordée aux femmes dans les problématiques économiques des époques moderne et contemporaine[5].

Dans mon travail de thèse[6], j'avais regretté de devoir écarter – par faute de temps – l'étude de la place des femmes dans le trafic, sujet pourtant dense et passionnant dans la mesure où leur rôle dans l'économie a été jusqu'alors peu traité. Je tente ici d'y remédier en axant mon propos sur ces femmes qui ont participé à la droiture nantaise dans la seconde moitié du XVIIe siècle.

Au cours de ce siècle, la colonisation antillaise par les Français, impulsée par la Compagnie des Îles de l'Amérique, marque véritablement le début de l'implication des ports atlantiques. Nantes participe dès lors à l'ouverture de cette nouvelle route commerciale. Le premier armement connu partant de Nantes date de 1636, peu de temps après la prise de possession de la Martinique[7]. Les ports de la Manche qui avaient alors

---

[2] A. Lespagnol, « Femmes négociantes sous Louis XIV. Les conditions complexes d'une promotion provisoire », dans A. Croix, M. Lagrée, J. Quéniart (dir.), *Populations et cultures. Études réunies en l'honneur de François Lebrun*, Rennes, 1989, pp. 463-470.

[3] Voir, à titre d'exemples, M.-C. Tattevin, *Les Michel, une famille de grands notables nantais au XVIIIe siècles*, maîtrise d'histoire, dactyl., Y. Durand (dir.), Université de Nantes, 1976 ; C. Hérault, *Heurs et malheurs d'une famille négociante nantaise d'origine basque ; les Darquistade aux XVIIe et XVIIIe siècles*, maîtrise d'histoire, dactyl., G. Saupin (dir.), Université de Nantes, 2003.

[4] N. Dufournaud, B. Michon, « Les femmes et le commerce maritime à Nantes (1660-1740) : un rôle largement méconnu », *Clio. Histoire, Femmes et Sociétés*, n° 23, 2006, pp. 311-330 ; Id., « Les femmes et l'armement morutier : l'exemple des Sables-d'Olonne pendant la première moitié du XVIIIe siècle », *Annales de Bretagne et des Pays de l'Ouest*, t. 110, n° 1, 2003, pp. 93-113.

[5] E. Charpentier et P. Hroděj (dir.), *La femme et la mer à l'époque moderne*, Rennes, Presses universitaires de Rennes, à paraître.

[6] M. Tanguy, *L'essor d'un port atlantique connecté. Nantes et le commerce des « Isles de l'Amerique » durant le règne de Louis XIV (1661-1697)*, thèse d'histoire, dactyl., G. Saupin (dir.), Université de Nantes, 2014.

[7] J. Tanguy, « Les premiers engagés partis de Nantes pour les Antilles (1636-1660) », *Actes du 97e congrès des Sociétés Savantes*, t. 2, 1972, pp. 53-81.

joué un rôle précurseur dans l'ouverture de cette route antillaise, s'effacent peu à peu. Les Nantais, jusqu'à présent spectateurs des initiatives des marchands normands, s'engagent avec vigueur vers l'Atlantique. Entre 1673 et 1697, La Rochelle et Nantes deviennent les deux plus grands ports antillais, Nantes arrivant en seconde position et concurrençant largement le port rochelais qui s'était lancé avant lui dans l'aventure. Cet essor du port de Nantes a été rendu possible par une convergence de facteurs. L'un d'eux repose sur un milieu marchand dynamique et ancien tourné vers la mer. De grands marchands se lancent dans l'aventure antillaise dès le milieu du XVIIe siècle[8]. Quelle place les femmes occupent-elles dans les activités antillaises du port de Nantes ?

Femmes et négoce antillais : une présence plurielle

Les femmes et l'armement antillais

L'étude des profils des marchands intéressés dans le commerce antillais est possible grâce à l'extrême richesse des archives notariales nantaises. L'implication dans le trafic avec les Îles revêt une grande variété. L'armement est la plus évidente. En effet, l'envoi de navires aux Antilles constitue la clé des échanges et montre un investissement direct des marchands.

Pour retrouver le plus fidèlement possible les propriétaires des navires partant aux Antilles, l'intégralité des sources déjà dépouillées entre 1661 et 1697 a été reprise ici[9]. 750 actes ont été recensés mentionnant le nom d'au moins un propriétaire, ce qui a permis d'établir une liste de 246 noms. Ceux des grandes familles marchandes figurent en tête de liste notamment les Montaudouin[10], partie prenante dans 18 navires antillais, et très largement connus, à Nantes, pour leur investissement au XVIIIe siècle dans le trafic négrier.

---

[8] G. Saupin, « Les marchands nantais et l'ouverture de la route antillaise », dans J.-P. Sanchez (dir.), *Dans le sillage de Colomb, l'Europe du Ponant et la découverte du Nouveau Monde (1450-1650)*, Rennes, Presses universitaires de Rennes, 1995, pp. 178-179 ; M. Tanguy, *Étude d'une famille de grands marchands nantais au XVIIe siècle : Les Libault*, master 1 d'histoire, dactyl., G. Saupin (dir.), Université de Nantes, 2007.

[9] M. Tanguy, *L'essor d'un port atlantique connecté. Nantes et le commerce des « Isles de l'Amerique » durant le règne de louis XIV (1661-1697)*, op. cit., pp. 674-702.

[10] J. Chanson, *Une famille de négociants nantais à l'époque moderne : Les Montaudouin*, maîtrise d'histoire, dactyl., Y. Durand (dir.), Université de Nantes, 1977.

Loin d'être totalement absentes, sept femmes apparaissent parmi les propriétaires des navires antillais, soit 2,8 % du corpus : Élisabeth Bureau, Marie Audet, Angélique de Riquety, Françoise Le Blanc, Ysabelle Leclerc, Anne Tourayne et Jacinthe Leclerc. Elles sont pour la plupart propriétaires en partie d'un seul navire.

Veuve de René Montaudouin, Elisabeth Bureau, possède deux navires : *Le Josué* et *Le Saint Remy* qu'elle a acquis neufs en 1693[11]. En mars 1695, une demande de passeport pour ce dernier navire est formulée auprès de l'Amirauté pour se rendre aux Îles de l'Amérique : il s'agit de la seule mention dont nous disposons pour cette embarcation[12].

Seule Marie Audet est propriétaire au tout de deux navires. Le 17 avril 1676, elle a épousé René Darquistade, dont la famille est originaire du pays basque[13]. Femme mariée, elle acquiert pourtant en nom propre *La Catherine Françoise* de 60 tonneaux le 25 juin 1683 pour la somme de 3 200 lt[14]. Dès le lendemain, le navire est armé pour partir aux Antilles[15]. Un autre voyage est envisagé l'année suivante puisqu'une demande de passeport est formulée en octobre 1684[16]. Quant au *Bien Aymé* de 80 tonneaux, elle en fait l'acquisition en novembre 1687[17]. En 1688, une demande de passeport pour les Antilles est faite pour ce navire[18].

Comme beaucoup de femmes de négociants, elle gère également les affaires familiales lors des absences de son mari. En juillet 1683, René Darquistade « sur le point de s'embarquer pour faire un voyage aux îles de l'Amérique » nomme son épouse comme procuratrice[19].

Séparée de biens de son époux dans les années 1690, elle continue sous son propre nom ses affaires antillaises : elle est procuratrice de François Daguin faisant pour Guillaume Daguin, son père, habitant de l'île de la

---

[11] Arch. dép. Loire-Atlantique, 4E 2/1006, minutes de Guillet, 10 janvier 1697 ; B 4477, fol. 16, enregistrement des contrats de propriété de vaisseaux.

[12] *Ibid.*, B 4674, passeports pour les colonies et l'étranger, 16 mars 1695 ; B 4570, rapport des capitaines au long cours, 2 octobre 1695.

[13] *Ibid.*, 4E 2/871, minutes de Gendron, 7 avril 1699. Y est mentionné la date de leur mariage. Sur cette famille, lire C. Hérault, *op. cit.*

[14] Arch. dép. Loire-Atlantique, 4E 2/703, n° 64, minutes de Duteil, 25 juin 1683.

[15] *Ibid.*, 4E 2/703, n° 64, minutes de Duteil, 26 juin 1683.

[16] *Ibid.*, B 4670, passeports pour les colonies et l'étranger, 3 octobre 1684.

[17] *Ibid.*, 4E 2/709, n° 114, minutes de Duteil, 8 novembre 1687.

[18] *Ibid.*, B 4671, passeports pour les colonies et l'étranger, 5 octobre 1688.

[19] *Ibid.*, 4E 2/704, n° 273, minutes de Duteil, 27 juillet 1683.

Guadeloupe en 1692[20]. En 1699, après le décès de René Darquistade, on ne trouve plus trace de son activité marchande dans les actes notariés nantais.

Même si leur rôle reste marginal au regard de la place qu'elles occupent parmi les propriétaires de navires, quelques figures féminines ont marqué l'armement nantais. La place des femmes est également visible dans la direction des raffineries de sucre, qui ont vu le jour à Nantes dans les années 1670.

Des femmes d'affaires à la tête de raffineries

Les actes notariés nantais apportent un éclairage important sur la place occupée par les veuves dans les raffineries. Elles prennent part aux affaires après le décès de leur mari. Par la mort de leur époux, elles disposent désormais de leur pleine capacité juridique s'affranchissant de toute tutelle.

Après la mort de Mathieu Desrieulx, propriétaire de la raffinerie du Coudray à Nantes et également partie prenante dans celle de Saumur, sa veuve, Charlotte Gravier, continue les affaires de son époux au sein cette raffinerie jusqu'en 1683 :

> Laquelle société continua entre les dits associés depuis le décès du dit Desrieulx par la dite Gravier sa veuve, jusqu'au 6ᵉ jour de septembre 1683, que la société fut dissolue volontairement par les dits qui se séparèrent et firent inventaire[21].

Néanmoins, il semble que la même société perdure au moins jusqu'en 1685. À cette date, Revixit Van Naerssen cède le tiers lui appartenant dans la raffinerie saumuroise à Isaac Portugal, marchand à Rotterdam, pour la somme de 9 700 lt, René Tinnebac et la veuve Desrieulx étant présentés comme propriétaires du reste de la raffinerie[22]. La veuve Desrieulx participe à l'approvisionnement des raffineries ligériennes. Le procès qu'elle intente souligne sa forte personnalité et son implication dans le monde du négoce sucrier.

> Elle a déclaré que pour lui servir au procès qu'elle et ses associés ont pendant à la cour des aydes de Paris, il est nécessaire d'avoir une déclaration en forme

---

[20] *Ibid.*, 4E 2/643, minutes de Delalande, 15 avril 1692.
[21] *Ibid.*, 4E 2/636, minutes de Delalande, 26 septembre 1685.
[22] *Ibid.*, 4E 2/706, n° 241, minutes de Duteil, 20 mars 1685.

des Commis des Receveurs de la Traite domaniale de Nantes, des droits qu'ils reçoivent pour les sucres et mosconades montant du dit Nantes à Angers, Saumur, Orléans et autres lieux[23].

Le rôle premier des veuves est de faire perdurer le capital financier de la famille. La mort de l'époux entraine également des difficultés auxquelles la veuve doit faire face. À la mort de Pierre Grilleau, il semble que des dettes familiales très importantes obligent sa veuve, Anne de Mortaing, à vendre la maison familiale de La Vignaudière à Couëron pour rembourser les dettes contractées par son mari auprès de René Montaudouin[24]. Mais la vente n'est pas conclue avec Elisabeth Bureau, veuve de René Montaudouin. La veuve Grilleau se résout à vendre la raffinerie de la Chézine dans laquelle était intéressé son mari[25]. Cependant, face à l'ampleur de sa dette, elle ne peut effectuer ce remboursement. André de La Ville, se porte alors caution pour elle. En contrepartie, la veuve Grilleau lui cède les trois-quarts de la raffinerie de Chézine[26].

Le rôle de la veuve ne se borne pas à un simple rôle de substitution pendant une période transitoire en attendant que le ou les fils reprennent les affaires en main. Beaucoup exercent au contraire une réelle fonction d'entrepreneur[27].

Certaines d'entre elles continuent de s'investir dans le commerce et deviennent de véritables femmes « d'affaires » à part entière.

Les femmes et les techniques commerciales

L'assurance maritime : un monde masculin

Les marchands, pour diviser le risque, peuvent également avoir recours aux assurances maritimes. Cependant peu de contrats ont été conservés. Le recours à l'assurance maritime semble être un phénomène tout à fait marginal dans le négoce nantais du XVIIe siècle. Les assureurs sont généralement des particuliers disposant d'une assise financière suffisante pour pouvoir jouer un tel rôle et prendre « le risque » d'assurer navire et

---

[23] *Ibid.*, 4E 2/638, minutes de Delalande, 24 octobre 1687.
[24] *Ibid.*, 4E 2/647, minutes de Delalande, 9 mai 1696.
[25] *Ibid.*, 4E 2/648 minutes de Delalande, 20 janvier 1697.
[26] *Ibid.*, 4E 2/649, minutes de Delalande, 30 décembre 1698.
[27] S. Beauvalet-Boutouyrie, *Être veuve sous l'Ancien Régime*, Paris, Belin, 2001, p. 279.

cargaison des aléas redoutables de la mer[28]. Ces « marchands assureurs » ont de multiples activités[29]. À la fois armateurs, banquiers, prêteurs ou industriels, ils prennent également part aux assurances maritimes.

Sur les 28 assureurs nantais relevés dans les contrats établis, 26 sont des négociants comme Jacques Souchay, René Montaudoin ou encore Claude Lemasne. Les assureurs constituent ainsi un monde relativement clos. Ce sont majoritairement les marchands s'adonnant au commerce antillais qui s'assurent leurs cargaisons entre eux. Sur ces 26 assureurs, 19 prennent part au trafic avec les Antilles. Ils sont plus à même d'évaluer les risques et les avantages que procurent de telles assurances en pratiquant eux-mêmes ce négoce. Les femmes semblent absentes de cette pratique commerciale, ne disposant peut-être pas d'une assise financière suffisamment solide pour se lancer dans ce genre d'activité ? Deux autres hypothèses peuvent néanmoins être avancées : la première est liée au caractère émergent et relativement risqué d'un investissement dans la route antillaise à cette époque, il est possible que les femmes préfèrent des placements plus sûrs ; la seconde tiendrait à l'exclusion des femmes des assurances par les hommes.

Les lettres de change

Le dépouillement des archives notariales nantaises de la seconde moitié du XVIIe siècle a permis de réunir un corpus de 145 actes de « protest » c'est-à-dire de lettres de change non honorées induisant une protestation et l'intervention d'un notaire : 34 protests, soit près d'un quart, mentionnent un nom de femme[30].

---

[28] Au XVIIIe siècle ce constat est le même : « Ce fut parmi des particuliers isolés que se recruta le personnel des assureurs. », H. Sée, « Notes sur les assurances maritimes en France et plus particulièrement à Nantes au XVIIIe siècle », *Revue d'Histoire du droit français et étranger*, Paris, 1927, p. 2.

[29] L.-A. Boiteux, *La fortune de mer, le besoin de sécurité et les débuts de l'assurance maritime*, Paris, SEVPEN, 1968, p. 157. On parlait déjà de « marchand-assureur » dès la phase de développement de l'assurance maritime au XVe siècle.

[30] Un « protest » implique une lettre de change. Instrument de crédit, cette dernière permet à une personne (nommons-la A ou émetteur) de payer à un terme précis (deux ou trois mois, parfois d'avantage) par exemple une marchandise. Le bénéficiaire de la lettre (appelons-le B ou tireur) demande à un tiers (C ou tiré) de payer la somme contenue dans le billet. Le protest intervient lorsqu'à la date convenue, le règlement n'a pas été fait. Le bénéficiaire ou tireur fait alors intervenir un notaire pour constater le non-respect du contrat.

Plusieurs figures apparaissent dans ces protests et parmi elles, Françoise Despinoze. Issue d'une grande famille du négoce nantais originaire d'Espagne, elle épouse en 1661 Gabriel Michel, lui-même issu d'une famille négociante nantaise. Devenue veuve en 1689, elle agit en société avec son fils Pierre Michel. C'est ainsi qu'en 1691, elle se rend chez Nicolas Guinebaud pour lui soumettre une lettre de change non honorée[31]. Ce protest met en lumière leur intégration aux réseaux commerciaux en direction de la Martinique. Pierre Crosnier, habitant de cette île avait donné ordre de payer la somme de 375 lt à Françoise Despinoze. Dans un autre protest, Françoise Despinoze et son fils sont chargés par un marchand de la Guadeloupe de payer Jean Lemercier demeurant également dans cette île[32].

Un autre personnage est également présent : il s'agit de Marie Van Butselaer, veuve de Gaspard Van Bredenbec. Cette famille est très largement connue pour son implication dans le raffinage du sucre à Angers. Gaspard Van Bredenbec, natif de Hambourg, est le créateur d'une raffinerie à Angers en 1673[33]. Lors d'un procès intenté contre lui, on apprend qu'il y a été « appelé pour venir établir sa manufacture et exercer son commerce en cette ville[34] ». Lorsque Marie Van Butselaer, devenue veuve, s'associe avec son fils en 1693, elle ne souhaite pas que la mention « et fils » apparaisse lors de la signature des lettres de change mais celle de « Van Bredenbec et Denis »[35]. Jean Denis est son commis au sein de la raffinerie. Enfin, dans un protest de 1694, Marie Van Butselaer

---

[31] Arch. dép. Loire-Atlantique, 4E 2/713, minutes de Duteil, 23 octobre 1691.
[32] *Ibid.*, 4E 2/714, minutes de Duteil, 19 juillet 1695.
[33] J. Maillard, « Une famille d'industriels sucriers à Angers. Gaspard Van Bredenbec et ses descendants (1673-1798) », dans R. Favier *et al* (dir.), *Tisser l'histoire. L'industrie et ses patrons, mélanges offerts à Serge Chassagne*, Valenciennes, Presses universitaires de Valenciennes, 2009, pp. 261-271.
[34] J. Maillard, « Les raffineries de sucre en Anjou aux XVIIe et XVIIIe siècles », *Archives d'Anjou*, n° 11, décembre 2007, pp. 87-109.
[35] Arch. dép. Maine-et-Loire, 5E 1/708, minutes de René Boucher, 17 mars 1693. L'acte fait ainsi mention : « A comparu devant nous honorable personne Marie Van Butselaer veuve de Gaspard Van Bredenbec, marchande maîtresse de la raffinerie de cette ville paroisse de Trinité, laquelle nous a déclaré avoir associé honorable homme Gaspard Van Bredenbec, marchand, son fils, d'une douzième partie en neuf douzième partie au total en quoi elle est fondée en la société faite entre elle et honorables personnes Jean Denis marchand et Marguerite Van Bredenbec son épouse qui sont fondés pour les trois autres douzièmes parties de la société rédigée et datée du 2 septembre 1690. […] Àl'avenir les lettres d'échange seront seulement signées Van Brendebec et Denis ».

veuve Van Bredenbec doit la somme de 7 980 lt à la société « veuve Michel et fils » pour la livraison de sucre moscouade destiné à alimenter la raffinerie angevine[36].

Dans ce corpus, les femmes sont généralement bénéficiaires des lettres de change ou servent d'intermédiaire au paiement mais elles ne sont quasiment jamais émettrices. Néanmoins, cela montre leur connaissance de cette technique commerciale mais également de leur bonne intégration à la fois dans le milieu marchand et dans les réseaux commerciaux antillais.

Le rôle des femmes dans les prêts à la « grosse aventure » : l'exemple de Marie Boucher[37]

L'étude des prêts à la grosse aventure a montré l'apport des capitaux orléanais dans le financement des armements nantais à destination des Antilles[38]. Un personnage clé apparait au cours des dépouillements d'archives. Il s'agit d'une femme, Marie Boucher. Nous connaissons bien peu de choses sur elle, est-elle mariée, veuve ? Elle n'est désignée que par l'appellation « marchande » dans les actes mentionnant son nom. Agissant pour les investisseurs orléanais, elle apparait comme leur relais dans la place nantaise. Elle a ainsi un rôle central dans l'afflux de capitaux. Chargée de récolter des fonds, elle est mentionnée dans 18 contrats de « cambies » pour un montant total de 7 900 lt Dans les actes postérieurs à 1670, elle agit « en compagnie » avec le mari de sa nièce, Hubert Antheaume, grand marchand investi dans le trafic avec les Antilles[39]. La société débute en 1670 et se termine en 1675[40]. Au cours de cette association, elle est souvent nommée comme représentante de son neveu par alliance. Marie est également liée à sa sœur Rose. Les deux femmes vivant probablement sous le même toit tiennent « boutique » dans la maison[41]. Ces activités sont multiples. Elle s'oriente également vers l'affrètement de navires mais aussi l'approvisionnement en céréales.

---

[36] Arch. dép. Loire-Atlantique, 4E 2/1974, minutes de Verger, 20 novembre 1694.
[37] Le personnage de Marie Boucher a été étudié par N. Dufournaud, B. Michon, « Les femmes et le commerce maritime… », art. cit., pp. 318-319.
[38] M. Tanguy, *L'essor d'un port atlantique connecté…*, *op. cit.*, pp. 182-183.
[39] Madeleine Boucher, fille de Jean Boucher épouse Hubert Antheaume le 12 octobre 1670. Jean Boucher est le frère de Marie et de Rose Boucher. Arch. dép. Loire-Atlantique, 4E 2/1950, minutes de Verger, 12 octobre 1670.
[40] *Ibid.*, 4E 2/626, minutes de Delalande, 6 août 1675.
[41] *Ibid.*, 4E 2/1953, minutes de Verger, 28 janvier 1672.

Installée à Nantes, elle apparaît comme la femme de confiance de marchands d'Orléans qui souhaitent investir dans le commerce maritime. Ces relations peuvent s'expliquer par le fait que la famille Boucher est originaire d'Orléans. Il faut toutefois relativiser le rôle des femmes car le cas de Marie Boucher, par l'ampleur et la durée de son activité commerciale, est un personnage féminin tout à fait exceptionnel.

Le rôle des femmes dans les sociétés commerciales

Dans le trafic antillais 31 associations commerciales sont apparues après dépouillement : 22 sont des maisons de commerce dont 5 conclues entre mère et fils[42]. La finalité des maisons de commerce n'est pas, dans un premier temps, de mobiliser un capital supplémentaire puisque tous les capitaux viennent d'une même source familiale mais il s'agit d'assurer la continuité des affaires pendant une période transitoire.

Les maisons de commerce « veuves et fils »

Les sociétés sont généralement créées à des moments clés de l'histoire familiale. Il peut s'agir d'un chef de famille déjà âgé qui associe l'un de ses fils déjà expérimenté pour l'aider dans la pratique de son négoce. Après le décès de leur époux, les mères peuvent également s'associer à un ou plusieurs de leurs fils pour faire perdurer l'affaire familiale le temps que les enfants puissent assurer seuls la direction de la maison de commerce. L'exemple de Françoise Despinoze et de ses fils est particulièrement révélateur.

Comme nous l'avons vu précédemment, elle épouse Gabriel Michel le 14 février 1661[43]. Installée à Nantes depuis la fin du XVe siècle, la famille Michel se consacre aux diverses professions qui ont procuré à la bourgeoisie nantaise, sous l'Ancien Régime, richesse et honneurs. Au début du XVIIe siècle, la branche issue d'Olivier Michel (1559-1628)

---

[42] *Ibid.*, 4E 2/626, minutes de Delalande, 6 août 1675, association entre Hubert Antheaume et Marie Boucher, sa tante ; 4E 2/706, minutes de Duteil, 18 juillet 1685, association entre Marie Tinnebac et son fils Thymen Van Schoonhoven ; 4E 2/1973, minutes de Verger, 29 décembre 1691, association entre Françoise Despinoze et son fils Pierre Michel ; 4E 2/1973, minutes de Verger, 29 décembre 1691, association entre Françoise Despinoze et ses fils Jean et Pierre Michel ; 4E 2/1987, minutes de Villaine, 6 juin 1693, association entre Pierre Debec et sa mère.

[43] *Ibid.*, B 5704 : il y est cité le contrat de mariage les unissant.

donne des marchands drapiers. Ces derniers forment une corporation ancienne et importante. Trois générations se consacrent à cette activité. Les descendants d'Olivier, dont les activités ne doivent, à l'origine, rien à la mer, y sont conduits par une progression régulière. C'est ainsi qu'héritier de trois générations de marchands de draps de soie, Gabriel Michel (1635-1687), sieur de Grilleau, devient banquier et marchand à la Fosse de Nantes. Il est une des personnes les plus impliquées dans le commerce espagnol et cette activité est renforcée après son mariage avec Françoise Despinoze. Il affrète régulièrement des navires vers Bilbao entre 1650 et 1664[44], et il participe également activement à la droiture antillaise. Pour continuer l'activité commerciale de son mari après son décès, Françoise Despinoze s'associe à ses deux fils.

La première société fut établie avec Pierre, son fils aîné, le 24 décembre 1689, pour une durée de quatre ans pour « faire commerce et négoce que fait ladite dame veuve Michel sur mer et sur terre tant de vaisseaux que marchandises, commissions et en banque[45] ». Elle est toutefois dissoute deux ans plus tard, le 29 décembre 1691. À partir de cette date, une société est refondée pour trois ans entre Françoise Despinoze, Pierre et Jean ses fils. L'intégration de Jean dans la société reflète la possibilité offerte au fils cadet de participer au négoce familial. Les intérêts se répartissent entre leur mère, pour moitié, un tiers pour l'aîné Pierre et 1/6e pour le cadet, Jean. Ces sociétés permettent à Françoise Despinoze de lancer la famille dans l'armement, avec 41 navires envoyés en droiture vers les Îles et 42 à la traite[46].

Les femmes au cœur des réseaux commerciaux : l'importance des mariages

Les liens familiaux ont un rôle important dans l'armement en direction des Antilles. L'implication de plusieurs membres d'une même famille comme les frères Grilleau, Pierre et Étienne ou encore Charles Gauvain et son frère François, est révélatrice d'un investissement collectif. Le monde de l'armement antillais répond à une logique de groupe. Tous

---

[44] B. Michon, « Les marchands de Nantes et le commerce avec Bilbao au milieu du XVIIe siècle », dans J.-P. Priotti et G. Saupin (dir.), *Le commerce atlantique franco-espagnol. Acteurs, négoces et ports (XVe-XVIIIe siècles)*, Rennes, Presses universitaires de Rennes, 2008, pp. 249-273.

[45] Arch. dép. Loire-Atlantique, 4E 2/1973, minutes de Verger, 29 décembre 1691.

[46] M.-C. Tattevin, *op. cit.*

les propriétaires de navires relevés agissent en véritables réseaux par des mariages arrangés dans le milieu négociant.

Les liens familiaux se superposent le plus souvent aux liens commerciaux. Les archives ne manquent pas d'exemples pour souligner la participation commune de deux frères ou deux beaux-frères dans la propriété d'un même navire. En 1668, Jacques Danguy, François Bouchaud, Jacques Souchay, Aignan Fontaine, Julien Gérard et Paul Despinoze sont propriétaires du *Jacques* de 160 tonneaux. La quasi-totalité des marchands cités (sauf Despinoze) appartiennent au même réseau familial[47]. Il en est de même pour *La Marye* de 60 tonneaux propriété de René Fresneau, Christophe Massuau et son beau-frère Aignan Fontaine[48].

Julien II Gérard, sieur de Nays, (1637-1687), bourgeois et marchand demeurant à la Fosse de Nantes, est également un personnage bien connu dans le milieu marchand de la place. Fils de Julien I Gérard et de Jeanne Jonnet, il s'investit très tôt dans le commerce antillais : en 1664, *La Catherine* dont il est en partie propriétaire, part pour les Îles[49]. Son mariage avec Françoise Burot le 4 février 1662 encourage vraisemblablement Julien II Gérard à se lancer dans le commerce avec les Antilles[50]. En effet, son beau-père, Jean Burot, est un marchand très influent et se révèle très actif dans la droiture antillaise au milieu du siècle, en lançant le port nantais dans le commerce du sucre[51].

Ce constat est également le même dans le monde du raffinage sucrier. François Bouchaud, dont la famille est originaire de Maisdon-sur-Sèvre, est le marchand investi dans le plus grand nombre de raffineries. Fils de Pierre Bouchaud, et de Jeanne Fleuriau, il naît le 12 juillet 1635. Par son mariage avec Marie Le Jeune, sœur de Pierre Le Jeune, également partie prenante dans ce secteur d'activité, les deux familles tissent de profonds liens commerciaux autour des raffineries nantaises[52].

*

Les femmes sont présentes par petites touches dans nombre d'activités antillaises du port de Nantes. Quelques-unes investissent dans l'armement

---

[47] Arch. dép. Loire-Atlantique, 4E 2/1946, minutes de Verger, 19 novembre 1668.
[48] *Ibid.*, 4E 2/1944, minutes de Verger, 4 juillet 1667.
[49] *Ibid.*, 4E 2/1936, minutes de Verger, 23 juin 1664.
[50] *Ibid.*, 4E 15/163, minutes de Mainguy, 4 février 1662.
[51] C. Laucoin, *La naissance du trafic antillais (1638-1660)*, maîtrise d'histoire, dactyl., G. Saupin (dir.), Université de Nantes, 1999, p. 94-95.
[52] La famille Le Jeune est originaire d'Angers, autre grande ville du raffinage sucrier.

maritime sous leur propre nom. Elles jouent également un rôle important dans les raffineries sucrières, prolongeant les activités industrielles de leurs époux après leur mort. Les femmes agissent en véritables chefs d'entreprises.

Elles sont toutefois en retrait concernant les techniques commerciales. Elles sont absentes du monde de l'assurance maritime. Quant aux lettres de change, elles l'utilisent peu et sont bien souvent bénéficiaires. Seule Marie Van Butselaer, veuve Van Bredenbec, émet des lettres à l'intention de ses créanciers. Le rôle de Marie Boucher dans les prêts à la grosse aventure est peu révélateur de la place des femmes dans ce secteur d'activité. Elle constitue en effet une véritable exception. À notre connaissance, aucune autre femme ne prend part à ce type d'activité.

Le rôle des femmes est en revanche prégnant dans les sociétés commerciales où elles s'associent à leur fils. Les maisons de commerce dominent parmi les formes d'association. Néanmoins, la place des femmes est mineure car très peu de sociétés mère/fils ont été conclues à Nantes. Le marchand se trouve généralement seul à la tête de ses affaires. Aguerris aux affaires de la mer, il n'éprouve pas le besoin de s'associer ou dans de rares cas : quand le fils trop jeune à la mort de son père, est associé par sa mère à l'entreprise familiale.

Le rôle des femmes dans le négoce antillais est surtout indirect. Le financement de l'armement antillais doit ainsi beaucoup aux liens matrimoniaux tissés grâce à des mariages choisis parmi les négociants pratiquant ce commerce. Les alliances matrimoniales sont un atout dans le processus d'intégration au monde du négoce nantais. Les liens créés par ces unions permettent d'élargir les relations commerciales, en prenant pour conjoint des filles ou des fils de marchands.

Toutefois, bien que très largement minoritaires dans les activités antillaises du port de Nantes, certaines femmes à l'image de Françoise Despinoze, Marie Boucher ou encore Marie Audet ont marqué le négoce antillais de leur empreinte.

Les affaires, la mode et la mer : ports et entrepreneuriat au féminin en Méditerranée occidentale dans les dernières décennies de l'Ancien Régime

Anne MONTENACH

Professeure d'histoire moderne
Aix Marseille Univ, CNRS, telemme, Aix-en-Provence, France

La question de l'entrepreneuriat au féminin, de la place des femmes dans les affaires et de leur rôle dans l'essor du capitalisme marchand et manufacturier à l'époque moderne – que ce soit par le biais du travail ou de l'investissement financier[1] – a jusqu'à présent suscité des travaux portant essentiellement sur l'espace atlantique et le Nouveau Monde. La Méditerranée reste, à ce jour, largement sous-représentée dans les études sur les femmes et le négoce maritime, en dépit des perspectives esquissées par quelques travaux novateurs et des sources disponibles – depuis les procurations qui gonflent les archives des notaires jusqu'aux registres matricules des bâtiments de mer faisant mention des parts de navires, en passant par les dossiers de faillites ou les correspondances marchandes laissées par exemple par la puissante maison Roux de Marseille[2]. Un certain nombre de facteurs, qui déterminent l'implication

---

[1] J. B. Collins, « Women and the birth of modern consumer capitalism », dans D. Hafter et N. Kushner (dir.), *Women and work in eighteenth-century France*, Baton Rouge, Louisiana State University Press, 2015, pp. 152-176.

[2] A. Bellavitis et L. Guzzetti (dir.), *Donne, lavoro, economia a Venezia e in Terraferma tra medioevo ed età moderna*, Archivio Veneto, n° 3, 2012 ; G. Buti, « Femmes d'affaires maritimes et France méditerranéenne au XVIIIe siècle », dans J. Guilhaumou, K. Lambert et A. Montenach (dir.), *Genre, Révolution, transgression*, Aix-en-Provence, Presses universitaires de Provence, 2015, pp. 267-276 ; Y. Knibiehler *et al.* (dir.), *Marseillaises. Les femmes et la ville des origines à nos jours*, Paris, Côté-Femmes, 1993 ; F. Trivellato, *Corail contre diamants. Réseaux marchands, diaspora sépharade et*

plus ou moins directe et active des femmes dans l'économie, seraient ici à interroger, parmi lesquels le poids de la conjoncture et l'impact, positif ou négatif, des phases d'expansion ou de repli de l'espace commercial méditerranéen ; les interactions entre le droit (qui doit être envisagé dans ses multiples déclinaisons régionales ou locales), l'idéologie et les pratiques ; l'impact des stratégies familiales, souvent intimement liées aux stratégies commerciales et aux formes mêmes de l'entreprise marchande.

Si toutes ces pistes mériteront à l'avenir d'être suivies, cette contribution abordera le cas, a priori anecdotique au regard du grand négoce maritime, du commerce des modes dans les dernières décennies de l'Ancien Régime et des opportunités économiques offertes aux femmes par l'essor du secteur textile et de la « culture des apparences »[3]. Il s'agira plus particulièrement d'interroger, à partir de quelques sources marseillaises et lyonnaises, le rôle des ports dans les stratégies de conquête de nouveaux marchés par des femmes exerçant parfois, paradoxalement, loin de la mer. Dans un article pionnier consacré au rôle des femmes dans les communautés maritimes, André Lespagnol écrivait, à propos des Malouines poursuivant les affaires de leur mari :

> Il ne suffisait pas cependant que ces veuves de négociants aient eu l'opportunité d'accéder à des responsabilités de « chef d'entreprise » marchande, ni la volonté de les exercer. Encore fallait-il qu'elles eussent les capacités minimales suffisantes pour pouvoir exercer une fonction qui exigeait d'autres compétences que la tenue d'une boutique de mode.

Ces propos ouvraient sur la question essentielle de l'éducation des filles dans ces milieux[4]. Or plusieurs études récentes tendent à montrer qu'une partie au moins des marchandes de modes étaient elles aussi, en cette fin d'Ancien Régime, des entrepreneuses à part entière. La catégorie des femmes d'affaires a longtemps été délaissée par une historiographie davantage intéressée à retrouver, dans le travail des femmes du peuple aux siècles passés, les racines des inégalités d'aujourd'hui. Se pose ici la question du sens à donner au terme même d'entrepreneur, dont la

---

commerce lointain. De la Méditerranée à l'océan Indien au XVIIIe siècle, Paris, Éditions Seuil, 2016. Voir également la contribution de Gilbert Buti dans ce volume.

[3] D. Roche, *La culture des apparences. Une histoire du vêtement* (XVIIe-XVIIIe siècles), Paris, Fayard, 1989.

[4] A. Lespagnol, « Femmes négociantes sous Louis XIV. Les conditions complexes d'une promotion provisoire », dans A. Croix, M. Lagrée, J. Quéniart (dir.), *Populations et cultures. Études réunies en l'honneur de François Lebrun*, Rennes, 1989, p. 467.

définition contemporaine « personne qui engage des capitaux et utilise une main-d'œuvre salariée en vue d'une production déterminée[5] » paraît peu appropriée aux réalités de l'époque moderne. Elle tend en effet à rendre invisibles tous ceux qui, hommes ou femmes, échappent à la catégorie des travailleurs salariés et montent leur propre affaire, sans pour autant disposer d'un capital suffisant pour embaucher d'autres personnes et sans que leur « entreprise » perdure nécessairement après la disparition de son fondateur[6]. C'est en particulier le cas d'un certain nombre de femmes que des travaux récents, venus essentiellement de l'Europe du Nord-Ouest industrielle ou maritime, ont fait sortir de l'ombre[7].

Alors que les femmes se trouvent progressivement exclues, au XVIIIe siècle, de certains secteurs de l'économie, de plus en plus réglementés ou exigeants en capitaux[8], ou cantonnées à seconder frères, fils et époux dans l'entreprise familiale, le commerce des modes constitue l'une des rares niches leur permettant d'exercer en toute autonomie – et avec l'acceptation tacite de la société – une activité marchande indépendante[9]. Les marchandes de modes sont à la fois les bénéficiaires et les catalyseurs de l'essor des consommations qui touche l'Europe à l'époque moderne. Elles occupent, dès le début du XVIIIe siècle, une place reconnue dans le paysage

---

[5] http://www.cntrl.fr/definition/entrepreneur (consulté le 12 décembre 2016).
[6] La définition donnée en 2016 par l'*Oxford English Dictionary* (http://www.oed.com, consulté le 12 décembre 2016) est en ce sens moins restrictive, tout en mettant l'accent sur la dimension de risque inhérente à l'entrepreneuriat : « *One who undertakes an enterprise ; one who owns and manages a business ; a person who takes the risk of profit or loss* ».
[7] D. van den Heuvel, *Women and Entrepreneurship. Female Traders in the Northern Netherlands, c. 1580-1815*, Amsterdam, Aksant, 2007 ; H. Barker, *The Business of Women. Female Enterprise and Urban Development in Northern England 1760-1830*, Oxford, Oxford University Press, 2006 ; N. Phillips, *Women in Business, 1700-1850*, Woodbridge, The Boydell Press, 2006 ; D. Picco (dir.), *Femmes d'affaires, Annales du Midi*, vol. 118, n° 253, 2006 ; N. Dufournaud, B. Michon, « Les femmes et le commerce maritime à Nantes (1660-1740) : un rôle largement méconnu », *Clio. Histoire, femmes et sociétés*, n° 23, 2006, pp. 311-330 ; Id., « Les femmes et l'armement morutier : l'exemple des Sables-d'Olonne pendant la première moitié du XVIIIe siècle », *Annales de Bretagne et des Pays de l'Ouest*, t. 110, n° 1, 2003, pp. 93-113.
[8] W. Thwaites, « Women in the market place : Oxfordshire c. 1690-1800 », *Midland History*, n° 9, 1984, pp. 23-42 ; L. Fontaine, *Le marché. Histoire et usages d'une conquête sociale*, Paris, Gallimard, 2014, pp. 78-84.
[9] D. Simonton, « Milliners and *marchandes de modes* : gender, creativity and skill in the workplace », dans D. Simonton, M. Kaartinen et A. Montenach (dir.), *Luxury and gender in European towns, 1700-1914*, New York, Routledge, 2015, pp. 19-38 ; A. L. Erickson, « Eleanor Mosley and other milliners in the City of London companies 1700-1750 », *History Workshop Journal*, vol. 71, n° 1, 2011, pp. 147-172.

commercial des grandes villes européennes, leur activité consistant à parer de dentelles, de rubans, de fleurs ou encore de plumes les robes et autres pièces d'habillement produites par différents corps de métiers. En France, leur corporation, majoritairement féminine, devient indépendante après les réformes avortées de Turgot en 1776, à un moment où l'impulsion en matière de consommation et d'apparence n'émane plus de la cour mais de la ville. Face à l'accélération du rythme de la mode et à la multiplication des vecteurs de diffusion de l'information en la matière (poupées, cartes de commerce, presse spécialisée), ces femmes doivent se montrer réactives pour satisfaire le goût sans cesse changeant de leurs clientes. Elles tiennent ainsi une place centrale dans les processus d'innovation et de création de la valeur[10]. La maîtrise de l'information relative aux « nouveautés » et à la diversification croissante des objets devient une qualité indispensable qui fait d'elles des intermédiaires essentielles entre leurs fournisseurs et leur clientèle.

L'historiographie française des marchandes de modes demeure presque exclusivement parisienne et, dans l'ensemble, relativement peu attentive à la dimension spatiale de cette activité[11]. À partir du cas, peu étudié jusqu'à présent, des marchandes de modes installées dans les ports et les villes de province, l'objectif de cette étude est d'identifier les espaces de l'échange au sein desquels ces femmes agissent et ce à différentes échelles – de la boutique à l'aire internationale des clients et des fournisseurs, en passant par les espaces publicitaires des journaux. Grâce à l'exploitation successive des *Affiches* de Marseille et de la correspondance passive d'une marchande de modes lyonnaise, il s'agira d'interroger, au-delà des opportunités offertes à ces femmes par la mer, les enjeux liés à la présentation de soi, tout en mettant en lumière, à travers un exemple d'échec commercial, les qualités nécessaires à la réussite en affaires.

Les femmes dans l'économie d'un grand port d'après les *Affiches* de Marseille

Les *Annonces, affiches, avis divers & nouvelles maritimes pour la ville de Marseille* offrent un premier aperçu de l'activité marchande des

---

[10] C. H. Crowston, *Credit, Fashion, Sex. Economies of Regard in Old Regime France*, Durham, N. C., Duke University Press, 2013, p. 151.

[11] Signalons tout de même F. Leleu, « La mode féminine à Bordeaux (1770-1798) », *Annales du Midi*, t. 115, n° 241, 2003, p. 103-114 ; J. Jones, *Sexing la Mode. Gender, Fashion and Commercial Culture in Old Regime France*, Oxford, Berg, 2004.

Les affaires, la mode et la mer 103

femmes dans un grand port[12]. Cette presse périodique, qui propose à ses lecteurs à la fois des rubriques à caractère publicitaire, des informations sur les mouvements portuaires ou le cours des marchés, et des contenus proprement rédactionnels, s'est d'abord implantée dans les ports ouverts au négoce maritime (Nantes en 1757, Bordeaux en 1758, Marseille en 1760, avant Rouen et La Rochelle) et dans quelques grandes villes marchandes et manufacturières comme Lyon (dès 1750)[13]. Les annonces publiées chaque semaine reflètent à la fois les nouvelles formes de consommation et la diversité des produits et des modes de circulation des objets. Dans le cas de Marseille, elles révèlent également, au-delà du seul secteur de la mode sur lequel nous reviendrons, l'éventail des opportunités marchandes offertes aux femmes par l'économie d'un grand port, qu'il s'agisse de revendre des denrées exotiques ou de participer à l'avitaillement des navires marchands.

Le 11 mars 1773, la veuve Noël, revendeuse à la Place Neuve, fait savoir « qu'elle vend en gros & en détail de très-belles pistaches fraîches d'Alep ». La demoiselle Marie Asse, qui tient un magasin derrière la Loge, vend en mars 1778, « à juste prix », « des dattes de toutes qualités, en gros & en détail, ainsi qu'en grappes, & des pistaches ». La veuve Pinatel propose en juin 1780 « de belles oranges de Malte & de l'eau à la fleur d'orange », la demoiselle Madeleine Marseille des tortues. Outre le caractère saisonnier de certains arrivages, ces annonces traduisent l'absence de véritable spécialisation chez beaucoup de ces marchandes qui, dans le cadre de logiques pluriactives bien connues par ailleurs, savent se saisir d'une occasion ponctuelle de diversifier leurs revenus : en août 1773, les lecteurs intéressés par l'achat de dattes « en trois sortes de qualités » sont ainsi invités à s'adresser à « Mad. Allegre qui vend du chanvre à la rue des Consuls, tout près de la Coutellerie ».

D'autres annonces lèvent le voile sur les liens d'approvisionnement que ces marchandes ou revendeuses marseillaises entretiennent avec d'autres femmes dans les colonies, sans que des sources complémentaires permettent encore, à ce stade, de poursuivre l'investigation[14]. En avril 1773, la veuve Pontier, logée Grand Rue, propose « les fameuses liqueurs »

---

[12] Bibliothèque de l'Alcazar, années 1771, 1773-1774, 1778, 1780-1782.
[13] G. Feyel, « Négoce et presse provinciale en France au XVIIIe siècle : méthodes et perspectives de recherche », dans F. Angiolini et D. Roche (dir.), *Cultures et formations négociantes dans l'Europe moderne*, Paris, Éditions de l'EHESS, 1995, pp. 439-511.
[14] G. Buti, « Comment Marseille est devenue port mondial au XVIIIe siècle », *Marseille*, n° 185, 1998, pp. 72-81.

d'une autre veuve, la veuve Cousinery de la Martinique, au prix de 5 lt la bouteille (avec un stock annoncé de plus de 3 000 bouteilles). La même indique en décembre de l'année suivante avoir reçu, toujours de la Martinique, du beurre de cacao dont elle vante les propriétés « pour la guérison de plusieurs maladies ». En avril 1778, ce sont les demoiselles Capucy, demeurant place du Mont-de-Piété, qui proposent, parmi d'autres produits – chocolat, ratafia ou « rouge de Paris » qu'elles vendent aussi « en gros pour les pays étrangers » –, du « sirop de Calebasse » (employé contre les maux de poitrine) envoyé par la veuve Martin de la Martinique. Il s'agit là manifestement de femmes disposant d'un certain capital et ce sont, sans surprise, très souvent des veuves, dont on sait qu'elles jouissent d'une grande autonomie dans la gestion de leurs affaires. Deux avis passés en décembre 1780 à l'intention des « négociants expéditeurs » ou des « armateurs pour les Isles » le sont d'ailleurs par deux veuves, l'une marchande droguiste « sur le port », qui indique « qu'elle a en magasin du Fromage véritable Gruyere d'une qualité supérieure, & des mieux conditionnées, qu'elle leur vendra à juste prix », l'autre marchande de salaisons qui vend de la viande de bœuf salée en barils, « façon d'Irlande ».

Au-delà de cet inventaire à la Prévert des denrées consommées ou vendues à Marseille à la fin du XVIIIe siècle, les tailleurs, couturières, marchands et marchandes de modes figurent, comme ailleurs, parmi les premiers annonceurs de la rubrique « avis divers » – et l'on voit moins se détacher ici une quelconque spécificité marseillaise par rapport à d'autres villes de l'intérieur comme Lyon ou Grenoble[15]. Pour les commerçants de passage ou nouvellement arrivés dans la ville, il est nécessaire de se faire connaître autrement que par la boutique ; d'où, par exemple, l'avis passé en janvier 1778 par « une tailleuse pour les enfans, nouvellement arrivée dans cette ville » qui « fait savoir aux Dames qu'elle fait des corsets dans la perfection ». D'où aussi les annonces répétées sur plusieurs semaines par Madame Leroi, « tailleuse de Paris », qui donne avis à l'été 1780 « qu'elle fait toutes sortes de robes de fantaisie […] a la derniere mode ». L'influence parisienne sur la mode provinciale – qu'elle soit féminine ou masculine – est ici très nette et elle est utilisée par tous comme un argument de vente : Madame Mérignargues, qui se présente comme « couturière de Paris », garnit les robes et déshabillés « dans le goût » de la capitale ;

---

[15] A. Montenach, « Vendre le luxe en province : circuits officiels et réseaux parallèles dans le Dauphiné du XVIIIe siècle », dans N. Coquery et A. Bonnet (dir.), *Le commerce du luxe. Le luxe du commerce. Production, exposition et circulation des objets précieux du Moyen Âge à nos jours*, Paris, Mare et Martin, 2015, pp. 47-51.

une « Dame, nouvellement arrivée de Paris », offre aux Marseillaises de leur faire des robes « dans le dernier goût & suivant les plus nouvelles modes » ; une certaine Madame Dimond, venue elle de Lyon, « fait & vend toutes sortes de Modes de Paris pour coëffure de femme, [...] dans les goûts les plus nouveaux, & au plus juste prix », un autre argument récurrent[16]. Certaines mettent en avant quelques clients prestigieux, telle cette marchande de bourses qui dit avoir eu « l'honneur d'en fournir à Monsieur, Frere du Roi »[17]. D'autres s'adressent implicitement à une clientèle plus large et vantent leur capacité à « raccommoder », « remettre à neuf », « dégraisser » ou « blanchir » toutes sortes d'étoffes, de manteaux ou de bas de soie, ce qui témoigne indirectement des niches économiques offertes à ces citadines par la relative démocratisation de la mode et du luxe au XVIIIe siècle, quand les couches moyennes de la société se mettent à consommer massivement des objets devenus « socialement indispensables » et que l'on s'efforce de faire durer[18].

Au-delà de la recherche d'opportunités commerciales, ces annonces passées dans la presse provinciale sont enfin pour ces femmes autant d'outils de présentation de soi et de construction de la confiance. Elles invitent en particulier à interroger le caractère genré ou non du « langage du commerce »[19]. Même s'il est difficile de savoir si ces annonces étaient rédigées directement par les personnes offrant leurs produits ou leurs services, il semble bien que la rhétorique publicitaire ne diffère pas fondamentalement selon le sexe. Bien plus, comme l'a noté Hannah Barker pour les villes du nord de l'Angleterre, les femmes n'apparaissent pas plus timides ou réservées que les hommes quand il s'agit de promouvoir leurs affaires[20]. La Demoiselle Laurel indique ainsi que l'on peut s'adresser à elle « avec confiance » et que « si l'on n'est pas content de son ouvrage, elle ne demande point d'argent » ; la Demoiselle Galliardé, qu'on peut « sans craindre » lui confier des dentelles à blanchir et « compter sur la propreté

---

[16] 11 avril 1771, 15 avril 1773, 5 février 1778.
[17] 16 octobre 1780.
[18] N. Coquery, « La diffusion des biens à l'époque moderne. Une histoire connectée de la consommation », *Histoire urbaine*, n° 30, 2011, pp. 5-20, ici p. 14.
[19] N. Phillips, *Women in Business...*, *op. cit.* ; H. Barker, *The Business of Women. Female Enterprise...*, *op. cit.* ; M. Berg et H. Clifford, « Selling consumption in the eighteenth century. Advertising and the trade card in Britain and France », *Cultural and Social History*, vol. 4, n° 2, 2007, pp. 145-170 ; N. Coquery, « The language of success : marketing and distributing semi-luxury goods in eighteenth-century Paris », *Journal of Design History*, vol. 17, n° 1, 2004, pp. 71-89.
[20] H. Barker, *The Business of Women. Female Enterprise...*, *op. cit.*, p. 83.

de l'ouvrage » ; l'épouse du sieur Vignal, qui raccommode les bas de soie, expose enfin que l'« on a reconnu son habileté dans cette partie aux différents endroits où elle a passé » et qu'elle « ose se flatter de mériter la confiance des personnes qui voudront bien lui donner de l'occupation »[21].

Vendre au loin : une marchande de modes lyonnaise et le marché italien

Si la mode parisienne domine alors en France, avant que se manifeste, au milieu des années 1780, une certaine anglomanie dans ce domaine, elle est aussi recherchée à l'échelle européenne. Clare Crowston a souligné le caractère éminemment cosmopolite du commerce des modes parisien, dont les représentantes les plus illustres, comme Rose Bertin, entretiennent des agents et une clientèle fortunée à l'étranger, voire tentent, pour certaines, de développer leurs affaires en direction de Saint-Domingue[22]. Un dossier conservé dans les archives du Tribunal de la Conservation des foires de Lyon, qui renferme les papiers des commerçants faillis, comprend une trentaine de lettres adressées à Mademoiselle Mandier, marchande de modes rue de l'Arbre Sec, à Lyon[23]. On sait très peu de choses sur cette femme, si ce n'est que l'ensemble de ses papiers (essentiellement sa correspondance et un livre d'expéditions) ont été saisis en décembre 1778, très probablement suite à une faillite. La moitié de ces lettres émanent de son commissionnaire Etienne Dupheis, qui voyage pour elle en Provence et dans toute l'Italie au printemps et au cours de l'été 1778. Elles éclairent la tentative de cette femme de se constituer une clientèle internationale la plus prestigieuse possible, à un moment où la concurrence d'autres marchandes de modes de Lyon et de Marseille se fait vive dans la conquête du marché italien. Elles mettent aussi en lumière la place des ports dans cette stratégie d'élargissement de son aire de chalandise.

Comme l'a montré Françoise Bayard, le recours à ce que l'on n'appelle pas encore à l'époque des commis-voyageurs fait partie, au XVIIIe siècle, des techniques mises en œuvre par les négociants lyonnais de la soierie et de la mode pour accroître leurs ventes dans toute l'Europe[24]. Étienne

---

[21] 26 août 1773, 15 août 1774, 15 octobre 1781.
[22] C. H. Crowston, *Credit, Fashion, Sex…*, *op. cit.*, pp. 214 et 240.
[23] Arch. dép. Rhône et de la métropole de Lyon (http://archives.rhone.fr), 8B 1023, Papiers de Mademoiselle Mandier, marchande de modes, 1778.
[24] F. Bayard, « Voyager plus pour vendre plus. Les commis voyageurs lyonnais au XVIIIe siècle », *Entreprises et histoire*, n° 66, 2012, pp. 62-78.

Dupheis quitte Lyon au début du mois de mars 1778 et envoie sa première lettre de Marseille le 13 mars, indiquant qu'il est arrivé dans la cité phocéenne « depuis un couple de jours, en bonne santé », en dépit des aléas du voyage : il espérait en effet pouvoir se rendre directement d'Avignon à Antibes mais, outre le « prix excessif » qu'on lui demandait pour ce trajet, l'état « abominable » des chemins « par toute la Provence » – « ayant plus de deux mois, précise-t-il, qu'il ne fait que pleuvoir » – l'a finalement convaincu de venir « en droiture » à Marseille « attendre l'occasion d'un batiment ». S'il n'en trouve pas, il ira, écrit-il, à Toulon où, l'a-t-on informé, « les embarquements pour Genes sont plus frequents ». Le 23 mars, il est à Antibes depuis deux jours, « à [s']ennuyer comme un chien » : il annonce qu'il va s'embarquer pour Gênes « avec le courrier », espérant, si Dieu le veut, « un heureux voyage, de courte traversée avec un bon vent en poupe ». Arrivé fin mars à Gênes, il y reste bloqué près de quinze jours par le temps « abominable, toûjours vent contraire » avant de pouvoir enfin s'embarquer pour Livourne le 13 avril, d'où il se rend « en droiture » à Rome puis Naples, où il séjourne plus d'un mois et demi, avant de prendre la route du retour, par l'intérieur des terres via Rome, Florence, Modène, Parme, Milan et Turin. Sa dernière lettre, datée du 26 août 1778 à Turin, indique qu'il compte partir le surlendemain pour Lyon, où il espère arriver le mercredi 2 septembre.

Carte 1 : Itinéraire d'Étienne Dupheis (mars-août 1778)

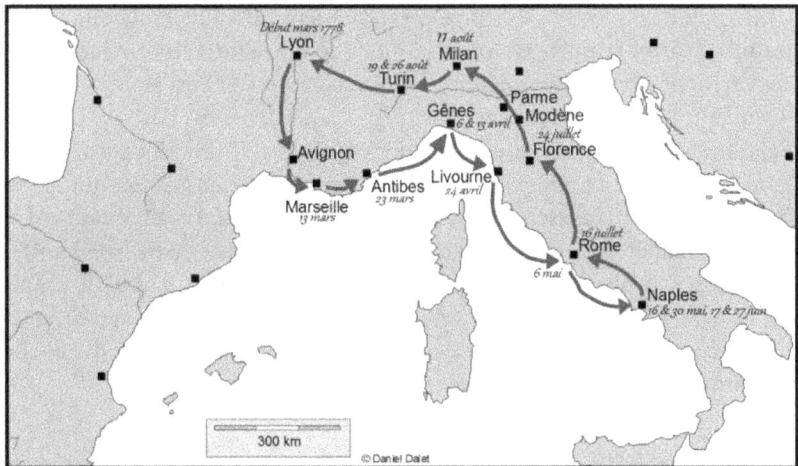

À chacune de ces étapes, son rôle est de trouver pour sa patronne de nouveaux clients, particuliers ou professionnels, dans un contexte de concurrence et de guerre des prix avec d'autres commissionnaires lyonnais. À Marseille, en attendant de pouvoir embarquer, il « tâche de voir les personnes qui tiennent de vos articles » mais prévoit qu'il lui sera « fort difficile » de « pouvoir faire quelque chose avec les armateurs » car « nous sommes dans l'incertitude d'une guerre et personne ne s'hazarde à demender pour l'etranger » – le traité de Paris entre la France et les États-Unis d'Amérique a été signé un peu plus d'un mois auparavant. Quant aux deux marchands marseillais à qui il a pu montrer ses échantillons, « pour le present ils se trouvent n'avoir besoin de rien ». À son courrier d'Antibes sont cependant joints trois petits « mémoires » concernant des commandes passées par des modistes de Marseille, l'un par Mr Acresp « & sœurs », sur le port, l'autre par un certain Mr Pougaud, « qui fait aussi la partie des modes », et le troisième par la Dame Moreau, essentiellement pour des feuilles et des fleurs destinées à garnir des robes. Le prix reste à fixer mais Dupheis enjoint à sa patronne de « passer le tout au prix le plus juste, la ditte Dame étant modiste, et connoissant le prix de chaque chose ». Il indique également que cette marchande de modes marseillaise est déjà la cliente d'une concurrente lyonnaise mais que, « si vous luy faites bon marché, vous aurés sa pratique ». Il précise plus loin : « comme comptant n'y ajoutés pas tout à fait les 30 % de benefice, faites luy toutes les douceurs possibles, si vous voulés continuer avec elle »[25].

La mode est changeante, ses rythmes rapides et tout doit par conséquent « etre expedié le plus promptement possible par la diligence » jusqu'à Marseille puis par voie de mer (notamment vers Livourne), ou directement par l'intermédiaire de marchands italiens établis à Lyon – quelques noms reviennent ainsi à plusieurs reprises, comme ceux de Sepolina et Travi. De Gênes, Dupheis enjoint le 6 avril à sa patronne de faire exécuter ses commandes « sans perdre de tems sous quinze jours, car on voudroit qu'ils fussent ici pour le plus tard à la fin du prochain ». Un soin particulier est porté aux emballages, qui doivent être « tres minces en carton, ou planche fort legere ». De Rome, il lui demande de « faire un caisson à part » de baigneuses et palatines « que vous enverrés par la diligence à Marseille à l'adresse de Mr Bouquerelli avec ordre de le faire embarquer au plustôst pour Civita Vechia[26] ».

---

[25] Arch. dép. Rhône, 8B 1023, 13 et 23 mars 1778.
[26] *Ibid.*, 8B 1023, 6 avril et 6 mai 1778. La baigneuse est une coiffe à plis, la palatine un ornement de fourrure ou de dentelle couvrant le cou et les épaules des femmes (http://www.cnrtl.fr consulté le 29 mars 2017).

La fiabilité de ces clients est un élément essentiel et Dupheis justifie constamment ses choix : les quatre marchands et leurs associés avec qui il a fait affaire à Gênes sont, écrit-il à Mlle Mandier, « des personnes solides autant que je peux le croire par les bonnes informations qu'on m'en a donné », tandis qu'un autre est qualifié de « gaillard qui veut la marchandise pour rien ». Madame Constantin, marchande de modes à Livourne, « jouit icy d'une fort bonne reputation, c'est m'a-t-on dit très sur ». À Naples, on ne lui a donné que « de très bonnes informations » sur François Devaux, dont la femme « est aussi modiste »[27]. À l'inverse, il faut pour le commissionnaire savoir lui aussi inspirer la confiance et s'adapter au goût des clients : « pour ce pays cy, écrit-il de Naples le 30 mai, on ne veut que des couleurs tendres, ainsi faites en sorte que les rubans, mouchoirs gaze à rubans à l'angloise sur les bords, ne soient point en couleurs rudes tel que mon echantillon bleu et chamois n° 612 qui est afreux ». À Rome, « capitale immense » où il est « tombé sans lettre de recommandation pour personne », il lui faut « courir d'une lieue à l'autre pour voir les marchands » mais il doit se limiter à de modestes marchandes de modes « qui en font chez elle et n'en demendent que quand elles ne peuvent pas mieux faire ». Sans contacts ni recommandations, il « desespere de pouvoir faire grand chose » auprès des riches particuliers, « princesses ou cardinaux » qui, dit-il, « sitôst qu'ils ont besoin de quelque chose de riche & de gout, [...] le commandent en droiture à Lyon, y ayant presque tous les connoissances »[28]. À Naples, où il rencontre peu de succès auprès des marchandes de modes locales, il cherche à se « procurer l'entrée dans les palais », quitte à soudoyer les valets de chambre. Il obtient de cette façon plusieurs commandes de la part de la marquise de La Sambuca – dont l'époux est Premier ministre du roi de Naples Ferdinand entre 1776 et 1784 – et de plusieurs autres aristocrates de la cour, hommes ou femmes : « comme ces Dames », écrit-il, « n'entendent rien à notre monnoye, je leur ay reduit le tout en ducats » et il indique à sa patronne le taux de change à leur appliquer[29].

Être femme en affaires : les enjeux de la présentation de soi

Le fait de ne disposer ici que des lettres de Dupheis et non de celles que lui envoie Mlle Mandier est évidemment extrêmement frustrant

---

[27] *Ibid.*, 8B 1023, 13 et 24 avril, 30 mai 1778.
[28] *Ibid.*, 8B 1023, 13 et 24 avril, 30 mai 1778.
[29] *Ibid.*, 8B 1023, 6 mai 1778.

quand on s'intéresse précisément à la place des femmes dans ce commerce international des modes[30]. Quelques indices laissent cependant deviner les enjeux relatifs, dans cette correspondance marchande, à la présentation de soi et à la dimension genrée des échanges. La question se pose en particulier de savoir s'il vaut mieux, en fonction de l'interlocuteur, mentionner sa qualité de femme ou se contenter, pour inspirer la confiance, d'une raison commerciale plus neutre, du type « Mandier et Cie ». Dans sa lettre envoyée de Gênes le 13 avril 1778, Dupheis indique qu'il a pris ses commissions auprès des marchands de la ville – tous des hommes – « sous la raison de Mandier et compagnie pour vous donner un peu plus de renom » ; « vous ne feriés pas mal, ajoute-t-il, de signer toujours de même ». « Vers les marchandes de modes », en revanche », il la fait « passer pour telle et à même de servir mieux que personne soit pour le gout, ou le bon marché ». Ailleurs, il la présente comme « commissionnaire ou fabriquant, sans dire si vous êtes Demoiselle ni rien ». En d'autres termes, le fait d'être une femme, marchande de modes, n'apparaît ici comme un argument positif que lorsqu'il s'agit de s'adresser à d'autres femmes de la même profession, qui seront rassurées de penser qu'on partage leurs goûts et que l'on ne cherchera pas à leur imposer des prix excessifs. Face à des hommes, se présenter comme femme constituerait à l'inverse, selon Dupheis, une faiblesse rendant plus difficile l'établissement de la relation de confiance nécessaire à l'échange et, sans doute, d'un rapport de forces équitable. Il est révélateur à ce propos que les lettres directement envoyées à Mlle Mandier par ses nouveaux clients masculins soient toutes, dans un premier temps, adressées à « Messieurs Mandier & Cie à Lyon ». Mais Mlle Mandier ne semble pas tenir compte des conseils de son commis puisque, lorsque la correspondance se prolonge, comme avec Martin Verone ou Pierre Pougaud de Marseille, elle l'est au nom de « Mlle Mandier [parfois suivi d'un « & compagnie »] faiseuse de mode a Lyon ». En revanche, les maisons marseillaises qui se chargent de réexpédier ses envois vers Rome,

---

[30] D'une manière générale, les écritures marchandes masculines ont été, jusqu'à présent, beaucoup plus étudiées. Voir par exemple F. Angiolini et D. Roche (dir.), *Cultures et formations négociantes dans l'Europe moderne*, Paris, Éditions de l'EHESS, 1995 ; N. Coquery, « Les écritures boutiquières au XVIIIe siècle : culture savante, encadrement légal et pratiques marchandes », dans N. Coquery, F. Menant, F. Weber (dir.), *Écrire, compter, mesurer. Vers une histoire des rationalités pratiques*, Paris, ENS Ulm, 2006, pp. 163-180. Les écritures marchandes ne sont par exemple pas prises en compte par I. Lacoue-Labarthe et S. Mouysset, « De 'l'ombre légère' à la 'machine à écrire familiale". L'écriture quotidienne des femmes », *Clio. Femmes, genre, histoire*, n° 35, 2012, pp. 7-20.

Naples ou Livourne s'adressent systématiquement à « Messieurs Mandier & Cie, négociants à Lyon »[31].

Figures 1, 2, 3 : Courriers reçus par Mlle Mandier

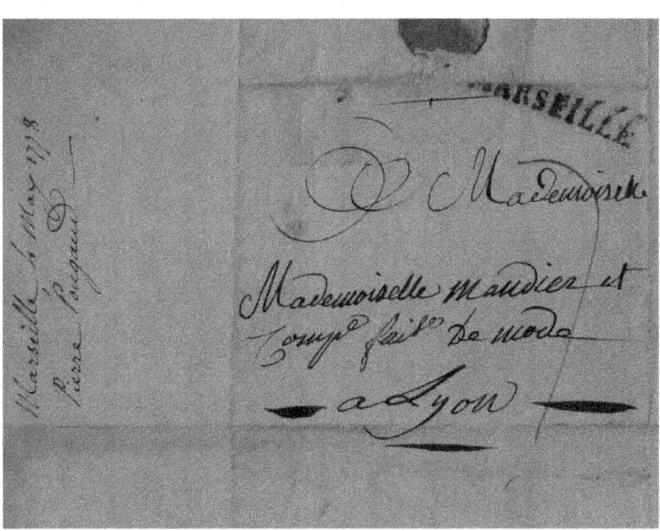

---

[31] Arch. dép. Rhône, 8B 1023, lettre de Martin Vérone, Marseille, 23 mars 1778 ; lettre de Pierre Pougaud, Marseille, 4 mai 1778 ; lettre de Blanchard neveu & fils, Marseille, 22 juin 1778.

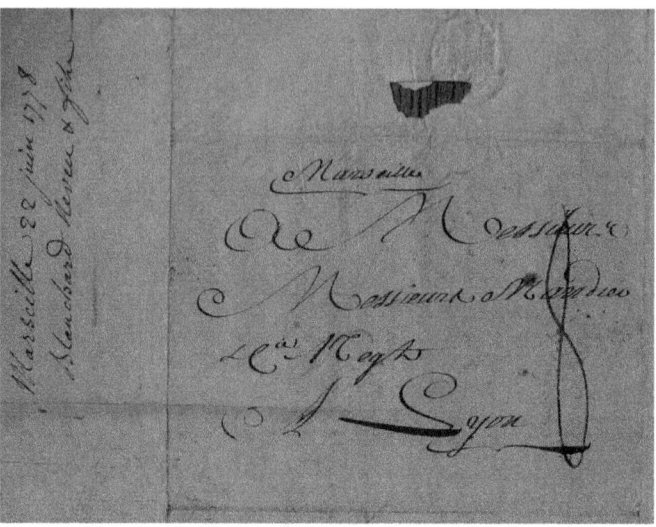

Sources : archives départementales du Rhône 8B 1023

Ces conseils, dont Mlle Mandier tient, on le voit, plus ou moins compte, ne se limitent pas à la question de la raison sociale à employer. Le contenu des lettres de Dupheis témoigne en effet, plus largement, de la relation d'autorité ambiguë qu'il entretient avec sa « patronne ». Ces lettres regorgent de conseils sur la couleur ou la qualité des produits à expédier sur le marché italien, ou de recommandations sur les prix à pratiquer – autant d'éléments qui relèvent *a priori* de la fonction de « voyageur » de Dupheis. Mais il se hasarde aussi, et de plus en plus clairement au fil des semaines, à réprimander son employeuse et à la rendre responsable de la mauvaise tournure que prennent ses affaires, en invoquant différentes raisons. D'abord le fait que sa marchandise soit en-deçà des attentes de la clientèle italienne. À Naples, il a fait voir ses échantillons, garnitures et robes aux meilleures modistes de la ville, qui lui « ont toutes dit qu'elles ne valoient rien du tout, […] toutes du même gout ». Il ajoute « qu'en comparant celles que j'ay vues icy, il y a de la difference d'avec les vôtres pour l'elegance, et le gout, comme de la nuit au jour »[32]. Il lui reproche également d'envoyer des échantillons trop petits, avec retard, et surtout de manquer de réactivité ou d'à-propos dans le suivi des commandes qu'il parvient péniblement à arracher : « le tems que l'on donne les commissions se passe, les autres voyageurs prennent les

---

[32] *Ibid.*, 8B 1023, 30 mai 1778.

devants, car je reste seul et moy qui vient après eux, n'ait que les restes de ces Mrs », écrit-il de Naples le 27 juin. Or il attend ces échantillons pour les présenter à la reine, « ayant parlé pour cela à la premiere Dame de chambre qui l'habille ». L'issue de cette entreprise n'est évoquée à aucun moment dans ses courriers suivants mais il se plaint à nouveau quinze jours plus tard, depuis Rome, d'être « le dernier après les autres pour prendre touts les rebuts dont ils ne se soucient point »[33].

Au fil des jours et des semaines, le silence de Mlle Mandier, qui lui avait promis avant son départ de lui écrire tous les quinze jours, l'inquiète tout en le plaçant dans une situation matérielle de plus en plus critique. À Gênes, il parvient à emprunter 10 louis « à force de sollicitation », après avoir été « refusé tout net » par une maison italienne pour laquelle il disposait pourtant d'une lettre de recommandation. À son arrivée à Naples, il se trouve « sans ressource », obligé de mettre sa montre en gage et d'emprunter deux sequins à son aubergiste pour pouvoir payer son voiturier. Et il ajoute après avoir signé : « Au nom de Dieu par le premier courrier de l'argent, sans quoi je ne sais où j'en suis »[34]. Le 17 juin, il a enfin reçu de sa patronne dix louis qu'il lui reproche de lui avoir fait passer « en or comptant [monnoye de France] plustôt que de prendre du papier », ce qui lui a fait perdre 40 sols sur chaque louis pour le change. De Rome, où il a entamé son voyage de retour, il lui rappelle amèrement que, sans argent, « il n'y a pas de ressource [qu'il] n'ay[t] employé, soit juifs, prêteurs sur gage et autres ». Obligé d'emprunter dans chaque ville pour pouvoir poursuivre son itinéraire, il lui assène « foy d'honnete homme que c'est bien le premier et le dernier [voyage] qu['il] fait pour [elle], [...] aimant cent fois mieux être le dernier commis d'un magazin plustôt que de retomber dans pareil cas »[35]. Sa dernière lettre, écrite le 26 août 1778 de Turin, laisse entendre que sa patronne lui a écrit sans lui envoyer d'argent, ce qui laisse deviner les difficultés dans lesquelles elle se trouve : « Je suis bien persuadé, écrit-il, que vous ne manqués pas de peine & de souci et que quelquefois les affaires ne tournent pas comme on se l'étoit imaginé mais vous me permettrés de vous dire que vous en avés la plus grande faute, ce que je vous expliqueray en tems & lieu ».

Ces indices d'une mauvaise gestion sont corroborés par les lettres qu'envoient à Mlle Mandier les clients démarchés par son commissionnaire.

---

[33] *Ibid.*, 8B 1023, 16 juillet 1778.
[34] *Ibid.*, 8B 1023, 13 avril et 16 mai 1778.
[35] *Ibid.*, 8B 1023, 16 juillet 1778.

À Martin Verone ou à Madame Moreau, de Marseille, elle tente de forcer la main en leur expédiant des marchandises qu'ils n'ont pas demandées et dont ils ne savent comment se défaire, le tout à des prix élevés, sans escompte (« je trouve le tout fort cher », lui écrit Mme Moreau) et par des voies « dispendieuses »[36]. D'autres lui reprochent le retard de ses expéditions : François Devaux, de Naples, écrit le 29 août n'avoir eu « aucunes nouvelles » de sa commission, indiquant que « puisque la saison est passé pour les rubans que je vous ai commis je vous prie de ne me les pas envoyer ». Enfin, si Mlle Mandier maîtrise apparemment la technique de la lettre de change, Pierre Pougaud de Marseille lui reproche d'avoir mal renseigné la lettre de voiture – oubliant d'indiquer la valeur des marchandises et spécifiant « ouvrage de mode » alors que, affirme-t-il, « cela sespedie mercerie ordinaire » –, ce qui, au bureau des fermes de Lambesc, a fait enchérir les droits d'un tiers[37].

Mlle Mandier semble en définitive manquer des qualités sur lesquelles repose l'« économie de la considération », analysée par Clare Crowston[38], et qui fait à la même époque le succès d'autres marchandes de modes, à savoir la capacité à innover constamment tout en répondant précisément et rapidement aux demandes des clients. Elle-même dépend sans doute d'autres fournisseurs, dont on ignore à peu près tout : on apprend simplement d'une des premières lettres de Dupheis que, pour satisfaire la commande de boutons d'un marchand de Gênes, par ailleurs habitué à se rendre tous les ans à Lyon, elle doit avoir recours à un certain Guille, dont la société est établie sur le quai du Rhône ; s'il refuse d'exécuter cette commande « a un prix modique », « abandonnés le luy moyennant une commission », conseille Dupheis, « et qu'il en envoye la facture en droiture[39] ». Entre Lyon et l'Italie, les communications sont lentes et pas toujours sûres, alors que la mode se renouvelle constamment et que sa périodicité n'est pas celle du crédit accordé à la clientèle. Autant d'éléments qui permettent sans doute d'expliquer, au moins partiellement, la faillite de Mlle Mandier à la fin de l'année 1778.

D'autres, à l'inverse, connaissent à la même époque de belles trajectoires professionnelles, à l'instar de Madame Belsent, marchande de modes à la cour de Florence dans les années 1770-1780, qui utilise la lettre de

---

[36] *Ibid.*, 8B 1023, 14 et 25 avril 1778.
[37] *Ibid.*, 8B 1023, 4 mai 1778.
[38] Concept difficilement traduisible *d'economies of regard* (« économies de la considération »), que l'auteur emprunte à Avner Offer.
[39] Arch. dép. Rhône, 8B 1023, 6 avril 1778.

change, compte des fournisseurs jusqu'à Anvers et Copenhague, recourt pour ses livraisons aux services de courriers de Gênes ou de négociants de Marseille et Livourne, et fait venir de Paris ses filles de boutique, comme le révèlent ses papiers et son abondante correspondance[40]. Sa réussite et le volume des affaires brassées, tout comme l'échec de Mlle Mandier, laissent à penser que, sans aller jusqu'à mettre ces femmes sur le même pied que les négociantes malouines, tenir un commerce de modes exigeait bien aussi, dans certains cas, un solide réseau d'affaires à l'échelle nationale et internationale, le recours à des outils de comptabilité et de gestion financière, un jeu constant entre les rythmes rapides de la mode et ceux, plus lents, du crédit, la maîtrise, enfin, de savoir-faire techniques et de modes de présentation de soi que ces femmes savaient aussi transmettre à d'autres, par le biais d'un apprentissage plus ou moins formalisé. Dans le contexte d'incertitude caractéristique de l'économie d'Ancien Régime, les réseaux de parenté et d'amitié, tout comme les partenariats que certaines de ces marchandes, souvent célibataires, concluent entre elles, tiennent également une place essentielle dans la constitution d'un capital social indispensable à la réussite et dont les femmes, dans d'autres milieux professionnels comme celui des corporations, sont largement exclues[41].

---

[40] Archivio di Stato di Firenze, Antinori 135 à 137. C. Fontaine, *Parcours d'une marchande de modes française en Italie*, maîtrise d'histoire, dactyl., D. Roche (dir.), Université de Paris I, 1997 ; Ead., « La mode parisienne à Florence au XVIIIe siècle d'après les papiers de Mme Belsent, marchande de modes à la cour », dans N. Coquery (dir.), *La boutique et la ville. Commerces, commerçants, espaces et clientèles XVIe-XXe siècles*, Tours, Publications de l'Université François Rabelais, 2000, pp. 249-265.

[41] J.-Y. Grenier, *L'économie d'Ancien Régime. Un monde de l'échange et de l'incertitude*, Paris, Albin Michel, 1996 ; D. van den Heuvel, *Women and Entrepreneurship...*, *op. cit.*, p. 28 ; S. Ogilvie, « How does social capital affect women ? Guilds and communities in early modern Germany », *The American Historical Review*, n° 109, 2004, pp. 325-359.

Les activités de négoce des femmes dans les ports atlantiques de l'Espagne au XIXe siècle[1]

Luisa Muñoz Abeledo

Département d'histoire
Université de Saint-Jacques-de-Compostelle

Même si l'on connait de mieux en mieux l'histoire du travail des femmes grâce aux travaux récents sur le sujet, il reste encore du chemin à parcourir pour mettre en évidence la participation des femmes dans le monde des affaires[2]. On dénombre en effet peu d'études sur le sujet en histoire économique, sociale ou commerciale, du moins en Espagne, mais il existe également des difficultés liées à la sélection des données pour élaborer des statistiques sur les femmes chefs d'entreprises. Pourtant, il est possible de trouver des informations sur la place des femmes dans le négoce urbain de la fin du XIXe siècle qui, à titre de comparaison, a

---

[1] Cet article a été élaboré dans le cadre du projet « Salarios, actividad y niveles de vida en Galicia (1850-1950) », financé par le Ministère de la Science et de l'Innovation d'Espagne (HAR2013-47277-C2-2-P). Chercheuse principale : Luisa Muñoz.

[2] J. Humpries et C. Sarasúa, « Off the Record. Reconstructing Women's Labor Force Participation in the European Past », *Feminist Economics*, vol. 18, t. 4, 2012, pp. 39-67. Dans ce même volume, voir l'article de L. Muñoz Abeledo, « Women in the Rural and Industrial Labor Force in Nineteenth Century Spain », pp. 121-143. Dans le second volume de ce numéro spécial, on trouve les articles espagnols suivants : C. Borderías, « Revisiting Women's Labor Force Participation in Catalonia's Textile Industry, 1920-1936 », *Feminist Economics*, 19, 4, 2013, pp. 224-242 ; R. Hernández, « Women's Labor Participation Rates in the Kingdom of Castilla in the Eighteenth Century », pp. 181-199 ; P. Pérez-Fuentes, « Women's Economic Participation on the Eve of Industrialization : Bizkaia, Spain, 1825 », Feminist Economics, pp. 160-180 ; voir également C. Campos Luque, « La tasa de actividad femenina en Andalucia a mediados del siglo XIX : el caso de Antequera », *Investigaciones en Historia económica*, vol. 10, 2014, pp. 191-201. L. Muñoz Abeledo, S. Taboada Mella et R. Verdugo Matés, « Condicionantes de la actividad femenina en la Galicia de mediados del siglo XIX », *Revista de Historia Industrial*, vol. 59, pp. 30-80.

été évaluée à 10 % de l'ensemble des patrons en Amérique du Nord par Wendy Gamber[3]. Ces femmes qui, dans la plupart des cas, sont issues du monde du travail, se concentrent dans de multiples petits négoces liés au commerce de détail de différents produits (aliments, vêtements, chapeaux, tabac, etc.) Cependant, quelques femmes gèrent des négoces qui trouvent leur origine dans des entreprises familiales, héritées de leurs maris et/ou parents[4]. Historiquement, aussi bien en Europe occidentale qu'aux États-Unis, la participation professionnelle et commerciale des femmes se retrouve majoritairement dans les petits négoces et aussi dans les grandes entreprises fournisseuses de biens et services associés à l'approvisionnement en nourriture, vêtement ou cosmétique. Un numéro spécial de la *Business History* a exploré la relation entre le genre et les industries de services dans différents contextes nationaux, évoquant l'importance du travail autonome féminin dans ces activités économiques[5].

Cette étude cherche à analyser la participation des femmes dans le monde des affaires de la principale ville commerciale et portuaire de la Galice au milieu du XIXe siècle : La Corogne. Elle utilise comme sources primaires le recensement de la population de la commune de La Corogne de 1857, les registres industriels de 1877-1878 et 1889-1890, l'annuaire de Bailly-Baillière des années 1879 et 1900 et le Guide-Indicateur de La Corogne et de La Galice de 1890-1891, publié par Faginas Arcuaz en 1890[6]. En prenant comme étude de cas le secteur du commerce, le plus grand employeur de femmes après le service domestique et l'industrie du tabac, cette recherche montre que les femmes s'occupent majoritairement du commerce de détail, bien qu'elles participent aussi un peu au commerce

---

[3] W. Gamber, « A Gendered Enterprise : Placing Nineteenth-Century Businesswomen History », *Business History Review*, vol. 72, n° 2, 1998, pp. 188-217.

[4] M. Yeager, *Women in business*, Cheltenham, Edward Elgar, 1999 ; R. Beachy, B. Craig et A. Owens, *Women, business and finance in nineteenth-century Europe : rethinking separate spheres*, Oxford, Berg, 2006 ; K. Honeyman, « Doing business with gender : Service industries and British business history », *Business History Review*, vol. 81, n° 3, 2007, pp. 471-493.

[5] A. Kwloek-Folland, « Gender ; the Service Sector and U.S. Business History », *Business History Review*, vol. 81, n° 3, 2007, pp. 429-450 ; L. Gálvez Muñoz et P. Fernández Pérez, « Female entrepreneurship in Spain during the Nineteenth and Twentieth Centuries », *Business History Review*, vol. 81, n° 3, 2007, pp. 495-515.

[6] C. Bailly-Baillière (dir.), *Annuaire-almanach du commerce, de l'industrie, de la magistrature et de l'adminitration*, Madrid, Imp. Carlos Bailly-Baillière, 1879 ; Id., *Annuaire du commerce, de l'industrie, de la magistrature et de l'administration*, Madrid, Imp. Carlos Bailly-Baillière, 1900 ; R. Faginas Arcuaz, *Guía-Indicador de La Coruña y de Galicia para 1890-1891*, La Corogne, Imprimerie de Vicente Abad, 1890.

en gros, représentant 6 % du total des commerçants capitalistes de La Corogne au milieu du XIXe siècle. Finalement, en combinant le commerce et la production, le secteur de la salaison du poisson offre un exemple dans lequel les femmes jouent un certain rôle comme chef d'entreprise en représentant au moins 10 % du total des fabricants du secteur.

Les femmes chefs d'entreprise n'ont pas retenu l'attention de l'histoire économique et sociale de l'époque contemporaine en Espagne, à l'exception de quelques études relativement récentes et d'autres qui, bien que peu nombreuses, traitent du sujet mais dans des perspectives plus générales concernant le marché du travail[7]. Cependant, beaucoup d'affaires familiales ont été dirigées par des femmes, non seulement des veuves qui ont dû prendre en charge l'entreprise après la mort de leurs époux mais aussi des femmes célibataires ou mariées, particulièrement dans le commerce et les services. Nous chercherons à mesurer leur participation dans la durée pour les négoces dont elles ont hérité ou qu'elles ont fondés tout au long de la période de cette étude, en montrant leur contribution à la modernisation urbaine et à la croissance économique de la région.

Le texte se divise en trois parties. La première présente le potentiel et l'utilité des sources exploitées ainsi que leurs limites pour analyser le rôle de la femme dans le monde du négoce urbain. Dans la deuxième partie, la part des femmes dans les négoces urbains est évaluée, en prenant comme étude de cas la ville de La Corogne. Enfin, la troisième partie montre quelques exemples d'autres communes côtières dans le secteur de la salaison du poisson qui a été l'industrie la plus importante de la région avec le tannage, dans la seconde moitié du XIXe siècle[8].

---

[7] L. Galvez Muñoz, « Género, Empresa e Historia », *Leviatán*, 2000, pp. 131-168 ; Id., « Logros y retos del análisis de género en la Historia Económica de la Empresa », *Information Commerciale Espagnole*, 812, 2004, pp. 77-89 ; L. Gálvez Muñoz et P. Fernández Pérez, « Female entrepreneurship… », art. cit., pp. 495-515 ; À. Solà, « Negocis i identitat laboral de les dones », *Recerques*, 56, 2008, pp. 5-18 ; A. Pareja, « Las mujeres y sus negocios en la gran ciudad contemporánea. Bilbao a principios del siglo XX », *Historia Contemporánea*, vol. 44, 2012, pp. 145-182 ; À. Solà, « Las mujeres como copartícipes, usufructuarias y propietarias de negocios en la Barcelona de los siglos XVIII y XIX según la documentación notarial », *Historia Contemporánea*, vol. 44, 2012, pp. 109-144 ; G. Nielfa, « Las mujeres en el comercio madrileño del primer tercio del siglo XIX », dans M. G. Durán Heras et R. M. Capel Martínez (dir.), *Mujer y sociedad en España, 1700-1975*, Madrid, Ministère de la Culture, Madrid, 1982, pp. 299-332 ; C. Campos, *Mercado de trabajo y género en Málaga durante la crisis de la Restauración*, Grenade, Université de Grenade, 2001.

[8] X. Carmona Badía et J. Nadal, *El empeño industrial de Galicia : 250 años de historia, 1750-2000*, La Corogne, Fondation Barrié de la Maza, 2005.

Sources et méthodologie

Pour élaborer un travail de recherche sur le négoce, il est indispensable de mobiliser des sources internes et externes. Les premières concernent la documentation des entreprises comme les livres de comptabilité, les actes des conseils d'administration et les copies des lettres. Parmi les secondes qui résultent d'obligations légales, les plus importantes sont les livres de constitution de sociétés du « registre mercantile », les minutes notariales, les mémoires et les bilans. L'idéal serait de disposer de l'ensemble de ces archives mais la réalité est très différente. Par exemple, si l'une des obligations imposées aux sociétés, après les réformes libérales adoptées en 1869, est la publication de leurs bilans annuels de fin d'exercice dans la « gazette de Madrid » ou dans le « bulletin officiel de la province », cette règle n'a pas été respectée. Pour ce travail, nous pouvons nous appuyer, pour le moment, sur un petit nombre de sources d'entreprise de la seconde moitié du XIXe siècle, la principale étant les copies de la correspondance d'une entreprise de salaison, celle de la famille Romani à Porto do Son (Ria de Noya).

Une source alternative de type fiscal, utilisée pour l'histoire industrielle de l'Espagne, comprend les « statistiques de la contribution industrielle et du commerce ». Cette contribution date de la réforme de Mon de 1845 et taxe l'activité de l'ensemble des industries, commerces, professions, arts, métiers et fabrications. Cet impôt peut aussi bien concerner un individu qu'une société[9]. L'emploi de sources fiscales et démographiques (les deux types de recensement : les *censos* et les *padrones*) s'est multiplié dans les dernières décennies du XXe siècle et les premières années du XXIe, dans plusieurs disciplines, particulièrement celles de la démographie historique, de l'histoire économique et sociale, et de la géographie. Elles permettent d'établir les taux d'activité ainsi que la répartition spatiale des professions et d'étudier les effets de la richesse familiale sur la part professionnelle des membres des familles, spécialement des femmes[10]. Justement, les divers usages que l'on a faits de ces sources ont permis de soulever de multiples questions méthodologiques, particulièrement pour les attestations industrielles et commerciales mais également pour les possibilités et les

---

9   I. Corella Álvarez, « La tarifa tercera de la Contribución Industrial desde la reforma de Mon a la reforma de Villaverde », Trésor Public Espagnol, 45, 1977, p. 62.
10 L. Muñoz Abeledo, S. Taboada Mella et R. Verdugo Matés, « Condicionantes de la actividad... », art. cit.

Les activités de négoce des femmes dans les ports atlantiques   121

limites des recensements de population[11]. La documentation la plus utilisée et connue est peut-être les « registres d'industrie et de commerce » qui présentent un panel de l'activité industrielle personnalisée, comme nous allons le voir à travers différents exemples de la ville de La Corogne.

Pour ce travail, on dispose des « registres de l'inscription industrielle » de deux années du XIXe siècle de la commune de La Corogne : 1877-1878 et 1889-1890. Dans ces deux sources, figurent les données suivantes : tout d'abord, dans la marge gauche du manuscrit le numéro d'ordre du contribuable, suivi deuxièmement des tarifs ordonnés par classe (le tarif 1 correspond au commerce)[12] ; troisièmement, la profession, l'art ou le métier auquel il contribue ; quatrièmement, la rue, le numéro de maison et d'appartement du contribuable ; enfin, la cotisation totale pour le « trésor public » avec des majorations exprimées en *pesetas* et *reales*. La principale différence entre les deux registres (1877-1878 et 1889-1890) est que dans le deuxième, s'incorporent en plus grand nombre les femmes dans différents négoces alors que dans le premier, elles figurent dans la vente de charcuterie, de pain, comme brocanteuse ou dans la vente à domicile de corsets et de gaines, entre autres. Ces registres permettent de

---

[11] De cela, nous avons de nombreux exemples, voir en particulier : S. González Gómez et M. Redero San Román, « Análisis metodológico de dos fuentes de historia social : los Padrones Municipales y las Matrículas Industriales », dans S. Castillo (dir.), *La Historia social en España. Actualidad y perspectivas*. Madrid, XXIe siècle, 1991, pp. 507-520 ; J Díaz Aznarte, « Introducción al análisis de los Padrones Municipales como fuente para la Historia social », dans S. Castillo, (dir.), *La Historia social en España. Actualidad y perspectivas*, *Annuaire d'Histoire Contemporaine*, Grenade, vol. 14, 1987-1991, pp. 241-262 ; R. Gutiérrez LLoret : « Los padrones municipales como fuente para el análisis de la estructura socio-profesional de Alicante, 1846-1889 » ; Jornades d'estudis sobre la població del Pais Valenciá Valenciá, Edicións Alfons el Magnanim, 1988 ; sur le registre industriel de Saint-Jacques-de-Compostelle, lire M. Bascoy Varela, *Contribución al estudio de la estructura económica de Galicia : la matrícula industrial de Santiago, 1893-1936*, thèse d'histoire, dactyl., Université de Saint-Jacques-de-Compostelle, 1985.

[12] « Article 26. On considère que les vendeurs au détail du tarif 1 sont ceux qui habituellement se consacrent à la vente des articles qui y sont indiqués pour la consommation variée des familles, et comme vendeurs en gros et au détail ou seulement en gros au même tarif ceux qui habituellement se consacrent à la vente de leurs produits pour l'approvisionnement des établissements consacrés à leur revente ou pour celui des entreprises industrielles de n'importe quelle classe chaque fois que ces produits sont signalés par un épigraphe au même tarif pour la vente en gros ». Ministère de l'Économie et des Impôts. Règlement général pour l'imposition administrative et le recouvrement de la Contribution Industrielle, Saint-Jacques-de-Compostelle, Tipografía de la Gaceta de Galicia, S. Francisco, 1882.

suivre l'évolution de l'activité économique d'un contribuable précis et de l'activité industrielle en général.

Pour cette étude, les registres industriels sont complétés par les manuscrits du recensement national de la population de 1857 de la ville de La Corogne. Cette documentation, similaire à celle du recensement administratif de la population, est conservée dans les archives municipales et a servi à l'élaboration du recensement national. Comme les recensements administratifs, le recensement nominatif contient beaucoup d'incertitudes pour l'étude des réalités démographiques ou familiales de la société contemporaine, mais aussi pour les recherches sur les marchés du travail. Les taux d'activités professionnelles et patronales contiennent les noms des personnes et servent aussi bien à élaborer des grandes bases de données que des études de cas[13]. Dans le cadre de cette recherche, le recensement statistique de 1857 a été choisi car il correspond à la première statistique officielle moderne qui enregistre, en plus des caractéristiques démographiques – état-civil, âge, naissance, décès, émigration – les données professionnelles qui sont nécessaires pour connaître la structure professionnelle et par conséquent non seulement la participation des femmes dans le marché du travail local, mais aussi dans quelques activités patronales urbaines. En outre, ces données des manuscrits du recensement de la population ont été croisées avec une source fiscale du milieu du XIXe siècle, l'« assiette » de 1857, ainsi qu'aux registres industriels et aux guides commerciaux[14].

---

[13] De nombreux travaux ont déjà utilisé des recensements nominatifs et administratifs en les croisant avec des sources d'entreprises ou des données fiscales. En introduisant une perspective genrée dans ces recherches sur le marché du travail et l'industrialisation, voici quelques références : P. Pérez-Fuentes, *Vivir y morir en las minas, estrategias familiares y relaciones de género en la primera industrialización vizcaína (1877-1913)*, Bilbao, Université du Pays Basque, 1993 ; E. Camps Cura, *La formación del mercado de trabajo industrial en la Cataluña del siglo* XIX, Madrid, Ministerio del Trabajo y de la Seguridad Social, 1995 ; M. González Portilla, *Los orígenes de una metrópoli industrial : la Ría de Bilbao*, Bilbao, Fondation Banco de Bilbao Vizcay, 2001 ; C. Borderías, « La transición de la actividad femenina en el mercado de trabajo barcelonés (1856-1930) : teoría social y realidad histórica en el sistema estadístico moderno », dans C. Sarasúa et L. Gálvez (dir.), *Mujeres y hombres en los mercados de trabajo, ¿privilegios o eficiencia?*, Alicante, Université d'Alicante, 2003, pp. 241-276 ; L. Muñoz Abeledo, *Género, trabajo y niveles de vida en la industria conservera de Galicia (1870-1970)*, Barcelone, Colección Historia del Trabajo, Icaria, 2010.

[14] Par la loi du Budget de l'année 1856 et des six premiers mois de 1857, on impose une assiette générale à toutes les communes de la péninsule et des îles adjacentes, dont l'objectif est de combler le déficit budgétaire de l'État. Supplément du Bulletin Officiel de la Province de La Corogne, vendredi 25 avril 1856. Arch. historiques de

Quant au « registre mercantile » de La Corogne, il n'a pas pu être utilisé, faute de permission de l'institution pour réaliser la consultation des « bilans des sociétés » à partir de 1886. Pour le moment, on dispose d'une source de moindre intérêt : « l'index des commerçants privés et de leurs mandataires » (1886-1910)[15]. Dans ce livre, on répertoriait les commerçants avec les prénoms et les noms, leur domicile, sans doute le numéro correspondant au livre des sociétés du « registre mercantile », avec le numéro de la page et, dans la dernière colonne, soit le prénom du mandataire ou l'activité à laquelle il se consacrait, par exemple l'achat et la vente de gros de farines et de céréales, des marchandises coloniales et étrangères. Pour finir, quelques guides commerciaux et industriels disponibles en Espagne comme le Bailly-Baillière et d'autres spécifiques à la ville de La Corogne ont été utilisés pour ce travail de recherche.

Pour réaliser cette étude, la base de données créée grâce au projet HAR2009-11709 a été utilisée, dans laquelle un dépouillement exhaustif a été réalisé pour la commune de La Corogne (27 354 habitants et 5 486 foyers) et comparé avec des sources fiscales comme l'« assiette » de 1857 (projet HAR2013-47277-C2-2-P)[16]. Cette commune urbaine se distingue par son activité commerciale et de services ; c'est la ville la plus peuplée et de plus grande importance économique de la région au milieu du XIXe siècle. La Corogne occupe alors la 12e position en habitants des capitales provinciales espagnoles[17]. Parmi ses industries les plus éminentes, on trouve les usines de tabac, de tissus, de chapeaux et de verre[18]. Quant à l'industrie alimentaire, la principale activité est la salaison du poisson

---

la Province de La Corogne (voir plus loin AHPC). Les données de cette source ont été croisées avec celles des recensements de la ville en 1857. Pour cela, nous avons regroupé par tranches et ordonné dans un ordre croissant, les montants payés par les contribuables. Pour plus de détail, voir L. Muñoz Abeledo, S. Taboada Mella et R. Verdugo Matés, « Condicionantes de la actividad… », art. cit.

[15] Arch. du Royaume de Galice, « Index des commerçants privés et de leurs mandataires », 1886-1910.

[16] Le projet de I+D+I « Reconstrucción de la tasa de actividad femenina española, 1750-1980 », financé par le Ministère de la Science et de l'Innovation d'Espagne (HAR2009-11709), a été coordonné par C. Sarasúa, professeur à l'Université Autónoma de Barcelone. Le projet « Salarios, actividad y niveles de vida en Galicia » (HAR2013-47277-C2-2-P) est coordonné par L. Muñoz de l'Université de Saint-Jacques-de-Compostelle.

[17] Arch. mun. La Corogne, Recensement national de la Population de 1857, p. 863.

[18] Dans l'usine de tabac, « La Palloza », fondée en 1808, 2 300 cigarières travaillent en 1835. Voir L. A. Álvarez, *Las tejedoras del humo. Historia de la Fábrica de Tabacos de A Coruña, 1804-2000*, Vigo, A Nosa Terra-Fundación Altadis, 2001.

puis les usines de farines, de chocolats et les boulangeries industrielles. L'activité portuaire se détache aussi, tant par le trafic commercial que par les mouvements migratoires vers l'Amérique ; La Corogne devient à la fin du XIXe siècle le troisième port maritime d'Espagne pour le commerce de cabotage et le septième en valeur marchande[19]. Son importance commerciale et administrative détermine la consolidation d'une base financière dans cette ville avec la création, en 1857, de la « Banque de La Corogne », la première de Galice sous forme de société anonyme[20]. En définitive, La Corogne a été la capitale économique de la Galice au XIXe siècle, ce qui explique sa croissance commerciale et industrielle dans le secteur des biens de consommation, particulièrement la salaison de poisson[21]. Cette croissance économique explique en grande partie son essor démographique puisqu'en 1900, la ville atteint les 43 000 habitants, soit trois fois plus qu'en 1787[22].

En résumé, dans ce travail de recherche, on utilise et combine différentes sources, recensements de population, registres industriels, recensements de commerçants, guides industriels et commerciaux, correspondances commerciales de quelques entreprises, afin de savoir dans quels secteurs de l'économie travaillent les femmes et quels types de négoces elles gèrent.

---

[19] A. Colino Gallego et E. Grandío Seoane, *La Coruña en el siglo* XIX, La Corogne, Concello de A Coruña, 1994, p. 39.

[20] Il était courant que les banquiers soient armateurs, commerçants, industriels et, dans d'autres cas, propriétaires agricoles, ce qui confirme le lien entre le commerce avec l'Amérique et les activités bancaires : ils facilitaient les passages, autorisaient des crédits pour ceux-ci, régulaient les envois d'émigrants, les encaissements et les paiements commerciaux, etc. Voir Mª Jesús Facal Rodríguez, « La integración de comerciantes mayoristas en las redes financieras o bancarias de la segunda mitad del siglo XIX », Actes du colloque d'Histoire économique, Bellaterra, Université Autonome de Barcelone, 2005 ; E. Lindoso Tato, *Los pioneros gallegos. Bases del desarrollo empresarial (1820-1913)*, Madrid, Lid, 2006.

[21] X. Carmona Badía et J. Nadal, *El empeño industrial...*, *op. cit.*, pp. 85-90.

[22] A. Colino Gallego et E. Grandío Seoane, *La Coruña...*, *op. cit.* ; L. Alonso Álvarez, *Las tejedoras del humo...*, *op. cit.* ; X. Carmona Badía et J. Nadal, *El empeño industrial...*, *op. cit.*, pp. 85-90.

La participation féminine dans les négoces urbains : le cas du commerce

À La Corogne, le poids du commerce tend à s'accroître au fur et à mesure que nous nous approchons du début du XXe siècle, comment l'indiquent les données du registre de 1898-1899, où 65 % des contribuables inscrits affirment être des commerçants et cotiser pour les tarifs 1 et 5. Face à eux, à peine 11 % disent être des entrepreneurs fabricants et industriels et payer le tarif 3[23]. Ce déséquilibre entre les deux branches de l'économie locale se comprend en prenant l'exemple du secteur textile : à la fin du XIXe siècle, il y a seulement une usine de tissus en coton et une autre de tricot dans la ville mais il existe 70 points de vente de tissus, de vêtements confectionnés en tissus ordinaires, de merceries et de colis.

La répartition interne du commerce est la suivante : selon les données du registre de 1898-1899, les grands commerçants de La Corogne représentent 12 % du total des contribuables, tandis que les membres du petit commerce totalisent les 88 % restants. Dans le recensement de la population de 1857, 570 hommes et 470 femmes sont répertoriés dans des activités relatives au commerce. Proportionnellement au total de l'activité selon la classification traditionnelle, cela représente des pourcentages similaires entre les hommes et les femmes : respectivement 10,4 % et 8,5 %[24]. En outre, en utilisant l'outil HISCO de codification des activités professionnelles, nous pouvons observer la répartition par genre des professions liées au commerce : les hommes se concentrent dans le commerce de gros, en travaillant comme agents d'achats, courtiers commerciaux et vendeurs dépendants, tandis que les femmes occupent les positions les plus basses de l'échelle professionnelle de cette branche, en se situant dans la seconde section du petit commerce (vendeuses ambulantes, épicières, vendeuses en quincaillerie et brocanteuses (voir tableau 1).

---

[23] Arch. mun. La Corogne, Registres industriels, 1877-1878 et 1898-1899.
[24] La classification utilisée se fonde sur les secteurs économiques classiques : primaire, secondaire et tertiaire. Le secteur primaire regroupe toutes les activités liées à l'agriculture et la pêche, le secondaire l'industrie et la construction, et le tertiaire, le transport, le commerce et les services. En suivant cette classification, le commerce représente 8,8 % du total de l'activité de la ville en 1857. Voir L. Muñoz Abeledo, S. Taboada Mella et R. Verdugo Matés, « Condicionantes de la actividad... », art. cit.

Tableau 1 : Structure du commerce à La Corogne, 1857

Code HISCO	Professions du commerce	Total	% Femmes	% Hommes
41010	Buraliste	13	76,9	23,1
41025	Commerçant propriétaire en gros et en détail	277	22,4	77,6
41030	Commerçant propriétaire en détail	220	57,7	42,3
42220	Acheteur commercial en gros et en détail	50	78,0	22,0
42230	Agent d'achats	1	18,9	100,0
43200	Agent commercial ou industriel	11	67,8	100,0
43220	Représentant commercial	1	41,9	100,0
44190	Autres agents d'assurance, immobiliers, de change et de bourse	9	66,7	100,0
45125	Vendeur commercial en gros et en détail	122	45,3	81,1
45130	Vendeur commercial en détail	261		32,2
45220	Vente ambulante	31		58,1
49090	Autres commerçants et vendeurs	3		33,3
	TOTAL	999		54,7

Source : travail réalisé par l'auteure à partir des « manuscrits du recensement national de la population » de La Corogne de 1857 (Archives municipales de La Corogne).

Selon les données du recensement de la population, dans les familles des grands commerçants qui forment l'élite de la ville, des femmes exercent également une activité immobilière ou commerciale. On l'observe en croisant les données des manuscrits du recensement avec une source fiscale du milieu du XIXe siècle, l'« assiette ». Les principaux contribuables sont des hommes, sur lesquels retombent les grandes charges fiscales : les commerçants en gros, les armateurs et les commerçants-banquiers[25]. Parmi les premiers, figurent des personnages comme Victoriano Braña, Bruno Herce Alsina, Tomás Aristany, José Dalnau ou Francisco Barrié, qui sont les plus gros contribuables de la ville, puisqu'ils payent plus de 6 000 *réaux* de *vellón* pour un impôt qui taxe directement la richesse territoriale, industrielle et commerciale. Les négoces de ces contribuables, comme par exemple ceux de Bruno Herce et José Presas, sont diversifiés entre des activités commerciales, de navigation, industrielles, des investissements immobiliers et financiers[26]. Leurs conjointes apparaissent dans le recensement de la population, soit sans fonction ou bien comme

---

[25] *Ibid.*
[26] L. Alonso Álvarez, E. Lindoso Tato et M. Villar Rodríguez, *Construyendo empresas. La trayectoria de los emprendedores coruñeses en perspectiva histórica, 1717-2006*, La Corogne, Confédération des chefs d'entreprise de La Corogne, 2009.

propriétaires. Tel est le cas de la famille Maristany, dans laquelle les fils figurent comme des commerçants alors que la mère, Doña Francisca Ferrer Presas, apparaît comme propriétaire. En revanche, dans la famille de Don Peddro Atocha, la femme et les enfants figurent comme étant sans emploi.

Cependant, quelques femmes de commerçants et industriels, devenues veuves prématurément avec des enfants en bas-âge, prennent en charge l'affaire familiale. C'est le cas de la famille précédemment citée : la veuve d'Atocha figure, quelques années plus tard en 1879, dans le premier annuaire commercial et industriel publié par Bailly-Baillère, comme banquière et vendeuse de sel en gros[27]. Un autre exemple est celui de la veuve de Sabino Presas, Doña Josefa Rodríguez, avec une usine de salaison qu'elle maintient jusqu'en 1870, soit une décennie, jusqu'à ce que l'administrateur-gérant de la Banque de La Corogne, Pedro Mayoral Medina[28] lui la loue. Dans un autre secteur, la banque et la vente de produits pharmaceutiques, la veuve de Fermín Bescansa figure dans les guides commerciaux et dans le « registre industriel » de La Corogne à la fin du XIXe siècle, ce qui signifie qu'elle mène l'entreprise familiale pendant au moins vingt ans[29].

Normalement, les femmes travaillent majoritairement dans le commerce de détail (code Hisco 4130), devançant largement les hommes dans la vente de quincaillerie, de fruits, de poissons, de légumes, d'eau-de-vie, de vin, de vêtements, de bibelots/de babioles (voir tableau 1). De ce fait, au milieu du XIXe siècle, les boutiques d'alimentation sont gérées majoritairement par des femmes, lesquelles apparaissent à la fin du XIXe et au début du XXe siècle comme exerçant le métier de vendeuse en charcuterie (62 % en 1900) et aussi comme bouchères sur les marchés (52 %)[30]. Le nombre de boucheries de La Corogne triple entre 1857 et 1899 en raison de la croissance urbaine et, de plus, le nombre de femmes qui se consacrent à la vente de viande augmente[31]. Les femmes s'occupent

---

[27] C. Bailly-Baillière, *Annuaire-almanach du commerce…*, *op. cit.*, 1879, p. 654.
[28] E. Lindoso Tato, *Los pioneros gallegos…*, *op. cit.*, p. 79.
[29] *Ibid.*, p. 84. L'auteur indique que Fermín Bescansa et ses frères succèdent à leur père. Cela ne semble pas le cas jusqu'à la fin du XIXe siècle, puisque leur mère figure dans la documentation consultée depuis 1879 et ce pendant une vingtaine d'années.
[30] Le nombre de magasins de saucisses dont les propriétaires sont des femmes double alors que celui des hommes reste contant et, de plus, le pourcentage de femmes augmente par rapport au XIXe siècle, de 45 à 62 %. Dans le Bailly-Bailliere de 1900, on signale 11 hommes et 12 femmes bouchers. C. Bailly-Baillière, *Annuaire-almanach du commerce…*, *op. cit.*, 1900.
[31] Arch. mun. La Corogne, Manuscrits du recensement de population, 1857 ; Registre industriel et de commerce, 1898-1899. Dans le recensement de 1857, il y a 11 bouchers, mais à la fin du XIXe siècle, 27 hommes et 17 femmes ont été enregistrés.

de la majorité de la vente sur le marché et de la vente en détail dans les boutiques de vêtements, de fruits, de légumes, de poissons, d'huile et de vinaigre[32]. En 1898, elles gèrent 40 % des boutiques d'huile, de vinaigre et de jambon et 80 % de la vente de lard[33]. Elles figurent aussi, à ces deux dates, comme cantinières ou patronne de bistrot. Les principales activités masculines dans la vente au détail (code 45130) sont gérants de taverne, propriétaires d'épicerie et fripiers[34]. Dans les commerçants au détail propriétaires (code 41030), il y a un certain équilibre entre les hommes et les femmes, bien que ces dernières restent majoritaires (voir tableau 1). Cette catégorie comprend les activités professionnelles d'épicier/épicière, de droguiste, de quincailler/quincaillère et de revendeur/revendeuse. Il est intéressant de signaler qu'au milieu du XIXe siècle, les femmes représentent 80 % des commerçants et qu'elles ne vendent pas seulement des aliments mais aussi d'autres produits, telles que nous l'indiquent par exemple les dénominations présentes dans les sources : « négociante d'argent », « négociante en vêtements », etc.

Graphique 1 : Épiciers/épicières à La Corogne, d'après l'état-civil de 1857

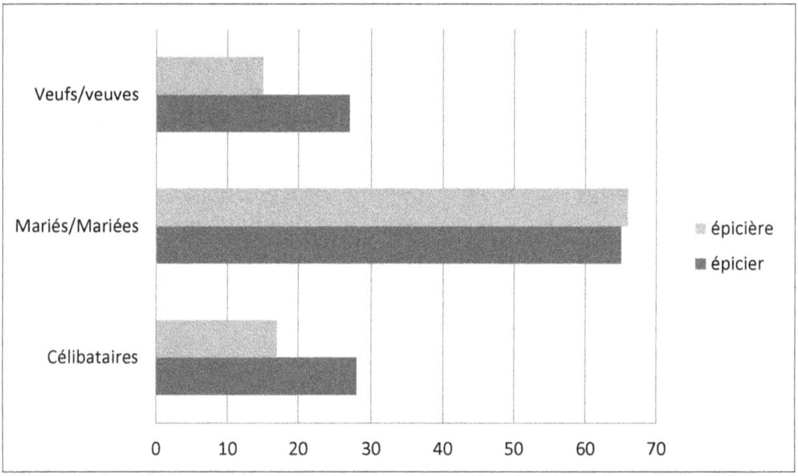

Source : travail réalisé par l'auteure à partir des Manuscrits du Recensement de la Population de La Corogne de 1857 (Archives municipales de La Corogne).

---

[32] *Ibid.*, Manuscrits du recensement de la population, 1857.
[33] *Ibid.*, Registre industriel et de commerce, 1898-1899.
[34] *Ibid.*, Manuscrits du recensement de la population, 1857. 83 cas sur un total de 261.

On observe un certain équilibre dans les chiffres absolus de participation masculine et féminine dans le commerce au détail, en grande partie parce que ce sont des affaires familiales. Nous pouvons nous en rendre compte dans certaines professions commerciales traditionnelles comme celle d'épicier/épicière.

Comme on peut l'observer sur le graphique 1, les femmes mariées gèrent majoritairement les boutiques de la ville, le nombre d'hommes et femmes mariés étant pratiquement égal, parce qu'habituellement, ils dirigent le même négoce familial. À partir de 1857, dans le cas des veufs/veuves et des célibataires, les femmes sont majoritaires. Des 218 épiciers présents à La Corogne en 1857, 55 % sont des femmes et 45 % des hommes. Parmi ces boutiques, 31 sont tenues par le même couple. Selon l'état-civil, les femmes mariées (65) dominent les célibataires (27) et les veuves (28). Les femmes mariées qui ne partagent pas le négoce avec leurs maris sont mariés avec des artisans, des saisonniers et, dans certains cas, leurs époux sont absents puisqu'ils ont émigré (8). La majorité de ces femmes est mère de 2 à 3 enfants en moyenne, même si quelques-unes n'en ont pas et d'autres, très minoritaires, 5 ou 6. Ce petit commerce est la branche la plus nombreuse aussi bien à La Corogne qu'à Saint-Jacques, Ourense et dans d'autres villes de Galice, de moyennes et petites tailles. Il est constitué tout d'abord de l'alimentation qui à La Corogne représente 52 % du total. On trouve ici les boutiques d'huile et vinaigre, suivies de la vente de vin, et des épiceries de différents types (*abacerías* et *ultramarino*) deuxièmement, les magasins de chaussures et de vêtements (8,2 % du total) et troisièmement ceux de meubles et d'articles pour la maison (5,4 %)[35]. Ces boutiques sont disposées tout au long des principales rues du centre de la ville – Calle Real, Riego de Agua, San Andrés, San Nicolás, San Agustín, Panaderas… –, donnant ainsi de la vie à un espace qui reste inchangé jusqu'à bien après le début du XXe siècle.

D'autres professions féminines, inscrites à la fois dans le « Manuscrit du Recensement de la Population » et dans le « registre industriel », sont liées au textile et au prêt-à-porter ; elles représentent la quatrième profession de la ville en 1857[36]. Il s'agit des chapelières, couturières, corsetières, etc. Cet ensemble de métiers se compose aussi de petites affaires familiales de production dans de petits ateliers et de vente en

---

[35] Arch. mun. La Corogne, Registre industriel et de commerce, 1898-1899.
[36] L. Muñoz Abeledo, S. Taboada Mella et R. Verdugo Matés, « Condicionantes de la actividad… », art. cit.

boutique. Il est courant de trouver une unité familiale où le père est tailleur et la mère et les filles couturières, ce qui signifie qu'elles sont impliquées socialement et familialement dans un même négoce, lequel est dirigé au plan professionnel par le chef de famille : 185 tailleurs et 8 tailleuses sont présents dans le recensement de la population, certains sont patrons et d'autres salariés[37]. Parmi les familles entières qui se consacrent à la confection de costumes, nous avons celle formée par Juan Moure et Dominga Losada, âgés respectivement de 51 et 50 ans, qui vivent au premier étage du numéro 74 de la rue Acebedo, avec leur fille Manuela Moure Losa, âgée de 29 ans, célibataire, qui participe à l'activité familiale. Ce négoce leur permet d'entretenir financièrement une domestique qui vit avec eux[38].

Un autre métier exercé par des hommes et des femmes, qui comprend la production et la vente, est la chapellerie. Au milieu du XIXe siècle, il y a 72 chapelières et 21 chapeliers : cela ne signifie pas que les femmes sont majoritairement propriétaires de boutiques ou d'ateliers mais qu'elles peuvent y être employées. Selon le « registre commercial » de 1877, aucune femme et seulement cinq hommes cotisent au tarif 1 du commerce et à la classe 5 des « boutiques de chapeaux ». Les boutiques se situent dans la rue commerciale principale, la rue Real, l'une d'entre-elles à Riego de Agua. Ils payent des impôts d'une valeur comprise entre 340 et 406 *réaux* au fisc et ces vendeurs sont les mêmes que ceux mentionnés dans l'annuaire commercial Bailly-Baillère. Les femmes se trouvent dans la classe 11 « boutique de casquettes » : trois sont propriétaires, l'une d'elle, Vicenta Vecino Freire, se trouve dans ce même annuaire dans la section des « casquettes et chapeaux ». À la fin du XIXe siècle, nous trouvons une femme contre six hommes dans le tarif 1 de commerce classe 5. En revanche, dans la section des arts et métiers (tarif fiscal 4 et classe 3), la répartition est un peu plus égalitaire, six hommes et quatre femmes.

Dans la vente et la production de chaussures, il y a aussi quelques femmes. Selon l'annuaire Bailly-Baillère, vingt-et-un cordonniers hommes et trois femmes : Nieves Chouciño, Vincenta Pons et Andrea Prego. L'intérêt de ces activités est qu'elles sont durables. Vicenta

---

[37] M. González Portilla, R. García Abad et K Zarraga Sangroniz, « La zonificación social de la ría de Bilbao (1876-1930) », dans Arantza Pareja Alonso (dir.), *El capital humano en el mundo urbano. Experiencias desde los padrones municipales (1850-1930)*, Bilbao, Université du Pays Basque, pp. 15-44.

[38] Arch. mun. La Corogne, Manuscrits du recensement de population, 1857.

figure déjà dans l'annuaire Baillère de 1879 et Nieves Chouciño, fille de cordonnier, faisait aussi de la publicité de son magasin de chaussures dans le guide commercial local Faginas « GRAND BAZAR DE CHAUSSURE. Maison fondée en 1870, Rua Nueva, LA COROGNE », de manière semblable à ce que faisait son voisin du numéro 19 de la même rue, Gregorio Maluenda, qui présente sa boutique comme « La Nouvelle Madrilène. GRAND DEPÔT DE CHAUSSURE AU DÉTAIL ET DE GROS[39] ». Ces exemples montrent que les affaires continuent, c'est-à-dire que les femmes sont capables de maintenir une entreprise et qu'en outre elles utilisent les mêmes techniques de marketing que leurs collègues masculins.

En définitive, avec les données quantitatives présentées et tous ces exemples qualitatifs, fruit du croisement de différentes sources démographiques, fiscales et des annonces des guides commerciaux, nous appréhendons mieux la participation féminine dans les petits et moyens négoces urbains dans la seconde moitié du XIXe siècle.

Femmes entrepreneuses dans le secteur de la salaison des poissons

Les industriels de la conserve et familles auxquelles ils appartenaient ont fait l'objet de nombreuses études biographiques[40] ; presque tous ont commencé dans le négoce de la salaison. Toutefois, les femmes de ces familles ont été reléguées au second plan de ces récits familiaux. Il est pourtant possible de faire sortir les femmes de l'ombre, en utilisant la première publication du guide industriel et commercial de Bailly-Baillière, daté de 1879. Cette source permet d'appréhender un groupe de femmes à la fois commerçantes et industrielles du secteur de la transformation du poisson salé, une des industries les plus importantes de l'époque sur la côte de la région. Elles représentent un peu plus de 10 % des effectifs, presque toutes sont veuves.

---

[39] R. Faginas Arcuaz, *Guía-Indicador…*, *op. cit.*, pp. 400-401.
[40] Les chefs d'entreprise du secteur de la transformation de poisson ont été étudiés en détail par différents auteurs. Voir X. Carmona Badía (dir.), *Las familias de la conserva : sagas y capitanes de industria en la historia del sector conservero español*, Anfaco, Conseil général de Pontevedra, Pontevedra, 2011.

Tableau 2 : Entrepreneuses de la salaison de poisson
dans des villages de pêche de La Corogne

	Hommes	Femmes	Total	% Femmes/Total
La Corogne	9			
Muros	15	2	17	11,7
Riveira	14	2	16	12,5
Pobao do Caramiñal	3	3	26	11,5
Porto do Son	23	1	2	50,0
Boiro	1	2	4	50,0
Ares	2			
Ortigueira	10			

Source : travail réalisé par l'auteure à partir des données de l'« annuaire-almanach du commerce, de l'industrie, de la magistrature et de l'administration », Bailly-Baillère, 1879

Comme on l'observe dans le tableau 2, les pourcentages sont très proches dans presque toutes les localités de La Corogne où l'exploitation de la pêche et sa transformation sont les industries principales, comme à Muros, où 11,7 % des entrepreneuses de la salaison sont veuves[41]. Un exemple qui ressort de la consultation d'une source d'entreprise – les copies des correspondances de la famille Romaní – est celui de la veuve de Villoch à Riveira, qui entretient un riche échange de lettres à caractère commercial à la fin du XIXe avec la famille Romani de Porto do Son[42]. À Muros, nous disposons d'un autre cas dans la même famille, avec Rosa Cruz Roura : veuve de Francisco Roura, elle a été chef d'entreprise après la mort de son époux en 1838 jusqu'en 1853, moment où son fils aîné prend la relève. Plusieurs entreprises de transformation de poissons de la Ría de Muros et Noia[43] sont la propriété de cette famille. Justement, dans la documentation de l'entreprise de la branche de Porto do Son, un autre village de salaison de cette Ría, il reste une trace de l'activité entrepreneuriale d'autres femmes, parentes de ces commerçants et chef d'entreprises catalanes qui opèrent dans d'autres noyaux urbains de la côte galicienne.

---

[41] La veuve de Villoch et la veuve de Soler apparaissent dans C. Bailly-Baillière, *Annuaire-almanach...*, *op. cit.*, 1879, p. 654.

[42] La correspondance est variée mais tourne autour de la filière de la salaison : commerce de poisson, vente de navire, commerce de cabotage, etc. Arch. privée, Famille Romaní, Porto do Son, Correspondances.

[43] A. Romaní, *Una Industria salazonera catalana en Galicia, origen, apogeo y ocaso : la familia Romaní*, Saint-Jacques-de-Compostelle, Xunta de Galicia, 1998 ; S. LLovo Taboada (dir.), *Memoria salgada dun pobo*, La Corogne, Conseil général de La Corogne, 2013. En outre, elle est enregistrée dans le Bailly-Baillère de 1879 aussi bien à Porto do Son qu'à Muros.

C'est le cas de la veuve de Barreras à Vigo qui, à la fin du XIXe siècle, agit comme commissionnaire dans la vente de machines pour ces fabricants qui impulsent la salaison dans le secteur de la conserve hermétique de poisson[44]. Elle se nomme Esperanza Massó Ferrer, sœur de Gaspar et Salvador Massó Ferrer de Bueu, les Massó constituant une des entreprises pionnières dans le passage de la salaison à la conserve hermétique. Mariée avec José Barreras Casellas, armateur et fabricant, Esperanza lui succède en 1889, après sa mort, prenant en charge les affaires familiales. Avec la coopération de ses fils Federico et José, elle crée une société collective en 1895 domiciliée à Vigo et spécialisée dans la fabrication de produits salés, l'exploitation de navires et d'ateliers mécaniques[45]. Cette femme garde un rôle actif dans les affaires familiales, comme le prouve la correspondance commerciale qu'elle entretient non seulement avec d'autres entrepreneurs, comme nous l'avons déjà mentionné, mais aussi avec ses frères. Ces missives reflètent les caractéristiques et les savoir-faire propres d'une entrepreneuse : principe d'autorité, capacité à prendre des décisions, prise en charge des risques, disponibilité pour s'occuper du négoce. Dans les lettres, on perçoit également l'activité commerciale qu'elle mène : elle élabore des agendas, se charge de la cargaison et du transport des conserves de la manière la plus convenable ; elle est familiarisé avec les normes du transport maritime international et se charge de présenter les réclamations opportunes, aidant ses frères pour un bon fonctionnement de l'entreprise familiale de Bueu[46].

On a constaté aussi la présence, dans des villages côtiers, de femmes propriétaires d'usines de salaison qui héritent de leurs pères, de la même façon que leurs frères. Nous en avons un exemple avec la famille Portals qui a des usines à Muros et Porto de So. Dans le guide Baillère, figurent plusieurs frères de cette famille : Alejandro et Vicenta Portals. Une autre femme qui n'est ni d'ascendance catalane ni veuve, Juana Riveiro, est propriétaire d'un magasin de produits de salaison à Muros[47]. Dans un autre village de pêche, Ares, sur les quatre usines de salaison déclarées, deux sont possédées par des femmes non veuves : Rosa Castro Nonell et Benita Sieiro[48]. Dans la paroisse de Brión, proche de Ferrol, l'entreprise de salaison de Pedro Domenech, est transmise, après sa mort, à sa belle-fille

---

[44] Arch. privées, Famille Romaní, Porto do Son, Correspondances.
[45] Arch. Commerciales de Pontevedra, Livres de sociétés, 1880-1900.
[46] Arch. privées, Entreprise Massó, Lettres commerciales.
[47] C. Bailly-Baillière, *Annuaire-almanach…, op. cit.*, p. 65.
[48] *Ibid.*, p. 679.

Magdalena Fabré. Il y a diverses preuves que cette femme est une véritable entrepreneuse puisqu'elle avait été mariée en premières noces au Catalan Sebastián Riba y Soler, spécialisé dans la salaison et vendeur de cuirs tannés. Celui-ci lui avait conseillé dans les années 1820, dans une période difficile, de vendre les usines qu'elle possédait dans la région et retourner au Principado. Cependant, Magdalena continue les négoces du cuir et de la salaison après être devenue veuve, restant en Galice[49].

*

De ce travail de recherche naissant, on peut retenir quelques idées principales. Tout d'abord, le croisement de différentes sources démographiques et fiscales, avec des annuaires, donne des résultats, même en l'absence de sources internes aux entreprises, pour analyser la participation féminine dans les négoces urbains de la Galice dans la seconde moitié du XIXe siècle. L'utilisation du recensement nominatif de la population de 1857 permet de situer les femmes dans le commerce urbain de détail (poissonneries, boucheries, boutiques d'huile et de vinaigre, quincaillerie, mercerie, etc.) dans lequel leur nombre est supérieur à celui des hommes sans tenir compte de leur état-civil : par exemple, les épicières étaient souvent mariées[50]. Des femmes entrepreneuses ont été aussi identifiées dans d'autres sources documentaires. Les registres industriels de 1877-1878 et 1898-1899, les guides d'industrie et de commerce (1879, 1890, 1900), la correspondance commerciale de diverses entreprises ont fait émarger des veuves et des filles de grands commerçants et industriels qui continuent à développer et agrandir le négoce familial. Des banquières, des vendeuses en gros de produits coloniaux, pharmaceutiques et de droguerie, mais aussi des entrepreneuses de la principale industrie alimentaire, la salaison de sardines, ont été mentionnées. Dans ce dernier secteur, on a évalué leur présence à 10 % dans quelques-uns des principaux villages de pêche de la province de La Corogne. L'on a aussi beaucoup appris sur leurs habilités et capacité d'entrepreneuriat par des sources d'entreprise : les correspondances.

Bien que cet article ne soit seulement qu'un premier pas dans la connaissance de la participation féminine à l'activité entrepreneuriale

---

[49] E. Lindoso Tato, *Los pioneros gallegos...*, op. cit., p. 270.
[50] Les professions des femmes sont stipulées dans ce recensement même si elles sont mariées.

de la région, les données quantitatives démontrent déjà que les femmes ne sont pas restées en marge du commerce urbain, bien au contraire, elles maîtrisent les branches de l'alimentation dans le commerce au détail et participent également à l'aube du XXe siècle à d'autres branches plus modernes, comme la vente dans des bazars de vaisselle, la vente et la location de meubles, le transport de marchandises.

Partie 2
De l'association familiale à la maison de commerce : les rôles des femmes dans les entreprises familiales

Marguerite Urbane Deurbroucq, née Sengstack, et son esclave

Krystel Gualdé

Directrice scientifique
Musée d'histoire de Nantes, Château des ducs de Bretagne

L'image la plus répandue du progrès étant une ligne continue ascensionnelle, il est généralement admis que le rôle des femmes dans les sociétés occidentales n'a été qu'en s'améliorant au fil des siècles, et que, jusqu'à l'obtention des droits dont elles disposent depuis quelques décennies seulement parfois, leur situation jusque-là avait toujours été celle de personnes défavorisées, soumises à leur père puis à leur mari, sans véritable rôle politique, économique ou social. Appliquant notre lecture actuelle des inégalités du genre au passé, nous avons pris l'habitude de tout y considérer comme la preuve de cette démonstration, qui nous rassure dans l'idée que nous nous faisons du progrès.

Ainsi, lorsque le musée d'histoire de Nantes acquit, en 2015, deux tableaux représentant Dominique et Marguerite Deurbroucq, chacun accompagné d'un esclave, il ne fallut pas longtemps pour entendre parmi ceux et celles qui voulaient commenter le tableau à haute voix, que, comme à son habitude, l'homme était à sa table de travail, et son épouse, représentée en consommatrice aimable !

Pourtant, si l'on s'intéresse à la représentation et à la personne de Marguerite Deurbroucq avec le même souci que l'on porte à son époux, la lecture habituelle s'en trouve sensiblement modifiée, la simple bonne foi impliquant que l'on reconnaisse, en préambule, que le tableau où elle figure est d'une composition bien plus riche et complexe, bien plus originale aussi, que celui, extraordinairement classique, de son mari.

Présentation de Marguerite Urbane Sengstack

Marguerite Urbane Sengstack naît à Nantes le 5 février 1715[1]. Son grand-père paternel, Jean-Antoine Sengstack, né à Hambourg en 1655, s'est installé dans la région nantaise dans la deuxième moitié du XVIIe siècle et a épousé, au temple protestant de Sucé-sur-Erdre, en septembre 1680, Marguerite Van Keulen[2] (1660-1725), née à Nantes, dont la famille est, elle aussi, originaire d'Allemagne. Ainsi, d'importants réseaux négociants se sont liés et renforcés.

Le couple a cinq enfants, trois garçons et deux filles. Parmi eux, le père de Marguerite, Jean-Antoine, qui naît à Nantes en 1683[3]. La famille est protestante et les enfants baptisés dans la religion réformée.

En 1704, à la mort de son époux et durant vingt ans, Marguerite Van Keulen prend la tête de l'entreprise familiale, en s'associant à ses trois fils, qui, tour à tour, et généralement avant leur mariage, se convertissent au catholicisme[4]. Sous la raison *Veuve Sengstack et Compagnie*, l'entreprise familiale apparaît parmi les commissionnaires de la princesse Charlotte Amélie du Danemark (1706-1782), fille du roi du Danemark Frederick IV.

---

[1] Arch. dép. Loire Atlantique, Registres paroissiaux, Nantes, Saint-Jacques, 5 février 1715.
[2] *Ibid.*, Registres protestants de Sucé-sur-Erdre, 22 septembre 1680.
[3] *Ibid.*, Registres paroissiaux, Nantes, Saint-Similien, 1683.
[4] En 1712 pour Jean-Antoine, 1719 pour Albert, et 1727 pour Pierre.

Figure 1 : Pierre Bernard Morlot, *Dominique Deurbroucq et son esclave*, 1753

© Château des ducs de Bretagne – Musée d'histoire de Nantes, André Bocquel

Figure 2 : Pierre Bernard Morlot, *Marguerite Deurbroucq et son esclave,* **1753**

© Château des ducs de Bretagne – Musée d'histoire de Nantes, André Bocquel

Après la mort de Marguerite Van Keulen, en 1725, les frères Sengstack suivent des carrières qui leur sont propres, tout en restant liés et tournés vers le nord de l'Europe ; Jean-Antoine et Albert commercent avec Hambourg et Brême, Pierre développe des relations commerciales avec l'Allemagne, la Suède, Dantzig, la Norvège et Riga. Il est également propriétaire d'une raffinerie de sucre à Saumur[5].

Le 31 juillet 1713[6], à Nantes, en la paroisse Saint-Similien, les parents de Marguerite s'unissent : Jean-Antoine épouse Urbane Mahot (1689-1770), fille d'un marchand droguiste d'Angers, Jacques Mahot, installé à Nantes, dans le quartier Saint-Saturnin, à la fin du XVIIe siècle, nommé conseiller du roi au siège de l'amirauté de Nantes en 1692. Décédé en 1693[7], Jacques Mahot a laissé à sa femme Urbane Delahaye la gestion de ses biens, gestion qu'elle conserve jusqu'à sa mort, en 1717. On sait que cette dernière cède les parts qu'elle possède dans un navire corsaire, *La ville de Namur*, en 1695.

Si les familles Sengstack et Van Keulen, dont est issu Jean-Antoine Sengstack, le père de Marguerite, ont des réseaux commerciaux bien implantés en Allemagne et en Europe du Nord, les familles Mahot et Delahaye, dont est issue Urbane Mahot, la mère de Marguerite, sont, elles, impliquées dans le commerce fluvial et dans l'armement maritime.

Marguerite Urbane Sengstack est donc l'enfant d'une union entre marchands récemment implantés à Nantes mais riches de leurs propres réseaux commerciaux vers l'Europe du Nord et la Loire. Du côté de ses ascendants féminins, ses deux grand-mères ont été à la tête de sociétés importantes à la mort de leurs époux respectifs.

Marguerite Urbane épouse Dominique Deurbroucq, le 5 février 1743, à Nantes[8]. Son mari a le même âge qu'elle, étant son aîné de seulement un jour[9]. Il est le deuxième fils de Simon Deurbroucq (vers 1680-1732), originaire de Gand, arrivé à Nantes vers 1707, et de Marie Van Voorn (1683-1743), elle-même originaire d'une grande famille de négociants catholiques d'Anvers installée en Anjou, qui prospère dans la vente des vins de Loire. Le mariage de ses parents est célébré en 1711, au Thoureil, paroisse de Saint Génufle[10].

---

5   P. Pourchasse, *Le commerce du Nord : les échanges commerciaux entre la France et l'Europe septentrionale au* XVIIIe *siècle*, Rennes, Presses universitaires de Rennes, 2006.
6   Arch. dép. Loire Atlantique, Registres paroissiaux, Nantes, Saint-Similien, 31 juillet 1713.
7   *Ibid.*, Registres paroissiaux, Nantes, Saint-Saturnin, 8 novembre 1693.
8   *Ibid.*, Registres paroissiaux, Nantes, Saint-Nicolas, 5 février 1743.
9   *Ibid.*, Registres paroissiaux, Nantes, Sainte-Croix, 4 février 1715.
10 Arch. dép. Maine-et-Loire, Registres paroissiaux, Saint-Génufle, jour et mois 1711.

En 1725, la fortune de sa famille est estimée à 60 000 lt, ce qui la place parmi les 100 familles les plus riches de la ville, relativement loin cependant des très grandes fortunes, qui peuvent s'élever à 600 000 lt[11]. La fortune familiale s'établit alors sur l'armement en droiture, Simon Deurbroucq ayant réorienté après 1724 son activité d'armement vers Saint-Domingue et la Martinique.[12]

Très tôt formé au négoce, Dominique s'est associé à son frère aîné Simon, né en 1712. Tous deux ont créé une société de négoce et d'armement maritime inscrite en 1739, après la mort de leurs parents, sous la raison sociale Deurbroucq Frères. Avant cette date, et depuis la mort de leur père, les fils Deurbroucq étaient associés à leur mère. C'est avec elle qu'ils avaient pris part pour la première fois à une campagne de traite négrière, armée par Charles Trochon en 1734[13]. Il faut sans doute voir dans cette première tentative l'influence directe de Marie Van Voorn, dont l'un des frères, Adrien (1693-1760), venait de se lancer dans l'armement négrier, envoyant à la traite *Le Saint-Dominique* et *Le Phénix*, en 1730[14]. Quoi qu'il en soit, l'expérience familiale reste sans suite jusqu'à la dissolution de l'entreprise.

En 1742, la société Deurbroucq Frères a armé, cette fois-ci pour son propre compte, un premier navire dans le cadre d'une campagne négrière : *L'Aimable Phoenix* quitte le port de Nantes le 5 juin 1742, traite le long de la côte africaine jusqu'en janvier 1743 et transporte à Saint-Domingue 225 captifs. Il achève sa campagne de traite au Cap Français : 198 esclaves sont vendus, 27 captifs étant morts durant la traversée.[15] À la date du mariage, Dominique Deurbroucq est donc un négociant et un armateur qui tente de développer son activité dans le commerce négrier.

La deuxième campagne de traite de la société Deurbroucq Frères s'effectue sur un navire de plus grande taille, *Les Trois Frères*, qui quitte le port de Nantes le 27 octobre 1749. Le capitaine du navire est Jean

---

[11] L. Pineau-Defois, *Les grands négociants nantais du dernier tiers du XVIIIe siècle. Capital hérité et esprit d'entreprise (fin XVIIe-début XIXe siècle)*, thèse d'histoire, dactyl., G. Saupin (dir.), Université de Nantes, 2008, t. 1, pp. 169-171.

[12] *Ibid.*

[13] J. Mettas, *Répertoire des expéditions négrières françaises au XVIIIe siècle*, t. 1 : *Nantes*, Paris, Société française d'Histoire d'Outre-mer, édité par S. et M. Daget, 1978, p. 169. *L'Aimable Marie* quitte Nantes le 13 avril 1734 pour Juda, l'Ile du Prince, puis la Martinique où sont vendus 326 captifs.

[14] *Ibid.*, p. 146-148.

[15] *Ibid.*, p. 322-323.

Deurbroucq, le plus jeune des frères, né en 1725, qui a été orienté dès son plus jeune âge vers une carrière maritime. Le navire est condamné à Léogane le 13 mai 1751. Pour cette expédition, les trois frères s'étaient associés et avaient participé au montage financier[16]. Bien que nous ne disposions pas d'éléments précis sur la traite, il est vraisemblable que l'opération commerciale ne s'est pas déroulée comme escompté.

À l'issue de cette deuxième campagne, la société Deurbroucq Frères n'apparaît plus qu'épisodiquement et pour une très modeste part comme co-financeur de campagnes de traite négrière. Leur activité d'armateur se tourne vers Saint-Domingue et le commerce en droiture notamment à destination du Cap Français, les deux frères souhaitant, alors, se positionner comme des acteurs majeurs de l'armement antillais[17]. L'épisode négrier de la société n'est donc que très temporaire.

En 1753, à la date des deux tableaux, cette activité a cessé depuis deux années pour Dominique Deurbroucq, il est donc peu probable qu'il ait voulu se représenter avec son épouse dans ce commerce. La présence des esclaves dans les tableaux à leurs côtés est, vraisemblablement, justifiée par d'autres intentions. Dominique Deurbroucq différencie son activité d'armateur de son activité de négociant, activité pour laquelle il souhaite conserver des liens très forts avec les pays du nord de l'Europe, s'attachant à développer, comme l'avait fait avant lui son père, ses activités de commissionnaire. Or, les oncles de Marguerite disposent d'un réseau déjà bien implanté permettant l'importation de produits venus de la Baltique, et l'exportation, vers l'Europe du Nord, de produits ligériens, mais aussi coloniaux. Le portrait de Marguerite Deurbroucq, daté de 1753, illustre vraisemblablement cette dernière activité, en plus de dresser un portrait ostentatoire du couple.

Description et interprétation de l'œuvre

Marguerite Deurbroucq, assise sur un fauteuil de style Louis XV au dossier décoré de motifs colorés, regarde le spectateur, indiquant en cela qu'elle est le sujet principal de l'œuvre.

La richesse de son mobilier, composé de structures légères aux pieds galbés et aux décors fins, à l'image du *putto* portant une guirlande de

---

[16] *Ibid.*
[17] L. Pineau-Defois, *op. cit.*

fleurs qui se trouve à l'entretoise de la table de milieu, souligne son rang social : il s'agit d'un mobilier précieux, la jeune femme est aisée.

Elle porte une robe à paniers dont le corps est baleiné. Le tissu en est peut-être un satin de soie dont les dessins sont tissés en relief, comme cela se fait alors, dessins qui ne sont pas sans évoquer le goût introduit par les textiles importés des Indes, toiles de coton imprimées nommées indiennes, dont la vente et le port sont interdits dans le royaume de France à la date de l'œuvre[18]. La pièce d'estomac, qui dégage une encolure presque rectangulaire au-dessus de la poitrine, s'inscrit, elle-aussi, dans l'air du temps, comme les manches de la robe, en pagode, garnies de manches rajoutées, en dentelle fine et mousseline de coton. Marguerite porte, enfin, une coiffure basse, relevée sur le front et poudrée, le volume n'étant à la mode que dans les années 1760. Tous ces éléments contribuent à donner d'elle l'image d'une femme de goût.

Bien qu'elle nous regarde, et au risque de la renverser, Marguerite porte la main à une tasse de porcelaine blanche contenant du chocolat ou du café. L'absence de moussoir et de chocolatière en argent, traditionnellement associés à la consommation du chocolat, permet d'hésiter sur la nature réelle de cette boisson. Il s'agit cependant, à n'en point douter, d'une boisson exotique. Une petite cuillère en vermeil, qui porte les courbes et la ciselure de l'orfèvrerie rocaille alors à la mode, souligne, s'il en était encore besoin, la richesse du modèle. Marguerite possède donc un goût sûr, celui des produits coloniaux en étant la démonstration la plus évidente.

À sa gauche, campé sur le dossier du siège, un perroquet gris originaire de l'ouest du continent africain porte à son bec un morceau de sucre. Cet oiseau est lui aussi à la mode au XVIIIe siècle dans les salons féminins, comme animal de compagnie, et témoigne du raffinement de sa maîtresse. D'un point de vue figuratif, il symbolise à la fois l'exotisme et la beauté. Sa provenance africaine est l'écho en France des routes commerciales apparues dans le cadre de la traite atlantique, et pour ce qui est de Nantes, de celles qui, si elles n'ont pas encore permis l'enrichissement de l'ensemble des négociants nantais à la date du tableau, sont pleines de promesses pour les armateurs et commerçants de la ville. La présence de l'esclave noire, sur laquelle nous reviendrons plus loin, est, bien entendu, elle aussi, la représentation du système esclavagiste qui fonde l'enrichissement de Nantes depuis la seconde moitié du XVIIe siècle.

---

[18] La prohibition est instaurée de 1686 à 1759.

Ces premiers éléments attestent que la représentation de Marguerite a le même objectif que celui de son époux, il s'agit de montrer la réussite économique d'un couple. Réalisées en 1753, les deux œuvres célèbrent sans doute également les dix ans de mariage des époux. En effet, les œillets rouges, symboles de l'amour, et les bleuets, symboles de la pureté des sentiments, parsèment la robe de Marguerite comme autant de motifs évocateurs. De la même manière, la présence du petit *putto* en ronde-bosse à l'entretoise de la table du milieu, qui lève une couronne de fleurs vers le ciel, symbolise le sentiment amoureux. Il est donc probable que les deux tableaux aient été réalisés dans ce contexte, ce qui expliquerait qu'ils aient été conçus pour se répondre, chacun étant construit sur une ligne diagonale opposée à l'autre, et qu'ils soient de mêmes dimensions, ce qui établit, visuellement, une égalité dans la représentation.

Cette égalité est renforcée par le fait que les deux œuvres bénéficient d'un environnement structuré et adapté au genre de chaque personnage. En effet, Dominique comme Marguerite sont assis à une table, tous deux sont accompagnés d'un serviteur et chacun possède un animal. Ces similitudes formelles, qui s'inscrivent dans la mode du portrait de genre de leur époque, accentuent le sentiment d'équivalence entre les tableaux et, par conséquent, établissent une équivalence visuelle entre les époux, même si chacun d'eux est présenté dans un univers domestique et chromatique différent.

Les tableaux qui ont inspiré Pierre Bernard Morlot sont trop nombreux pour être cités ; il semble que le peintre ait connu, sans doute par la gravure, de nombreux portraits à la mode, dont, peut-être, celui de Madame Claude Lambert de Thorigny, réalisé par Nicolas de Largillière en 1696.

Figure 3 : Nicolas de Largillière, *Madame Claude Lambert de Thorigny*, **1696**

© Metropolitan Museum – New-York

En effet, un jeune garçon noir se trouve à l'arrière-plan de ce portrait. Cet enfant, habillé d'une livrée, porte un collier de servitude et tient un petit chien dans les bras. Ce motif a sans doute inspiré Pierre Bernard Morlot lorsqu'il a représenté Dominique Deurbroucq à sa table de travail. Autre élément proche, cette fois-ci, du tableau de Marguerite : au premier plan du portrait de Madame de Thorigny, un perroquet porte à son bec une fleur, et un bouquet d'œillets occupe le devant de la scène. Ces éléments ne peuvent être complètement oubliés lorsque l'on regarde le tableau de Marguerite. Ils n'en sont pas moins extrêmement courants dans les portraits féminins de leur temps, les couleurs du perroquet et des fleurs étant des évocations traditionnelles de la beauté de la nature et, par allusion, de celle du modèle.

L'élément le plus surprenant du tableau de Marguerite Deurbroucq réside dans la représentation de sa servante, une jeune esclave, présentée en train d'apporter à sa maîtresse un plateau sur lequel repose un pot de faïence contenant du sucre. Son regard se perd vers l'extérieur du tableau, accentuant sa posture en retrait et indiquant qu'elle est un motif pictural et non le sujet principal de l'œuvre.

Ses cheveux sont recouverts d'une coiffe de tissu blanc, et l'ensemble de son costume est de la même couleur, comme il est courant que les esclaves soient représentées au XVIIIe siècle lorsqu'elles sont lingères, blanchisseuses ou nourrices. La mode étant à l'ornement floral et à la couleur, l'absence de dessin et d'ornement sur le vêtement renseigne implicitement sur le statut social de celui qui le porte. La blancheur du vêtement permet également de faire ressortir, par contraste, la peau sombre de l'esclave et, par comparaison, de mettre en valeur la blancheur de peau de Marguerite Deurbroucq, blancheur assimilée, au XVIIIe siècle, à la beauté.

La servante porte un collier, qui rappelle le collier d'esclave, mais semble être, ici, de perles montées sur tissu. Elle est aussi dotée de créoles, autre signe distinctif si ce n'est de son statut, du moins de son origine géographique, car cette boucle d'oreille peut apparaître dans la représentation de femmes libres de couleur aux Antilles.

Apportant le sucre à sa maîtresse, elle figure et complète l'évocation des colonies et de leurs produits de luxe, dont le goût se répand en Europe et en France. Produit par les esclaves et servi par une esclave, le sucre prend ici une place particulière, presque celle d'un symbole. Le fait que le sucre soit apporté à Marguerite relève peut-être également d'un autre élément contextuel ; en effet, comme on l'a dit plus haut, l'un des oncles maternels de Marguerite, Pierre Van Keulen, possède une raffinerie de sucre à Saumur. Or, le sucre terré, tel qu'il arrive des colonies, c'est-à-dire semi-raffiné, mis en pain après avoir été blanchi par l'argile, ne peut être commercialisé sans être raffiné. Cette opération indispensable permet la consommation du produit comme sa commercialisation. Il n'est sans doute pas anodin que les deux éléments apparaissent dans notre tableau féminin.

Dans le tableau de Marguerite, une autre chose peut encore nous surprendre : il s'agit, en plus du fait que l'esclave soit une femme, de son âge. En effet, dans la grande majorité des tableaux où sont représentés des esclaves en Europe, aux XVIIe et XVIIIe siècles, l'esclave est un jeune garçon. D'un tableau à l'autre, peu d'éléments physiques permettent de l'identifier réellement, l'enfant étant pratiquement toujours « identique », sinon dans sa posture (il peut être page, écuyer, apporter des fleurs, offrir une corbeille de fruits, tenir un perroquet, etc.) du moins dans ses traits. L'enfant est, encore une fois, un motif pictural, comme cela est perceptible dans le tableau de Dominique.

Le portrait présumé de la comtesse de Fontenelle, attribué à Pierre Subleyras, daté des années 1730-1740, en est un contre-exemple. En effet, si le petit garçon est bien vêtu d'une livrée rouge, ce qui est le cas le plus fréquent, ses traits sont particulièrement fins et sa posture très familière avec sa maîtresse montre une relation affective, qu'il est rare d'observer. L'enfant a donc sans doute bénéficié d'un portrait réaliste, du fait de cette relation ; il n'en demeure pas moins qu'il est, comme le petit singe situé derrière, aussi là pour exprimer la richesse du modèle, sa beauté et son goût pour l'exotisme tant recherché et déjà évoqué.

Autre élément particulier, les traits de la jeune esclave la caractérisent et dessinent un véritable portrait nous faisant penser qu'elle a sans doute, comme Marguerite, réellement existé, bien que nous n'ayons pu en trouver la confirmation dans les documents de la famille. Cette singularité mérite d'être relevée et révèle peut-être, comme dans le tableau de la comtesse de Fontenelle, une relation particulière entre elle et sa maîtresse. Sa posture, enfin, digne, ne la présente pas tant comme une servante soumise, que comme une personne en tant que telle, au second plan, certes, mais bien présente.

*

Tableau manifeste, le portrait de Marguerite est plus riche, plus complexe, plus original et plus intrigant que celui de son époux. Il s'inscrit également davantage dans « l'air du temps » et notamment dans celui d'une époque qui voit se diversifier le portrait féminin et apparaître l'image de la femme d'esprit.

Figure 4 : Pierre Subleyras, *Portrait présumé de la Comtesse de Fontenelle*, 1730-1740

© Musée d'Aquitaine, Bordeaux

Figure 5 : Maurice Quentin de La Tour, *Madame de Pompadour*, 1755

© Musée du Louvre, Paris

C'est le cas de la représentation que l'artiste Maurice Quentin de La Tour donne de Madame de Pompadour dans un grand pastel rehaussé de gouache. Commandée en 1751, l'œuvre fut achevée et présentée en 1755, soit deux ans après la réalisation du tableau de Marguerite Deurbroucq.

Le parallèle peut tout de même être établi, à cette différence notable, mais peu surprenante pour qui s'est intéressé à la question des Lettres et des Arts à Nantes au XVIIIe siècle, que ceux-ci, qui sont figurés dans le tableau de la marquise de Pompadour par des ouvrages, des estampes et des partitions de musique sont remplacés, à Nantes, par les produits du commerce en droiture et du système esclavagiste.

Quel fut le rôle réel de Marguerite Deurbroucq et de son réseau familial dans la réussite de son époux ? Actuellement, trop peu de documents permettent de répondre à cette question, mais il est évident, au regard du tableau où elle est représentée en 1753, qu'il fut important, assez, du moins, pour ne pas la faire figurer une fleur, un fruit ou un ruban à la main, nous regardant de côté, avec un sourire charmeur et amusé.

En 1757, quatre ans après la réalisation des deux œuvres conservées aujourd'hui au musée d'histoire de Nantes, la société Deurbroucq Frères est dissoute. Dominique abandonne tout intérêt dans l'armement de navires. En effet, Dominique et Simon ont accumulé, après 1755, les difficultés, notamment au début de la guerre de Sept Ans : plusieurs navires de commerce français dont ceux des deux associés sont pris par les Anglais. Rien que pour le premier navire, la perte est estimée à environ 650 000 lt ; bien qu'assurés, les deux frères sont affectés par ces évènements. Simon continuera seul, la paix retrouvée, à armer quelques navires en droiture pour Saint-Domingue[19].

Dominique a, lui, complètement réorganisé son activité. S'appuyant sur son réseau de relations, et sans doute sur celui de la famille de son épouse, il organise la commercialisation des vins de l'ouest de la France, et notamment du Saumurois, vers les pays d'Europe du Nord, comme la famille de sa mère le pratiquait déjà depuis la seconde moitié du XVIIe siècle, avec succès. Il développe également une branche commerciale d'exportation de produits coloniaux vers les mêmes destinations, et fait, dès lors, fortune. Élu au consulat du Commerce en 1758, il est juge en 1775 et 1776. Commandé en 1764 à Jean-Baptiste Ceineray, l'hôtel particulier qu'il fait ériger sur l'île Gloriette témoigne de sa fortune, et de celle de son épouse. Nul doute que les deux œuvres y aient tenu une belle place.

---

[19] L. Pineau-Defois, *op. cit.*

Des suppléantes aux négociantes : la place des femmes dans le grand commerce rochelais du XVIIIe siècle

Brice MARTINETTI

Docteur en histoire moderne
Centre de recherches en histoire internationale
et atlantique (CRHIA-EA 1163)
Université de La Rochelle

Au sein d'un écosystème négociant rochelais foncièrement masculin qui voit des pères, des fils et des frères travailler de concert pour que subsistent et se développent les activités familiales, s'ajoutent des sœurs, des mères, voire des grands-mères qui reçoivent confiance et estime. Bien que dans l'ombre des hommes sous un premier regard, les femmes ne sont pas réduites à de simples rôles de figuration : elles participent activement à la formation professionnelle des enfants, sont des relais lors d'absences prolongées de leurs maris ou dans l'attente que leurs enfants soient aptes à poursuivre les activités de négoce, voire deviennent et sont reconnues « négociantes » à leur tour, puisque tenant des maisons de commerce parfois imposantes tout en étant propriétaires de leurs navires.

Les femmes sont ainsi tout autant dépositaires des projets familiaux d'ascension socioprofessionnelle que les négociants masculins. Si ces derniers sont classiquement privilégiés par la recherche, Paul Butel soulignait déjà que « de tous les éléments donnant sa force au cadre familial, le plus original est sans doute le rôle dévolu à la femme du négociant à la fois comme épouse et comme mère[1] ». André Lespagnol

---

[1] P. Butel, *Les Négociants bordelais, l'Europe et les Îles au* XVIIIe *siècle*, Paris, Aubier, 1974, p. 366.

renouvela ce même constat pour le négoce malouin[2]. D'autres chercheurs apportèrent par la suite de rares études complémentaires[3].

L'enquête n'entend pas révolutionner l'étude d'un phénomène déjà souligné depuis plusieurs décennies : l'importance acquise par les femmes dans le grand commerce international, au sein de la maisonnée comme au sein de la maison de commerce, les deux se confondant. Il s'agit ici d'offrir une étude de cas supplémentaire englobant l'ensemble du milieu négociant de La Rochelle du XVIIIe siècle et qui démontre, une fois encore, que les femmes ont un rôle loin d'être négligeable pour la pérennité des lignages négociants[4].

Bien marier ses filles, précepte des projets familiaux d'ascension socioprofessionnelle

Caractériser un milieu négociant oblige à observer les différentes combinaisons par lesquelles des candidats à la réussite issus d'horizons divers portent avant tout un projet social. La transmission patrimoniale, au sens moral, professionnel comme économique, est alors décisive pour que l'activité et la mémoire familiale perdurent. Aux côtés de la méritocratie, l'alliance matrimoniale et ses retombées en termes de patrimoine et de réseau jouent ainsi un rôle décisif. Le mariage étant l'un des meilleurs moyens de matérialiser des ambitions, les filles du négoce

---

[2] A. Lespagnol, *Messieurs de Saint-Malo. Une élite négociante au temps de Louis XIV*, Rennes, Presses universitaires de Rennes, 1997, t. 1, p. 124 ; Id., « Femmes négociantes sous Louis XIV. Les conditions complexes d'une promotion provisoire », dans A. Croix, M. Lagrée, J. Queniart (dir.), *Populations et cultures. Études réunies en l'honneur de François Lebrun*, Rennes, 1989, pp. 463-470.

[3] L'on évoquera notamment : N. Dufournaud, B. Michon, « Les femmes et le commerce maritime à Nantes (1660-1740) : un rôle largement méconnu », *Clio. Histoire, Femmes et Sociétés*, n° 23, 2006, p. 311-330 ; Id., « Les femmes et l'armement morutier : l'exemple des Sables-d'Olonne pendant la première moitié du XVIIIe siècle », *Annales de Bretagne et des Pays de l'Ouest*, t. 110, n° 1, 2003, pp. 93-113 ; S. Marzagalli, « Mariée et indépendante ? Une femme d'affaires à la fin du XVIIIe siècle, Hélène de Meyere, épouse Skinner », *Annales du Midi*, t. 118, n° 253, janvier-mars 2006, pp. 73-84 ; C. Dousset, « Commerce et travail des femmes à l'époque moderne en France », *Les Cahiers de Framespa* [En ligne], n° 2, 2006.

[4] Les résultats ici présentés sont issus : B. Martinetti, *Les Négociants rochelais au XVIIIe siècle. Formations, évolutions et révolutions d'une élite*, thèse d'histoire, dactyl., D. Poton (dir.), Université de La Rochelle, 2012, 4 vol., 1054 p. ; publiée sous une version contractée : Id., *Les Négociants de La Rochelle au XVIIIe siècle*, Rennes, Presses universitaires de Rennes, 2013.

Des suppléantes aux négociantes

occupent dès lors une position éminemment stratégique, pouvant de plus aider aux intégrations comme aux résistances, religieuses notamment.

L'homogamie du grand commerce

Outre le fait d'enfanter, la priorité accordée aux femmes du négoce est sans nul doute de participer aux projets familiaux d'ascension professionnelle. Sous un aspect économique et social, le mariage renferme ainsi deux stratégies distinctes : d'un côté, il est pour de jeunes gens extérieurs au monde des affaires un formidable moyen d'intégration *via* la récupération de dots propices à effectuer de premières entreprises d'envergure ; d'un autre côté, par de nouveaux réseaux et un capital agrandi, il permet aux négociants de conforter leur statut issu du labeur paternel et de trouver le moteur d'une expansion nouvelle. Comme pour la noblesse, le mariage n'intéresse ici pas moins les deux individus qui s'unissent que les familles auxquelles ils appartiennent, et « la sympathie et l'amour peuvent laisser le pas à des impératifs sociaux et économiques[5] ».

L'enquête prouve que les négociants rochelais, à l'instar de leurs homologues des autres places portuaires, forment un milieu où la reproduction professionnelle et l'homogamie sont excessivement fortes : 64 et 65 % des fils et filles de négociants contractent un mariage avec les fils ou les filles d'autres négociants. L'orientation maritale des filles paraît néanmoins légèrement plus sélective. Elles s'allient moins au milieu des marchands de gros (3 % contre 13 %), mais s'allient plus avec la noblesse de robe (13 % contre 8 %) et la noblesse d'épée (4 % contre 0 %), distinction de noblesse souvent usitée mais dans les faits bien floue. Pour ces filles de négociants, quand leurs mariages ne se réalisent pas avec un membre du négoce, il s'agit donc principalement d'unions avec la noblesse. Ce phénomène n'a rien d'unique puisque déjà démontré pour Bordeaux et Saint-Malo par exemple[6]. Il confirme le désir souvent partagé par les familles – mais pas systématiquement, même pour les plus opulentes – à effectuer une sortie du négoce par le haut.

Sans surprise, le milieu négociant rochelais se caractérise donc par une homogamie avérée, avec des degrés divers selon la prestance socio-professionnelle[7], le capital accumulé et les stratégies entrepreneuriales.

---

[5] G. Chaussinand-Nogaret, *La noblesse au XVIIIe siècle*, Paris, Complexe, 1984, p. 163.

[6] P. Butel, *Les Négociants…*, *op. cit.*, p. 330 ; A. Lespagnol, *Messieurs de Saint-Malo…*, *op. cit.*, t. 2, p. 766.

[7] Par « prestance socioprofessionnelle », il faut entendre qui en impose de par son statut, sa réussite, son patrimoine et l'étendue de ses opérations commerciales.

C'est ainsi que les familles Giraudeau et Rasteau s'allient sans surprise par le mariage, tenant toutes deux la majeure partie du commerce négrier, ou que Claude-Etienne Belin, l'un des plus opulents négociants de la place, choisit pour ses filles deux futurs députés du commerce : un futur président de la Chambre de commerce et un commissaire général de la Marine des Provinces-Unies et vice-consul du roi du Danemark et de Norvège.

Tout au long du siècle, le noyau dur du négoce voit les plus anciennes familles s'allier entre elles. Cette stratégie matrimoniale qui permet de limiter l'émiettement des patrimoines familiaux est parfois poussée jusqu'aux intermariages à l'intérieur d'une même branche, comme à Saint-Malo plusieurs décennies auparavant[8]. C'est ainsi que François Fleuriau se marie avec sa cousine Marianne Fleuriau ou que Michel Poupet choisit pour épouse sa nièce Marie-Julie Guymet[9]. Négociant catholique, Michel Poupet aura d'ailleurs obtenu une dispense de Rome à cette occasion.

Milieu socioprofessionnel mouvant qui se veut nécessairement ouvert, ce négoce pragmatique ne voit toutefois pas d'obstacle à s'allier par les liens du mariage à de nouveaux venus financièrement nantis. En 1791, Pierre-Jean Van Hoogwerff explique que :

> Je suis à la veille de marier ma fille aînée [Suzanne] et sauf quelques circonstances que je ne prévois pas, je l'unirai vers le 15 juillet à Mr Etienne Charruyer, Neg^t en marchandises des Indes […] la bonne réputation dont jouit mon futur gendre, son honnêteté et douceur joints à une bonne fortune bien établie me fait espérer qu'il rendra ma fille heureuse[10].

Un mariage pour l'intégration des étrangers

Le mariage des filles du négoce rochelais est également un formidable moyen d'intégration des négociants étrangers qui forment 16 % des nouvelles arrivées enregistrées par le milieu[11]. Au XVIIIe siècle, les principales filières d'arrivées sont les Provinces-Unies, la zone saxonne

---

[8] A. Lespagnol, *Messieurs de Saint-Malo…*, op. cit., t. 1, p. 88.
[9] Sur les questions de renchaînement d'alliance, lire entre autres J. Goody, *L'Évolution de la famille et du mariage en Europe*, Paris, Armand Colin, 1985 ; M. Godelier, *Métamorphose de la parenté*, Paris, Flammarion, coll. « Champs essais », 2010 ; G. Delille, « Parenté et alliance en Europe occidentale. Un essai d'interprétation générale », *L'Homme*, mars 2010, n° 193, pp. 75-136 ; M. Segalen et A. Martial, *Sociologie de la famille*, Paris, Armand Colin, 2013.
[10] Arch. dép. Charente-Maritime, 4J 2848, « Lettre de Pierre-Jean Van Hoogwerff à sa sœur Marie-Odilie Stuart à Edimbourg », 25 juin 1791, fol. 13v.
[11] B. Martinetti, *Les négociants de La Rochelle…*, op. cit., pp. 85-88.

de la Hanse, l'Irlande et la Suisse. Comme à Bordeaux ou à Nantes, c'est donc principalement une immigration nord-européenne qui s'intègre au négoce rochelais[12]. À leur arrivée dans la capitale de l'Aunis, les étrangers de petite et moyenne envergures s'allient tout d'abord souvent entre eux, mais les nouveaux venus les plus opulents arrivent sans difficultés à s'unir d'emblée aux filles des grandes familles, surtout s'ils sont protestants. En effet, pour les négociants réformés de la ville, dans l'illégalité en termes de droit public, bien marier leurs filles revient à leur choisir des coreligionnaires, et ce à quelques rares exceptions[13]. Cette stratégie permet alors de renforcer la prépondérance socio-économique de la communauté négociante réformée, ou tout du moins de la maintenir.

Se marier à une fille de la communauté négociante est ainsi propice à une véritable intégration[14]. Mais si les mariages traduisent *in fine* les mouvements de l'immigration, les choix des conjoints du négoce traduisent également les stratégies familiales de promotion socioprofessionnelles[15]. Fidèles au commerce, les négociants néerlandais, suisses et allemands perpétuent une forte reproduction professionnelle intergénérationnelle.

Cependant, il en va autrement pour d'autres négociants étrangers, en premier lieu les Irlandais qui forment la seconde communauté étrangère intégrée au milieu négociant rochelais du XVIIIe siècle. La plupart d'entre eux sont les représentants de la « noblesse débarquée » irlandaise, arrivée en France après les guerres des Trois Royaumes gagnées par Oliver Cromwell, la Glorieuse Révolution et la victoire de Guillaume d'Orange sur les réfractaires jacobites d'Irlande[16]. À La Rochelle, l'une des familles

---

[12] P. Gardey, *Négociants et marchands de Bordeaux de la guerre d'Amérique à la Restauration (1780-1830)*, Paris, Presses de l'Université Paris-Sorbonne, 2009, p. 137 ; O. Pétré-Grenouilleau, *L'argent de la traite. Milieu négrier, capitalisme et développement : un modèle*, Paris, Aubier, 1996, pp. 26-27.

[13] Au XVIIIe siècle, les protestants gardent leur prépondérance au sein du négoce rochelais, un minimum de 47 % des négociants étant de confession réformée, 22 % ayant une religion non identifiée. B. Martinetti, *Les négociants de La Rochelle...*, *op. cit.*, pp. 100-106.

[14] J. Flouret, « Les étrangers à La Rochelle : le mariage comme vecteur d'intégration sociale (1628-1732) », dans M. Augeron et P. Even (dir.), *Les Étrangers dans les villes-ports atlantiques. Expériences françaises et allemandes. XVe-XIXe siècles*, Paris, les Indes savantes, 2010, pp. 255-263.

[15] Jean-Pierre Poussou rend compte d'un même schéma à Bordeaux. J.-P. Poussou, *Bordeaux et le Sud-Ouest au XVIIIe siècle : croissance économique et attraction urbaine*, Paris, Éditions de l'EHESS, 1983, p. 48.

[16] Sur les questions de la noblesse irlandaise immigrée en France et de son intégration à l'élite marchande, voir notamment parmi une imposante bibliographie : E. T. Corp

les plus connues est celle des Butler qui fait souche dans le dernier tiers du xviie siècle grâce à Richard, Robert et Jean. Si leur stratégie matrimoniale est d'abord conforme à celle empruntée par les autres négociants non régnicoles, à savoir une alliance avec les familles négociantes locales pour une plus grande intégration, l'union de certaines de leurs filles et petites-filles se réalise ensuite avec des membres de la noblesse, ce qui permet à la famille de contribuer à effectuer une sortie progressive du négoce par le haut et un retour à son milieu originel. À titre d'exemple, c'est ainsi qu'après s'être marié à une fille du négociant Jacques Bruslé en 1709, Jean Butler donnera pour épouse sa fille Jeanne au chevalier Alexandre Claude Delabadie.

Des femmes relais des activités commerciales

Faut-il réduire l'apport des femmes à une dot et au renforcement des réseaux d'affaires par le mariage ? Relais de leurs lignées, relais de leurs maisonnées, relais des négociants dans les cercles de sociabilité, les femmes du milieu négociant ne sont en rien réduites à de simples rôles de figuration et vont jusqu'à participer au fonctionnement même de la maison de commerce familiale, puisque impliquées dans les entreprises maritimes de leurs maris ainsi que dans la continuité professionnelle de père en fils. Le rôle essentiel dévolu aux femmes est alors une preuve additionnelle de cette force de l'institution familiale liée aux nécessités du commerce.

Accompagner l'éducation des enfants

La transmission des valeurs familiales et l'attachement au négoce demeurent les buts majeurs de l'éducation des fils des négociants[17]. Mais parallèlement, pour que la profession de négociant soit reprise dans de bonnes conditions par les fils, encore faut-il que ces derniers aient

---

(dir.), *L'autre exil : les jacobites en France au début du* xviiie *siècle*, Montpellier, Presses universitaires du Languedoc, 1993 ; P. Clarke de Dromantin, *Les Réfugiés jacobites dans la France du* xviiie *siècle : l'exode de toute une noblesse « pour cause de religion »*, Pessac, Presses Universitaires de Bordeaux, 2005 ; L. M. Cullen, « The Irish diaspora of the Seventeenth and Eighteenth centuries », dans N. Canny (dir.), *Europeans on the move : studies on European migration, 1500-1800*, Oxford, Clarendon Press, 1994, pp. 113-149 ; P. Butel, L. M. Cullen (dir.), *Négoce et industrie en France et en Irlande aux* xviiie *et* xixe *siècles*, Paris, CNRS, 1980.

[17] O. Pétré-Grenouilleau, *L'argent de la traite…*, *op. cit.*, p. 101.

obtenu une éducation leur permettant de maîtriser un certain nombre de savoir-faire inhérents à une activité foncièrement polyvalente[18]. La lecture, l'écriture, l'arithmétique ou encore la pratique des langues étrangères forment la base d'une instruction communément observée. L'importance des bibliothèques ne doit pas être négligée. Conservées au sein des hôtels particuliers, dans les comptoirs comme dans les cabinets, elles contiennent nombre de volumes de commerce, de français ou de mathématiques accessibles aux enfants en formation[19]. À cette instruction s'ajoute l'expérience « sur le tas » *via* l'apprentissage, qu'elle se réalise au comptoir ou à l'occasion de voyages dans les colonies, voire à l'étranger.

Au sein de la maisonnée, la femme paraît accompagner la figure paternelle pour l'éducation des enfants. Il est d'ailleurs intéressant de mentionner un passage du *Parfait négociant* de Jacques Savary qui explique que « Les pères et les mères qui mettront leurs enfants dans le commerce, doivent commencer dès l'âge de sept à huit ans, à leur apprendre les exercices nécessaires pour cette profession[20] ». Les mères sont nommément citées par le financier qui suppose leurs compétences en matière éducative, ou tout du moins le partage d'un domaine de prérogatives.

Les copies de lettres de Pierre-Jean Van Hoogwerff illustrent cette importance acquise par les femmes de son entourage dans la formation des futurs négociants[21]. Jean-Jacques Proa pour sa part, dans le récit qu'il lègue à son fils, se souvient de sa « bonne tante » qui lui « fournissait des livres en tout genre et cherchait à cultiver mon cœur et mon esprit[22] ». Plus régulièrement et sitôt le décès des pères survenus, ce sont surtout les actes de constitution de sociétés entre les veuves et les fils qui indiquent une implication de la mère de famille dans leur formation.

---

[18] Sur les formules éducatives des négociants, se reporter notamment à l'ouvrage de F. Angiolini et D. Roche (dir.), *Cultures et Formations négociantes dans l'Europe moderne*, Paris, Éditions de l'EHESS, 1995, et plus particulièrement aux articles de D. Julia « L'éducation des négociants français au 18e siècle », d'A. Lespagnol « Modèles éducatifs et stratégies familiales dans le milieu négociant malouin aux 17e et 18e siècles : les ambiguïtés d'une mutation », pp. 257-274, et de P. Jeannin « Distinction des compétences et niveaux de qualification : les savoirs négociants dans l'Europe moderne », pp. 363-397.

[19] B. Martinetti, *Les négociants de La Rochelle…*, *op. cit.*, pp. 311-324.

[20] J. Savary, *Le Parfait Négociant*, édition critique et commentaires par Édouard Richard, Genève, Droz, 2011, vol. 1, deuxième partie, livre I, chap. III, p. 698.

[21] Arch. dép. Charente-Maritime, 4J 2847-2857, 1770-1813.

[22] *Ibid.*, 4J 2318, J.-J. Proa « Mes mémoires destinées à mon fils » (non daté), copie retranscrite par Jean Marchand, pp. 3-4.

De véritables suppléantes

Quand l'historien des élites portuaires du XVIIIe siècle se penche sur les rôles des épouses des négociants, il constate rapidement qu'elles peuvent se muer en de véritables suppléantes de leurs maris, surtout lorsque ceux-ci s'absentent longuement[23]. Parmi les minutes des notaires, de très nombreuses procurations le démontrent aisément.

En 1763, François Dubault doit séjourner en Amérique pour une durée inconnue : « afin de faire face a ses affaires, et désirant commettre une personne capable pour le représenter soit en cette ville ou partout ailleurs, il a pour y parvenir fait et constitué pour sa procuratrice générale et spéciale Demoiselle Magdeleine Richer son épouse[24] ». La formule « une personne capable » est très significative. Un protocole identique est adopté par Joseph Chabot en 1764 avant qu'il ne parte à Saint-Domingue, en 1768, lorsque Jean Van Eyck doit partir en Hollande, ou pendant les quinze années durant lesquelles Nicolas Claëssen habite Paris pour exercer ses fonctions de député au Bureau du Commerce. Les exemples sont légions. Parfois ces situations temporaires ne semblent pas trouver d'échéance. Devant partir pour affaires à Saint-Domingue, Jacques-Allard Belin s'en remet en 1770 à sa femme[25]. Vingt-et-un ans plus tard, cette dernière est toujours livrée à elle-même[26].

Il est possible de convenir d'un fait : si les négociants choisissent leurs épouses comme procuratrices et non un individu masculin, fils, parent ou tierce personne, c'est bien qu'ils ont confiance et estime en leurs compétences[27]. Les pouvoirs décisionnaires accordés par François Gazan à son épouse Elisabeth Dénaud en 1764 le confirment :

> à laquelle il donne pouvoir de pour lui et en son nom, comparer en sa personne, représenter en toutes les affaires de son commerce sans exceptions,

---

[23] Sur le concept de substitution, voir S. Steinberg, « Hiérarchies dans l'Ancien Régime », dans M. Riot-Sarcey, *De la différence des sexes. Le genre en histoire*, Paris, Larousse, 2010, pp. 131-160. Pour l'historienne, la substitution fonctionne « comme un principe de survie et de pérennisation ».

[24] Arch. dép. Charente-Maritime, 3E 1933, n° 97, minutes de Tardy, « Procuration générale accordée par François Dubault à Madeleine Richer », 1763.

[25] *Ibid.*, 3E 1937, n° 88, minutes de Tardy, « Procuration générale accordée par Jacques-Allard Belin à Anne-Marie Weis », 1770.

[26] *Ibid.*, 3E 1702, minutes de Delavergne fils, « Transport de rente par Anne-Marie Weis au nom de son mari Jacques-Allard Belin », 1791.

[27] Avoir procuration de son mari est néanmoins une étape obligée au vu d'un cadre juridique privant les femmes d'un certain nombre de libertés une fois mariées.

pour recevoir et envoyer des marchandises, effets et papiers de quelque nature que ce puisse être, entretenir toutes correspondances entamées et à entamer […] recevoir ce qui lui est dû […] pour quelques causes et raison que ce soit, donner quittance de tout ce qu'elle recevra, signer les opérations qu'elle fera, lesquelles vaudront de même que lesdites quittances tout ainsi que si le tout était fait, arrêté et donné par ledit Sieur constituant. Comme aussi donner, tirer, accepter, endosser et quittancer tous billets à ordre et lettres de change, faire tous actes de réquisition, sommations et protestations qu'il conviendra, poursuivre tous débiteurs par les voies de droit en quelque tribunal que ce soit jusqu'à parfait payement et entière satisfaction […] assurer et faire assurer soit sur navires français et étrangers, soit sur les marchandises qui y seront chargées […] payer et recevoir toutes primes et pertes d'assurances […][28].

La liste des pouvoirs décisionnaires est encore longue.

Un rôle parfois décisif dans la transmission des maisons de commerce

Au décès des négociants, l'importance acquise par leurs femmes ne faiblit aucunement, étant parfois appelées à jouer un rôle décisif pour la bonne transmission de la maison de commerce familiale. Car il n'est pas rare que les épouses reprennent les activités de leurs maris et forment un rouage essentiel de la continuité professionnelle de père en fils. En effet, en cas de décès du négociant avant que les enfants ne soient en âge de s'assumer, elles sont chargées de préserver les capitaux accumulés, de transmettre le patrimoine ainsi que, selon les cas et comme vu précédemment, les savoir-faire incontournables à une bonne réussite dans les affaires.

À l'approche du trépas, les dernières volontés du négociant éclairent sur le rôle que son épouse sera amenée à jouer. Michel Rodrigue par exemple, souhaite que les deux commis qui travaillent avec lui depuis une trentaine d'années continuent d'exercer auprès de sa femme[29]. C'est bien ici la preuve que le négociant fait plus qu'envisager une reprise de ses activités par sa future veuve. Le cas échéant, les enfants prennent les dispositions nécessaires pour que leur mère perpétue l'entreprise familiale dans l'attente qu'ils soient aptes à se lancer seuls dans le commerce. C'est

---

[28] Arch. dép. Charente-Maritime, 3E 1934, n° 135, minutes de Tardy, « Procuration générale accordée par François Gazan à Elisabeth Dénaud », 1764.
[29] *Ibid.*, 3E 1687, minutes de Delavergne père, « Testament de Michel Rodrigue », 1776.

notamment le cas des enfants de Paul Fleuriau, décédé le 8 juin 1780, qui décident de confier l'entière gestion de leur patrimoine et des affaires à leur mère Marie-Charles Admyrauld, cette dernière gérant dès lors la raffinerie familiale comme les opérations maritimes[30].

Le plus souvent, l'activité commerciale des veuves s'observe au moment où sont créées des sociétés de commerce avec leurs fils, l'entente durant généralement deux à trois ans en moyenne. Ceci constitue un protocole déjà bien connu[31]. À la faveur du dépouillement de l'intégralité des actes notariés passés à La Rochelle au XVIIIe siècle, 147 maisons de commerce pluripersonnelles ont été recensées. Cet échantillon peut certes apparaître restrictif eu égard à l'ensemble des associations créées par les 738 négociants et négociantes analysés pour l'enquête, mais il reste compliqué d'évaluer leur réalité quantitative en l'état des sources, sans liste préétablie, ni almanach.

71 % des sociétés comprennent les membres d'une même famille[32]. Les associations à caractère familial paraissent donc bien les plus nombreuses. Celles contractées entre pères et fils, voire avec des gendres, forment 21 % du total. Elles permettent de préparer la continuité de la maison paternelle, le fils profitant des enseignements d'un père qui garde le contrôle des opérations. Mais à leurs côtés, 14 % des sociétés incluent des femmes, qu'il s'agisse surtout de mères, voire plus rarement de sœurs. Face aux associations avec le chef de famille, ce pourcentage paraît loin d'être négligeable. Quand le père négociant n'est plus là pour transmettre ses activités à ses enfants, c'est donc bien la mère qui prend le relais.

Si la plupart de ces sociétés comprenant des femmes se concentrent sur une activité de spéculation sur les marchandises, certaines concernent plus spécifiquement l'industrie et notamment le raffinage du sucre, comme la société *Veuve Gastebois et Pagez*. Il ne s'agit toutefois pas là d'une association entre mère et fils, mais entre grand-mère et petit-fils. En 1740, Merlin Gastebois décède à 83 ans après avoir contracté une société avec son gendre, Théodore Pagez, pour gérer une raffinerie de sucre. Théodore Pagez et sa femme Suzanne Gastebois décédant également, leur

---

[30] *Ibid.*, 3E 1057, n° 126, minutes de Crassous fils, « Procuration générale accordée par les enfants de Paul Fleuriau à Marie-Charles Admyrauld », 1780.
[31] Sur ce sujet, lire A. Lespagnol, *Messieurs de Saint-Malo…*, *op. cit.*, t. 1, p. 124. ; P. Gardey, *Négociants et marchands de Bordeaux*, *op. cit.*, pp. 72-78.
[32] Le pourcentage monte à 80 % si l'on écarte les sociétés dont tous les membres ne sont pas clairement identifiés.

fils Théodore Philippe reprend alors la gestion de la raffinerie familiale en compagnie de la grand-mère qui reste la propriétaire des fonds[33].

Des femmes « négociantes »

Alors que l'activité conjointe des femmes avec des membres de leurs familles est très fréquente au cours du XVIIIe siècle rochelais, il existe parallèlement une réelle activité des femmes en leur nom propre. Loin d'être marginale, cette féminisation de la profession de négoce est alors la reconnaissance de leurs capacités. Son expression est facilitée par les nécessités du commerce, tout en étant épargnée par les corporatismes et les réglementations.

Une réelle reconnaissance par le milieu négociant

À La Rochelle comme dans d'autres places de commerce, des veuves de négociants continuent seules les affaires de leur défunt mari. Couramment, la plupart sont désignées par la formule « veuve de [prénom et nom] négociant de La Rochelle ». Mais certaines dépassent cette formule pour se faire appeler « négociante » et vont jusqu'à exercer leurs activités pendant des décennies, tenant des maisons de commerce parfois plus imposantes que nombre d'homologues masculins. L'emploi du terme « négociante » est d'importance et peut être considéré comme la marque d'une reconnaissance par le milieu[34]. Tel est le vocable dont bénéficient par exemple Suzanne Delacroix, Marguerite Boüat, Marie-Madeleine Denis ou encore Marie-Geneviève Pachot.

Cet usage peut perdurer dans le cas d'une association avec leurs familles. Trois sociétés réunissent les sœurs Esther et Marie Marchant, parfois avec leurs frères Etienne et Jean, mais également avec leur

---

[33] Arch. dép. Charente-Maritime, 3E 740, minutes de Crassous père, « Acte de société entre Suzanne Delacroix et Théodore-Philippe Pagez », 1741.

[34] Ayant adopté le vocable de « négociant » au début du XVIIIe siècle, les plus riches marchands rochelais forment une aristocratie du commerce et se rapprochent d'un certain idéal social. De leur esprit collectif découle la conscience d'appartenir à un groupe dissemblable et au-dessus des autres commerçants. Est dès lors négociant celui qui est reconnu comme tel par ses pairs. Véritable corps dans la société rochelaise, les négociants ne cessent de démontrer l'honorabilité qui les distingue, affirmant ainsi leur séparation d'avec le peuple.

beau-frère et défunt mari Jean Blavout[35]. L'on notera alors les formules « négociantes » ou « frères et sœurs négociants en compagnie » dans différents actes. Imposante, la société *Marchant frères et sœurs* tombe finalement en faillite en 1750, accusant presque 1 400 000 lt de dettes pour 669 000 lt d'actifs[36].

Il n'est pas non plus rare que ces femmes du négoce soient à l'initiative d'associations avec des entrepreneurs du commerce parfois bien éloignés de leurs cellules familiales. Margueritte Boucher, veuve de Jean Labbé, poursuit les activités de son défunt mari. Le 14 août 1756, notamment, elle crée une société qui rassemble Jacques Rasteau, Jean-Ezechiel Couillandeau et Jean-Baptiste Gastumeau et qui vise à reprendre une ancienne manufacture de faïences[37]. Dans l'acte constitutif de la société, les noms sont cités, celui de la veuve en premier puisque principale contributrice, et sont suivis de la formule « tous négociants ». La veuve est ainsi mise sur un pied d'égalité professionnelle.

La « veuve Charly », actrice du commerce canadien

Pour cette analyse du rôle des femmes dans le grand commerce international rochelais du XVIIIe siècle, la trajectoire professionnelle que semble emprunter Anne Busquet ouvre une sérieuse piste de recherche à laquelle il conviendrait de donner une dynamique[38]. Pendant plus de trois décennies, de 1726 à 1759 plus précisément, elle est connue sous le nom de la « Veuve Charly » tout en étant reconnue « négociante ».

Le commerce canadien est une spécialité pour la famille catholique Busquet. Le père, Jean-Blaise, est un opulent négociant trafiquant avec la

---

[35] Il s'agit des sociétés *Marchant frères et sœurs*, *Marchant frères et sœurs et Blavout* et *Marchant et Veuve Blavout*.
[36] Arch. dép. Charente-Maritime, 3E 1927, minutes de Tardy, « État des dettes de Marchant frères et sœurs en compagnie », 1750.
[37] *Ibid.*, 3E 1667, n° 145, minutes de Delavergne père « Société entre la Veuve Labbé, Jacques Rasteau, Jean-Ezechiel Couillandeau et Jean-Baptiste Gastumeau », 1756.
[38] Les indices évoqués ici n'étant pas suffisants pour effectuer une véritable pesée du négoce d'Anne Busquet, il conviendrait de dépouiller des sources complémentaires, dans le fonds des Colonies, dans différents dépôts d'archives canadiens dont la BAnQ [Bibliothèque et Archives nationales du Québec], mais aussi aux Archives départementales des Deux-Sèvres, ses fonds pouvant peut-être restituer les relations entre la Veuve Charly et les marchands et artisans chamoiseurs niortais. Dans l'état actuel des recherches, il est malheureusement impossible de reconstituer la vie des filles Busquet et leur voyage hypothétique au Canada.

colonie nord-américaine dès les années 1680[39]. Ses filles, Anne, Marie-Anne et Jeanne se marient toutes trois avec des négociants rochelais eux-aussi spécialisés dans le commerce canadien : Anne dont il est ici question prend pour époux Pierre Charly, fils d'un négociant montréalais ; Marie-Anne s'unit à Jean-Jacques Catignon, fils de Charles Catignon, garde-magasin du roi à Québec et directeur de la Compagnie du Nord de la Baie d'Hudson ; Jeanne se marie à Claude Chenu de Boismory. Veuves assez précocement, Anne et Marie-Anne vont chacune poursuivre les affaires de leur défunt mari[40]. Mais si Marie-Anne associe son fils à son commerce avant de le lui transmettre, Anne poursuit seule l'activité de son mari décédé en 1726, n'ayant pas eu d'enfants bien que mariée depuis 1707[41].

Il est ardu de reconstituer le commerce d'Anne Busquet grâce aux sources traditionnelles : peu d'informations dans les sources de l'amirauté, la plupart encore non classées, aucune correspondance ni de livre de comptes retrouvés. Heureusement, quelques actes notariés nous donnent de menues indications, comme ce procès-verbal de 1746 qui concerne des pelleteries dégradées par une voie d'eau, arrivées de Québec à son adresse par le navire *La Légère*[42]. Parmi les seules marchandises avariées se dénombrent plus de 500 peaux d'ours, martres, loups, loutres, renards de Virginie, orignaux, cerfs et 1 473 livres parisiennes de peaux de chevreuils, soit environ 720 kilos. Preuve en est que la veuve Charly est toujours en lien avec le Canada et qu'elle est bien à la tête d'une activité de négoce.

Suite au procès-verbal de 1746, aucun autre document commercial n'a été retrouvé avant la mort de la négociante. Toutefois, un dernier acte et non des moindres puisqu'il s'agit de l'inventaire après décès de 1759,

---

[39] J. F. Bosher, *Négociants et Navires du Commerce avec le Canada de 1660 à 1760. Dictionnaire biographique*, Ottawa, Service des Parcs, Environnement Canada, 1992, p. 52.
[40] Dès l'année 1729, Marie-Anne Busquet se rend propriétaire du navire *Le Fier*. Arch. dép. Charente-Maritime, B 5725, fol. 30v-31r.
[41] L'on soulignera la présence aux Archives départementales de la Charente-Maritime d'un inventaire des papiers de commerce de Marie-Anne Busquet, veuve de Jean-Jacques Catignon. Ce registre accuse toutefois un véritable manque de précisions dans le dénombrement des papiers, ce qui le rend peu exploitable. Arch. dép. Charente-Maritime, B 377, « Inventaire des papiers de commerce de Marie-Anne Busquet », 1743.
[42] Arch. dép. Charente-Maritime, 3E 618, minutes de Desbarres, « Procès-verbal de pelleteries avariées sollicité par la Veuve Charly », 1746.

prouve que la négociante continue ses affaires jusqu'à son trépas[43]. Outre l'ameublement, le notaire remarque dans une chambre basse trois petites boîtes contenant de l'argent « pour le compte de négociants du Canada ». Dans un appartement du rez-de-chaussée, il trouve trente-trois pièces de toile. Puis, dans une chambre haute, quarante-six autres pièces de toile dont « huit destinées pour l'expédition du Canada dont la Vve Charly étoit chargée ». Dans une autre chambre sont stockés « des souliers pour hommes et pour femmes, achetés par commission pour compte de divers négociants du Canada ». La poursuite des activités de la veuve jusqu'à sa mort est ainsi confirmée. S'il s'agit de l'intégralité des marchandises conservées dans la maison, la guerre de Sept Ans (1756-1763) fait néanmoins rage et il serait légitime d'imaginer que la maison et les magasins de la négociante pouvaient contenir bien plus de marchandises avant le début du conflit international[44].

Le notaire Goizon monte ensuite « au comptoir que tenoit lad. Dame Vve Charly ». Si Anne Busquet est ici identifiée par le nom de son défunt mari, le notaire reconnaît néanmoins son activité professionnelle. Commence alors l'examen des papiers et en premier lieu celui des « lettres de change appartenant à différentes personnes du Canada, qui en avoient fait l'envoi à lad. Vve Charly pour les tenir à leurs ordres ». Pas moins de quarante-deux lettres de change ont ainsi été confiées à la veuve Charly sur les deux dernières années pour la somme de 71 469 lt. S'y ajoute un portefeuille non ouvert de lettres de change appartenant à un certain Sieur de Tonnancourt, négociant à Trois-Rivières, ainsi que quatorze autres lettres de change au crédit de la veuve Charly. D'un total de 60 107 lt, elles proviennent de Messieurs de Boulongue et de Vaudesir, trésoriers généraux des colonies, de Jacques Barré et Jean Piet, marchands chamoiseurs à Niort. La mention de ces deux marchands pelletiers laisse à penser que la négociante écoulait une partie de ses marchandises vers Niort, ville partenaire de La Rochelle pour le savoir-faire de ses artisans dans le travail des peaux et des textiles.

---

[43] *Ibid.*, 3E 1924, n° 68, minutes de Goizon, « Inventaire après décès d'Anne Busquet, "Veuve Charly" », 1759.

[44] C'est entre les guerres de Succession d'Autriche et de Sept Ans que les relations avec le Canada ont donné lieu au plus grand trafic. L'on compte durant cette période une centaine d'armements au départ de La Rochelle et, dans le bilan des entrées, les fourrures nord-américaines pèsent plus que l'indigo et le sucre brut. Tableaux annuels des entrées et sorties du port : Arch. dép. Charente-Maritime, 41 ETP, carton XXVII, dossier 1.

Des suppléantes aux négociantes

Enfin, sans donner plus de détails, le notaire Goizon remarque bon nombre de livres de factures, de caisses, de réceptions de marchandises et de copies de lettres, allant de la décennie 1720 à l'année 1758, ainsi qu'« une liasse de quittance données par la D^e Vve Catignon [sa sœur] et par le Sr Catignon [son neveu] à la d. Dame Vve Charly pour raison des commissions dans lesquelles elle les avoit associé ». La veuve donnait donc du travail à sa famille.

*

Au XVIIIe siècle, un renouvellement continuel des grands entrepreneurs du commerce se produit à La Rochelle comme dans le reste du Royaume, preuve que le milieu négociant reste ouvert aux nouveaux venus, ne serait-ce que par nécessité face aux faillites ou aux sorties par le haut. Mais il ne faut pas forcément entendre par « nouveaux venus » une stricte limitation aux candidats masculins qui ne faisaient pas préalablement partie du négoce ou qui viennent d'ailleurs. Qu'elles soient épouses ou veuves, les femmes arrivent à être remarquées dans un milieu foncièrement masculin il est vrai, mais au sein duquel elles forment des maillons essentiels pour la pérennité des lignages négociants, se mouvant tantôt en de nécessaires suppléantes, tantôt en de véritables négociantes, recevant confiance et estime.

Une hypothèse qui considérerait la figure paternelle comme une influence déterminante est donc à nuancer, même si elle est exacte. Assurément, pour une bonne poursuite du projet familial d'ascension socioprofessionnelle, l'appel aux épouses ou aux veuves est chose coutumière, ces dernières n'étant pas cantonnées à de simples rôles de figuration. La place accordée aux femmes participe ainsi à la démonstration de cette force de l'institution familiale liée aux nécessités du commerce.

Femmes et négoce outre-mer : Marseille et la Martinique au XVIIIe siècle

Gilbert BUTI

Professeur émérite d'histoire moderne
Aix Marseille Univ, CNRS, telemme, Aix-en-Provence, France

Le monde du négoce des grands ports européens à l'époque moderne a été l'objet depuis plusieurs décennies de travaux nombreux et souvent remarquables[1]. Dans un milieu essentiellement masculin on a pu néanmoins relever la présence de femmes, notamment de veuves, dans diverses maisons de commerce mais en ne leur accordant, étant donné leur faible représentation, qu'une place marginale. En se mettant à l'écoute des femmes situées dans l'ombre portée des Messieurs de Saint-Malo, André Lespagnol a toutefois pointé les conditions complexes des femmes dans les affaires maritimes et invité à creuser le sillon tracé en élargissant pour cela l'enquête[2]. En répondant dans une certaine mesure à cet appel, les études de Philippe Gardey et de Brice Martinetti ont confirmé le rôle exercé par les femmes dans le commerce de mer, tandis que les recherches de Nicole Dufournaud, Bernard Michon et Jennifer Palmer, suivies notamment de la rencontre scientifique initiée par Emmanuelle Charpentier et Philippe Hrodĕj, ont permis d'appréhender le travail féminin resté longtemps invisible dans les sociétés littorales[3].

---

[1] On trouvera un état des lieux de la recherche dans le dossier « La recherche internationale en histoire maritime : essai d'évaluation », *Revue d'Histoire Maritime*, n° 10-11, 2010.

[2] A. Lespagnol, « Femmes négociantes sous Louis XIV. Les conditions complexes d'une promotion provisoire », dans A. Croix, M. Lagrée, J. Quéniart (dir.), *Populations et cultures. Études réunies en l'honneur de François Lebrun*, Rennes, 1989, pp. 463-470.

[3] P. Gardey, *Négociants et marchands de Bordeaux. De la guerre d'Amérique à la Restauration (1780-1830)*, Paris, Presses de l'Université Paris-Sorbonne, 2009 ; B. Martinetti, *Les négociants de La Rochelle au* XVIIIe *siècle*, Rennes, Presses universitaires de Rennes,

Le chantier reste cependant ouvert car pour diverses raisons, notamment documentaires, cette invisibilité est toujours de mise dans de nombreux espaces portuaires européens, y compris dans leurs ramifications transocéaniques ainsi que le montre le cas de Marseille où le milieu négociant a pourtant bénéficié de travaux de grande qualité[4]. Si l'intéressement des femmes à la propriété des navires y a été récemment souligné, leur participation directe aux affaires maritimes reste méconnue[5]. La correspondance passive de la maison Roux, une des plus importantes sociétés de négoce de Marseille au XVIIIe siècle, fournit une piste pour tenter de l'approcher. Les hommes sont certes majoritaires dans cette abondante correspondance professionnelle (plus de 75 000 lettres reçues entre 1728 et 1792) qui laisse entrevoir l'espace commercial et les activités de la place marchande, mais des femmes figurent aussi dans ce réseau épistolaire et constituent, non sans quelque surprise, un groupe relativement nombreux aux Antilles. Cette correspondance nous permet-elle de saisir la contribution de ces femmes au négoce outre-mer ?

Marseille, la maison Roux et les Antilles au XVIIIe siècle

Marseille et les Antilles au XVIIIe siècle

Au cours du XVIIIe siècle Marseille a su pousser les limites de son expansion commerciale jusqu'aux bornes du monde connu et donner à son rayonnement une ampleur jamais atteinte ainsi que l'attestent le volume des trafics, le niveau des affaires et les espaces mis en jeu. Désormais ses marins participent à tous les circuits, ses navires se rencontrent sur toutes les mers et sur tous les océans surmontant pour cela les handicaps

---

2013 ; N. Dufournaud, B. Michon, « Les femmes et l'armement morutier : l'exemple des Sables d'Olonne pendant la première moitié du XVIIIe siècle », *Annales de Bretagne et des Pays de l'Ouest*, t. 110, n° 1, 2003, pp. 93-113 ; J. L. Palmer, « Women and contracts in the age of transatlantic commerce », dans D. M. Hafter and N. Kushner (dir.), *Women and work in eighteenth-century France*, Baton Rouge, Louisiana State University Press, 2015, p. 130-151 ; E. Charpentier et P. Hrodĕj (dir.), *La femme et la mer à l'époque moderne*, Rennes, Presses universitaires de Rennes, à paraître.

4   G. Rambert (dir.), *Histoire du commerce de Marseille (1599-1789)*, t. 4 à 7, Paris, Plon, 1954-1966 ; C. Carrière, *Négociants marseillais au XVIIIe siècle. Contribution à l'étude des économies maritimes*, 2 vol., Marseille, Institut historique de Provence, 1973.

5   G. Buti, « Femmes d'affaires maritimes en France méditerranéenne au XVIIIe siècle », dans J. Guilhaumou, K. Lambert, A. Montenach (dir.), *Genre, Révolution, Transgression*, Aix-en-Provence, Presses universitaires de Provence, 2015, pp. 267-276.

liés à une situation géographique désavantageuse qui allonge les trajets, alourdit les coûts et multiplie les risques. À la veille de la Révolution, l'emporium méditerranéen s'est hissé au rang de port mondial[6].

Cette dilatation de l'espace commercial s'amorce dès le début du siècle, en pleine guerre de Succession d'Espagne (1701-1714), avec des expéditions en direction de la mer du Sud. Une fois cet élan donné, le négoce marseillais est emporté vers les domaines océaniques de façon durable et les hommes, qui suivent les navires, s'installent dans ces territoires à l'image de ce que font plus massivement les Bordelais et les Nantais. La liberté du commerce avec les Îles françaises d'Amérique, accordée à Marseille par les lettres patentes de 1719, accélère un mouvement qui était amorcé depuis le début du siècle voire légèrement avant si on considère les expéditions de Gaspard Maurellet[7]. Il s'agit d'une « croissance régulière et puissante », qui enregistre un net accroissement des trafics après la guerre de Sept Ans (1756-1763)[8]. D'une dizaine de navires qui viennent annuellement à Marseille en provenance de ces Îles au début du XVIIIe siècle, on dépasse la centaine à la fin du siècle. Certes, le nombre de ces arrivées est largement inférieur à celui des entrées totales dans le port (entre 2 500 et 3 000 dans la seconde moitié du siècle, petit cabotage exclu), mais le seul négoce avec les Antilles approche, en valeur à la fin du siècle, celui du premier poste du trafic portuaire à savoir le Levant : 55 millions de livres pour les Îles françaises d'Amérique, contre 63 pour le Levant[9].

On observe cependant un déplacement dans l'importance relative des diverses îles : la Martinique, qui a été longtemps la place essentielle du négoce marseillais, cède peu à peu la place à Saint-Domingue qui devient aussi pour Marseille à la fin du XVIIIe siècle « la perle des Antilles ». Comme Bordeaux ou Nantes, Marseille ne conserve qu'une faible partie des produits antillais et en redistribue 75 % dans le monde méditerranéen (indigo, sucre et café surtout).

---

[6] C. Carrière, *Richesse du passé marseillais. Le port mondial au* XVIIIe *siècle*, Marseille, Chambre de commerce de Marseille, 1979.
[7] G. Rambert, *Histoire du commerce de Marseille*, t. VI, *Les colonies, de 1660 à 1789*, Paris, Plon, 1959, pp. 56-57.
[8] C. Carrière, *Négociants marseillais au* XVIIIe *siècle...*, *op. cit.*, p. 331.
[9] *Ibid.*, p. 72.

Graphique 1 : Entrées de navires dans le port de Marseille venant des Antilles (1710-1792)

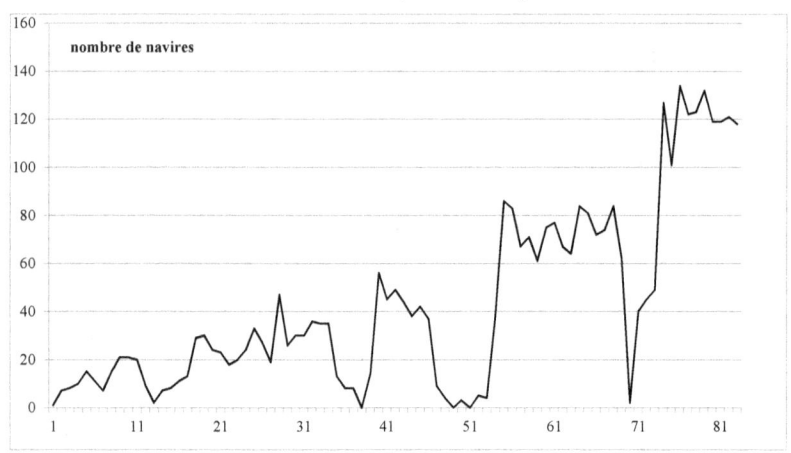

Les Roux : acteurs majeurs du siècle des négociants marseillais

Cette ouverture océane est essentiellement liée à des initiatives marchandes isolées : Gaspard Maurellet vers les Antilles à la fin du XVIIe siècle, les frères Bruny vers la mer du Sud, Georges Roux vers les Îles d'Amérique et la Guyane, les frères Couve dans l'océan Indien. Toutefois, au-delà de ces figures, se dessinent les contours d'un groupe d'hommes d'affaires qui constituent l'aristocratie du commerce. L'essor de Marseille est parallèle à l'émergence de ces marchands-grossistes qui se rencontrent à la Loge des marchands sise au rez-de-chaussée de l'hôtel de ville[10]. La maison Roux appartient à ce groupe de négociants, fortement hiérarchisé, unis par des liens familiaux, partageant une même culture, souvent une même origine (Europe du Nord et du Centre, Languedoc, Provence, Dauphiné), membres de la Chambre de commerce et en relation avec de puissantes maisons extérieures à la place.

---

[10] Ainsi que le mentionne en 1685 le marchand marseillais Delorme : « La Loge est le lieu où les marchands s'assemblent à Marseille pour traiter de leurs affaires, à Lyon elle est appelée loge du change, aux Pays-Bas, la bourse, en plusieurs lieux, le marché, et dans les Échelles du Levant, le bazar. » Cité par G. Buti, « I luoghi dello scambio commerciale. La Loggia di Marsiglia, XVIIe-XVIIIe secolo », dans T. Colletta (dir.), *Città portuali del Mediterraneo. Luoghi dello scambio commerciale e colonie di mercanti stranieri tra Medioevo ed età moderna*, Milano, Franco Angeli, 2012, pp. 156-170.

Cette maison a pris la suite de celle des frères Bruny qui participèrent à la première expédition en direction de la mer du Sud (1703-1706). Mais si Jean-Baptiste et Raymond Bruny eurent une descendance directe nombreuse et parfois liée au monde de la mer, la maison Raymond Bruny et Cie est passée en 1728 entre les mains de leurs neveux Jean-Baptiste-Ignace et Pierre-Honoré Roux sous la raison sociale *Jean-Baptiste, Honoré Roux et Cie*. Sous diverses raisons sociales la société familiale, restée active jusqu'en 1843, touche à tous les secteurs commerciaux. À côté d'un commerce de marchandises – en gros essentiellement – les Roux se consacrent à l'armement, à l'assurance maritime, à la banque et à diverses spéculations. Ils travaillent soit en compte propre, soit en association (en compte à demi ou à tiers), soit encore en qualité de commissionnaires ou consignataires d'autres armateurs. L'espace commercial de la maison recouvre celui du port mondial : outre le royaume de France, le réseau roussien couvre l'Europe de l'Ouest, la Barbarie, le Levant, les proches péninsules méditerranéennes, avec une attention de tous les instants portée à Cadix, et aux Îles françaises d'Amérique.

Les femmes parmi les correspondants de la maison Roux

Les papiers de commerce de cette prestigieuse maison du siècle des négociants marseillais, une des plus belles collections d'archives connues pour le XVIIIe siècle, ne laissent entrevoir qu'une présence féminine réduite dans ses affaires[11]. La correspondance marchande qui occupe une place si importante dans l'activité du comptoir reflète cette faible participation. De 1728 à 1793, en ne tenant compte que des échanges un peu assidus, écartant les lettres isolées et étant conscient des pertes, les Roux ont entretenu, de manière irrégulière au fil des décennies, des liens épistolaires avec plus de 1 500 correspondants répartis sur près de 400 sites[12].

Dans cet ensemble, on dénombre 72 femmes pour 78 maisons, la même personne pouvant figurer dans des sociétés sous différentes raisons sociales. Il en est ainsi à Montpellier avec la Veuve Boudet (1741-1756), puis Veuve Boudet et fils (1755-1761), à Carcassonne avec Madame Daudric David (1745), puis Veuve Daudric (1745-1748) et Veuve

---

[11] Archives de la Chambre de commerce et d'industrie de Marseille-Provence (désormais ACCIM), L. IX. Fonds Roux.
[12] Dans le classement des archives ces lettres sont regroupées dans des liasses par ordre alphabétique du correspondant (« nom qui commence par la lettre A, B, … »).

Daudric et Cie (1748-1751) et enfin à Bordeaux avec Veuve et héritiers de G. Rodriguez Medina (1728-1729), puis Veuve Médina (1733). Ces cas ne bouleversent pas les résultats, à savoir que ces 72 femmes représentent moins de 5 % (environ 4,7 %) des correspondants répertoriés de la maison Roux et parmi celles-ci on compte 52 veuves (soit 72 %)[13].

Ces femmes résident essentiellement en France avec quelques places dominantes comme Aix (familles de parlementaires), Paris, Saint-Malo, Rouen et Montpellier (en relation avec les manufactures de Languedoc pourvoyeuses de draps de laine pour le commerce levantin).

Carte 1 : Localisation des correspondantes de la maison Roux, de Marseille (1730-1790)

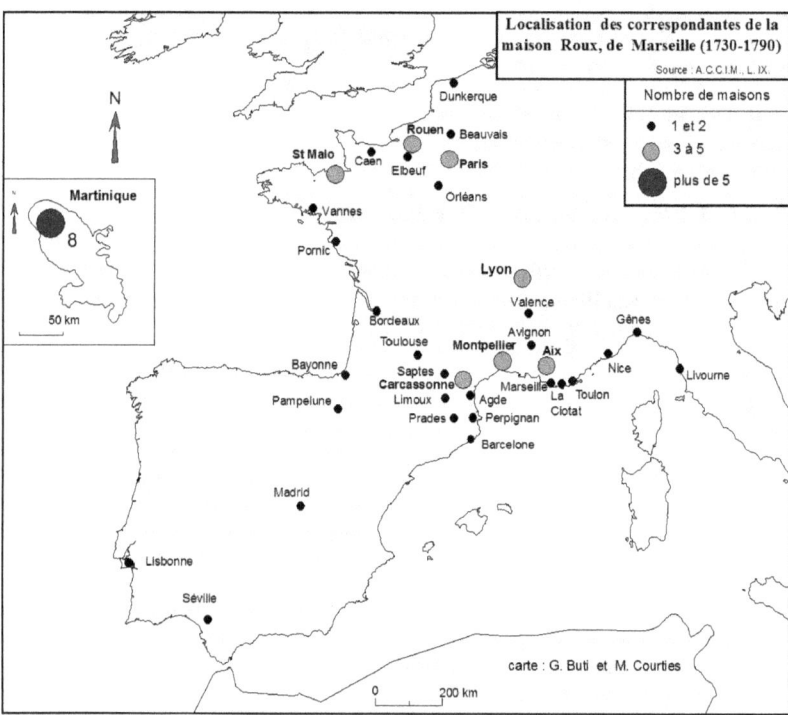

---

[13] Si une femme apparaît mariée puis veuve (cas de Madame Daudric de Carcassonne) nous avons pris en compte le temps du veuvage pour la compter parmi les veuves, mais sans incidence majeure sur l'évaluation dans la mesure où ce cas ne se produit qu'à deux reprises.

La maison Roux n'a de correspondantes installées ni à Cadix, ni dans les Échelles du Levant et de Barbarie qui occupent pourtant une place très importante dans les activités commerciales et bancaires de Marseille. Avec huit femmes le groupe le plus fort se situe à la Martinique où vit également la majorité des commerçants provençaux malgré le renversement de la tendance des armements qui se produit dans la seconde moitié du XVIIIe siècle en faveur de Saint-Domingue. Absentes dans cette dernière île ainsi qu'à la Guadeloupe, les correspondantes des Roux résident à Fort-Saint-Pierre, capitale économique de l'île, alors que la capitale administrative est Fort-Royal. C'est dans ce bourg marin, au quartier du Mouillage, que l'on rencontre également le plus gros contingent de marchands venus de Marseille : les Tiran, Julien, Porry, Raynaud, Philippe et Charles Borély[14]. Toutefois, la maison marseillaise ne semble pas avoir de liens avec eux alors qu'elle en entretient avec d'autres qui ne paraissent pas venir de Marseille mais de Provence, de Languedoc voire de l'intérieur du royaume comme les Arcère, de Campis, Barral, Fourcade, Goujon, Henry, Perpigna, Terrier de Laistre, etc.

Les correspondantes des Roux à la Martinique au XVIIIe siècle

Elles représentent environ 15 % des 51 maisons de commerce de la Martinique avec lesquelles les Roux ont eu des échanges. À titre de comparaison, même si celle-ci est difficilement soutenable, ces négociants marseillais n'ont eu qu'une correspondante à Livourne, la veuve Sapte et durant quatre ans seulement (1769-1772), pour un même nombre de correspondants qu'à la Martinique.

Si nous pouvons suivre la correspondance féminine martiniquaise sur près d'un demi-siècle (1736-1780), la durée des liens est très inégale selon les correspondantes allant de deux ans avec la veuve Jamoy à dix-huit ans avec Marianne Hardy. Ces durées, comme les bornes qui marquent l'ensemble des relations épistolaires, seraient cependant à corriger étant donné la rareté des premières lettres, qui nous privent de la précieuse prise de contact, et l'absence totale des dernières.

L'environnement économique, le milieu familial, l'exploitation de plantations peuvent rendre compte des raisons de cette présence féminine

---

[14] G. Rambert, *Histoire du commerce de Marseille*, t. VI, *Les colonies...*, *op. cit.*, pp. 81-94.

dans le réseau roussien. De nombreuses lacunes demeurent néanmoins au sujet de la situation familiale de ces femmes dont une moitié certes est composée de veuves : sont-elles nées sur place, comme Marianne Hardy, ont-elles suivi un membre de leur famille ? Le manque de précisions entoure également les conditions et statuts, si statuts il y a, de leurs activités commerciales (associés, responsabilités, capital). Quelques éléments glissés dans les lettres apportent néanmoins un éclairage intéressant[15]. Par ailleurs, ces femmes ne sont pas totalement isolées dans les relations nouées avec les Roux car des hommes issus des mêmes familles conduisent parallèlement des affaires avec la maison marseillaise.

Figure 1 : Correspondantes et correspondants des mêmes familles de la Martinique avec les Roux (1736-1789)

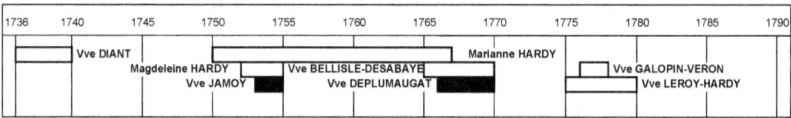

PARENTS DES CORRESPONDANTES EN RELATION AVEC LES ROUX

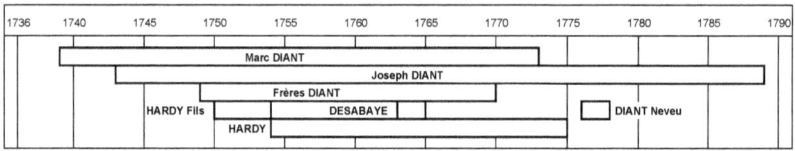

Deux familles dominent cet ensemble. La famille Diant ne compte certes qu'une femme, la veuve Diant (1736-1740), mais celle-ci, qui est la première des correspondantes des Roux à la Martinique, paraît être à l'origine de plusieurs maisons dirigées par des hommes : ses fils Marc (1739-1774), Joseph (1743-1789), ceux-ci associés sous la raison *Diant frères* (1749-1770), sa belle-fille Touchard Diant (épouse de Marc, 1753) et *Diant neveu* (1776-1777). Les Roux reçoivent régulièrement des cafés expédiés par Joseph Diant, au point de réussir à les imposer sur les marchés d'Alep et de Smyrne à la place des cafés d'Arabie[16].

Toutefois les femmes sont davantage présentes dans la famille Hardy, avec Marianne, Madeleine, Madame Leroy veuve Hardy, où l'on ne compte

---

[15] Voir plus loin dans le texte, la sous-partie « Femmes de comptoirs ? ».
[16] L. Dermigny, *Cargaisons indiennes, Solier & Co 1781-1793*, vol. 1, Paris, Sevpen, 1960, pp. 77-78.

que deux hommes (aux liens de parentés probables mais indéterminés), sans trace ici de transmission et d'activités parfois concomitantes[17]. Quelques femmes, également membres de ces familles, interviennent de manière ponctuelle dans les échanges de lettres avec les Roux, mais il s'agit pour Bibianne Hardy, Marie Anne Hardy Desruisseaux et Touchard Diant de règlements de questions personnelles et non d'affaires suivies entre maisons de commerce. D'autres correspondantes ont contacté les négociants marseillais sur la recommandation de ces deux familles, notamment celle des Diant, comme c'est le cas de la veuve Jamoy qui dirige une maison plus modeste[18]. Mais la veuve Diant paraît avoir suivi la même démarche lorsqu'elle écrit aux Roux, dans la première lettre de sa correspondance : « Il y a quelques temps que l'on m'adressa à vous pour la vente de quelques barriques de sucre dont je fus très contente, ce qui fait qu'aujourd'hui je prends la même liberté de vous en adresser cinq… [19] » Trente-deux sacs de café suivront ainsi qu'une marque de proximité sociale lorsqu'elle ajoute en terminant sa lettre que « mes enfants vous assurent de leur civilité[20]. »

La présence féminine dans ces transactions ou dans ces entreprises aux statuts inconnus peut n'être qu'un moment dans un maillon d'une chaîne familiale. Madame Le Roy veuve Hardy (1776-1780) prend la suite de son mari à la mort de celui-ci (en 1776), lequel avait pris en 1754 la succession de la maison Hardy fils (1750-1753). En succédant à son mari, elle écrit aux Roux « je vous confirme la confiance que M. Hardy vous avait donnée […]. Disposez de mes intérêts comme des siens et agissez comme s'il vivait encore[21]. » Madame Bellisle-Desabaye agit de même à la disparition de son époux[22].

Au vrai, comme observé ailleurs, il semble que la participation de ces femmes à la vie économique soit en relation avec les charges et activités de leurs parents masculins[23]. Elles appartiennent à des familles liées à l'administration de la Martinique, à des institutions locales ou nationales,

---

[17] Pas de mention de prénoms dans les lettres, y compris dans les signatures, de Hardy fils (1750-1753) et de la société Hardy (1754-1776).
[18] ACCIM, L. IX. 696. Veuve Jamoy (1753-1754).
[19] *Ibid.*, L. IX. 691, 16 octobre 1736.
[20] *Ibid.*, L. IX. 691, 17 novembre 1737.
[21] *Ibid.*, L. IX. 695, 7 août 1776.
[22] *Ibid.*, L. IX. 689, 3 juillet 1767.
[23] D. Godineau, *Les femmes dans la société française, 16ᵉ-18ᵉ siècles*, Paris, A. Colin, 2003, p. 55.

et au monde du négoce qui parfois se superposent. Ainsi, le conjoint de Marie Madeleine Desabaye, à savoir Jean Baptiste Louis Varin de Bellisle, était de son vivant négociant et officier de milice ; son frère était négociant et ses beaux-frères l'un membre du conseil souverain de la Martinique, l'autre avocat au Parlement[24]. Jeanne Élisabeth Galopin est l'épouse de César Jean Antoine Véron, ancien garde du Corps du Roi. Leur fils, François, lieutenant de vaisseau, épouse en 1781 Marie Madeleine Romefort, née vers 1740 à la Martinique, fille de Pierre, né en 1704 à Tonneins (Aquitaine), établi à la Martinique depuis 1728, comme lieutenant des grenadiers à Saint-Pierre et dit « négociant » au moment du mariage de sa fille. Quant à Magdeleine Hardy, elle a épousé Jean Joseph Lejeune, sieur de Montnoël, commandant des milices du Mouillage et major du bataillon du Mouillage[25].

Il demeure difficile de connaître la formation de ces femmes au monde de la marchandise. C'est assurément aux côtés de leurs maris et au sein de leur famille d'origine qu'elles ont pu acquérir une compétence professionnelle. Ce savoir-faire permet à celles devenues veuves de reprendre les affaires pour une période de transition plus ou moins longue. Ainsi, après un temps passé aux côtés de son mari, la veuve Diant poursuit pendant cinq ans (de 1736 à 1740) son activité et continue, de manière transparente, à agir pendant quelques mois dans la maison qu'elle transmet à son fils aîné Marc (1739-1774)[26]. En juin 1739, alors que s'effectue la transmission, Marc signe « pour ma mère »[27]. Elle semble avoir, à son tour, transmis son savoir-faire à ses fils Marc et Joseph.

À la disparition de son mari, Gte (Guillemette ?) Deplumaugat poursuit ses opérations en s'associant rapidement avec son fils dans la société Veuve Deplumaugat et François (1767-1771)[28]. Madame Galopin-Véron prend en main les affaires d'un mari âgé et le signale aux Roux en

---

[24] ACCIM, L. IX. 689, 8 juillet 1768.
[25] Jean Joseph Lejeune est un créole, né en 1731 au Fort Saint Louis et décédé en 1817 en son hôtel de Follet, à Saint-Pierre. Les renseignements au sujet de Magdeleine Hardy proviennent de la base généalogique privée « Roglo » mise en place par les descendants de familles békées. Ces informations m'ont été gracieusement communiquées par Marie Hardy, descendante de la dite famille, que je remercie vivement. Voir M. Hardy, *Le monde du café à la Martinique du début du XVIIIe siècle aux années 1860*, thèse d'histoire, dactyl., D. Bégot (dir.), Université des Antilles-Guyane, 2014.
[26] ACCIM, L. IX. 691.
[27] *Ibid.*, L. IX. 691, 13 juin 1739.
[28] *Ibid.*, L. IX. 692, 16 février 1769.

des termes qui montrent sa détermination : « Je vous prie Messieurs que si mon Mary tracasse mes affaires de ne pas lui faire de réponse, c'est un homme de 80 ans qui ne sait ce qu'il fait ; je suis à présent à la tête des affaires[29]. » Les Roux sont avertis !

La transmission a pu être précédée de contact pour des opérations personnelles comme ce fut le cas de Madame Chaumont de Ledoulx. C'est à la demande de son mari qu'elle prend contact avec les Roux, en 1766, pour leur expédier deux barriques de sucre et du cacao et leur passer commande de divers articles qui seront payés grâce au produit de la vente des marchandises antillaises. Quelques mois plus tard, en janvier 1767, elle effectue directement d'autres achats pour son compte auprès des Roux, alors que son mari poursuit ses propres affaires, avant de prendre le relais de celui-ci décédé[30]. L'apprentissage est quelquefois réalisé lors de l'absence du mari, comme le fait Madame Bellisle, née Magdeleine Desabaye, qui se charge en 1766 des affaires de son mari en voyage et qui les poursuit jusqu'en 1771 après le décès de celui-ci en 1767[31]. En revanche, Marianne Hardy, qui est restée dix-huit ans au moins en relation avec les Roux, ne semble pas prendre la suite d'un homme[32].

Affaires et « liaisons d'affaires »

Dans la conduite du commerce de mer, la distance reste une contrainte majeure dont nous pouvons prendre la mesure à travers le cas de Madame Bellisle. Alors que son mari est parti « pour chez vous », écrit-elle aux Roux le 21 octobre 1766, elle fait part à ceux-ci le 3 juillet 1767 de « la douleur où m'a plongé la perte que j'ay faite de M. Varin Bellisle mon cher époux […]. Cette triste et affligeante nouvelle m'a été annoncée par mon oncle Mirbeau le 25 avril dernier[33]. » Six mois se sont écoulés entre le départ du mari et l'arrivée de la funeste nouvelle. Incertitude et inquiétude se lisent dans les lignes de la quinzaine de lettres que la jeune épouse a confiées à des capitaines de navire se rendant à Marseille, lettres dans lesquelles elle demande également aux Marseillais, comme ce 10 janvier 1767, « les cours des sucres chez vous ainsi que des piastres. »

---

[29] *Ibid.*, L. IX. 694, 24 avril 1776.
[30] *Ibid.*, L. IX. 696, 18 janvier 1767.
[31] *Ibid.*, L. IX. 689 et 692.
[32] *Ibid.*, L. IX. 695, 1752-1767.
[33] *Ibid.*, L. IX. 689, 3 juillet 1767.

Hormis les périodes de tensions internationales ou de conflits, le temps ordinaire des relations entre Marseille et les Antilles est plus court (trois à quatre mois), mais dans le cas présent la maladie du défunt rend compte du silence observé.

« *Femmes de comptoirs* » ?

La correspondance échangée laisse entrevoir des femmes qui utilisent le modèle traditionnel de ce type d'échanges épistolaires avec rappel des lettres reçues, exposé des affaires en cours, mention des prix courants, compliments et réprimandes quand les opérations ne sont pas bonnes ou que les paiements tardent à venir. Elles ont souvent des commis, comme le montre la signature des lettres souvent différente de l'écriture du contenu. À Honoré Roux qui lui reproche d'avoir oublié de mentionner le nom du tireur d'une lettre de change, Madeleine Hardy répond : « il se peut, mais il faut que ce soit l'erreur du copiste qui l'aura omis[34]. » Cet usage n'est cependant pas systématique, car aux Roux qui lui reprochent de ne pas écrire assez souvent, Marianne Hardy lui répond en reconnaissant « qu'elle devient paresseuse à l'écriture[35]. » Elles envoient des duplicata ou triplicata par des capitaines différents et font usage, si nécessaire, de procurations pour des « gens de toute confiance », en observant, comme le note Madame Bellisle avec une certaine expérience, que « les liaisons du sang et du nom ne sont pas toujours les liaisons d'affaires[36]. »

Quelques correspondantes évoquent leurs « livres », sous-entendu « de comptes », mais ceux-ci ne semblent pas avoir été conservés. Marianne Hardy insiste à plusieurs reprises auprès des Roux pour qu'ils ne mélangent pas « le compte de la société » avec son « premier compte » personnel. Le compte de société est destiné aux lettres de change et autres remises, le second étant réservé à ses achats personnels (bas, mitaines, etc)[37]. Ces correspondantes mentionnent assez régulièrement des prix de marchandises, voire les raisons de leur évolution ou leur fréquente

---

[34] *Ibid.*, L. IX. 695, 7 juin 1755.
[35] *Ibid.*, L. IX. 695, 24 avril 1764.
[36] *Ibid.*, L. IX. 689, 3 octobre 1765. Au sujet des procurations dans les sociétés littorales voir G. Buti, « Gérer l'absence par procurations. La femme et la mer en Provence au XVIIIe siècle », dans E. Charpentier et P. Hrodĕj (dir.), *op. cit.* Pour le cas de la Nouvelle-France et sans être centré sur le monde maritime voir : B. Grenier et C. Ferland, « "Quelque longue que soit l'absence" : procuration et pouvoir féminin à Québec au XVIIIe siècle », *Clio. Femmes, Genre, Histoire*, n° 37, 2013, pp. 197-225.
[37] ACCIM, L. IX. 695, 29 décembre 1767.

variation. Ainsi, alors que les Roux la rappellent à l'ordre pour ne pas les avoir indiqués au bas de sa lettre, la veuve Hardy leur répond que « les marchandises [venant d'Europe] augmentent tous les jours ce qui fait que je ne vous en fixe pas le prix[38]. » Réponse qui ne peut satisfaire les négociants marseillais…

Affaires et techniques marchandes

Les achats sont essentiellement composés de cafés, sucres et cacao provenant de plantations locales ou de régions voisines (Guadeloupe et Sainte-Lucie). Si les frères Diant sont planteurs, nous ignorons ce qu'il en est des correspondantes des Roux. Les achats sont effectués en compte propre, parfois à demi ou à tiers. Quelques opérations sont menées en association : ainsi, en septembre 1750, après avoir expédié un premier courrier « par voie de Bordeaux », Marianne, Magdeleine et Clère Hardy signent une lettre relative à un chargement de « 45 barriques de sucre pour 20 040 lt et 20 onces de poudre d'or poids espagnol, de bonne qualité, sur le navire *L'Espérance*, du capitaine Louis Augustin Icard de chez vous », et de 12 barriques de sucre chargées sur le navire *Saint-Michel*, du capitaine Gaspard Fouque, chargements accompagnés des connaissements[39]. » Comme le savent des marchandes averties, des chargements effectués sur des navires différents permettent de diviser les risques de mer.

Ces femmes qui font un usage fréquent des lettres de change, comme la veuve Jamoy en affaire avec également Aillaud de Marseille, connaissent parfaitement les dispositifs de ce mode de paiement (endossements, escomptes, protêts). Elles exigent quelquefois des règlements en monnaies comme ces « retours en monetes de Portugal [*pièces d'or*] valant en ce bourg 66 livres » que Marianne Hardy demande à faire passer sur le navire *L'Espérance* pour le net produit de la vente des sucres et de la poudre d'or réalisée par les Roux. Les traites et les remises vont toujours dans le même sens : du papier peut être émis sur une provision faite à Marseille avec des produits des Antilles. En cela ces femmes, notamment Madeleine et Marianne Hardy, agissent comme les frères Hardy, ou comme Marc et Joseph Diant, avec toutefois des niveaux inférieurs et de moindre volume dans les transactions.

---

[38] *Ibid.*, L. IX. 695, 26 avril 1779.
[39] *Ibid.*, L. IX. 695, 25 septembre 1750.

Les gains sont souvent laissés entre les mains des Roux, à Marseille, pour les faire fructifier. En novembre 1764, Marianne Hardy place la somme de 24 295 lt chez les Roux, au moment où la raison sociale de la maison marseillaise est modifiée. Néanmoins, elle leur fait savoir que cela « ne peut qu'affermir la confiance que j'ai d'avoir mis mes fonds dans votre maison[40]. » Elle ne manque d'ailleurs pas, peu après, de les remercier pour « le versement des intérêts du capital placé et versés par semestre », à 3 % en temps de guerre et à 4 % en temps de paix. Elle se montre en revanche soucieuse au sujet de l'argent « placé sur les jésuites », présents à Saint-Pierre, alors que leur expulsion du royaume a été décidée. Les informations recueillies auprès de son frère, qui n'a pas reçu davantage de nouvelles « sur les dettes des jésuites », ne la rassurent pas. Il en est de même quelques années plus tôt au sujet des « lettres de change du Trésor » ou rentes royales : le roi compte les payer mais « ce serait un grand dérangement pour moi si je perdais cette somme [*12 700 lt*] étant toujours dans l'espérance d'avoir la paix[41]. » Finalement, quatre ans plus tard elle exprime toute sa gratitude aux Roux qui ont « touché le dernier coupon d'intérêt de sa lettre sur le Trésor[42]. »

Dans la multitude des échanges, la correspondance laisse percevoir la présence d'un proche cercle familial. De manière ponctuelle Marianne Hardy intéresse à ses opérations ses sœurs (Magdeleine et Clère), son frère (Hardy des Ruisseaux), ses beaux-frères (Lejeune, Cartier) et son neveu (Jorna de la Calle), présents à Saint-Pierre ou établis en métropole où Leroy-Hardy est une parente du banquier parisien Leroy. Ces échanges s'effectuent parfois par l'intermédiaire de la maison marseillaise. Dans ces réseaux figurent des négociants de Bordeaux, La Rochelle, Nantes (Terrien), Rouen, Lyon, Paris (Dubuc, Le Coulteux, notamment au sujet des liquidations de l'affaire des Jésuites). En 1736, la veuve Diant qui a adressé 15 barriques de sucre à Bordeaux, envoie 17 sacs de sucre et 32 sacs de café pour Marseille, mais renonce, en 1740, de faire des envois pour Lyon, *via* Marseille, étant donné les bruits de guerre[43].

Car ces femmes sont extrêmement attentives à la conjoncture internationale. Le règlement final de la guerre de Sept Ans les inquiète particulièrement. Après avoir évoqué dans une lettre du 22 mars 1762

---

[40] *Ibid.*, L. IX. 695, 8 novembre 1764.
[41] *Ibid.*, L. IX. 695, 5 juin 1761.
[42] *Ibid.*, L. IX. 695, 18 avril 1765.
[43] *Ibid.*, L. IX. 691, 16 octobre 1736 et 2 septembre 1740.

« la malheureuse circonstance de la prise de la Martinique », Marianne Hardy redoute la suite :

> « On nous annonce la paix mais c'est plutôt une guerre cruelle que l'on nous fait pour les impositions que l'on prépare [...] et l'impossibilité de recevoir aucune douceur des autres îles qui nous en fournissaient beaucoup [...] la pauvre Martinique est abandonnée au mépris[44]. »

Ayant appris la capture du vaisseau *La Fortune* où se trouvait son frère, elle écrit aux Roux :

> « Si mon frère Hardy n'a point d'argent à Marseille, il pourrait avoir besoin de fonds que vous avez de moi ; vous pourrez lui avancer sur mon compte ce qu'il vous demandera pour la rançon de Monsieur Leroy, ce que cependant j'espère qu'il n'aura pas besoin[45]. »

Quelques mois plus tard, l'inquiétude grandit au sujet du devenir de la Martinique :

> On parle de guerre et on la pense encore pour l'année prochaine. On pourra alors dire adieu à la Martinique. Malgré les préparatifs que l'on fait pour éviter d'être pris [...] nos forces ne seront jamais suffisantes étant exposé à la descente par tout le tour de l'île où les Anglais pourront mettre à terre[46].

Quinze ans plus tard Marianne Hardy qui continue ses activités commerciales reste toujours attentive à la situation internationale. Alors que la France participe depuis quelques mois à la guerre d'Amérique, elle partage :

> la joie universelle qui s'est répandue dans toutes les colonies [*à l'annonce de*] la venue des convois de M. de La Motte Piquet composés de 64 bâtiments [...] alors que nous commencions à manquer de tout [...] et de la prise, par quatre bâtiments de M. d'Estaing, de l'île de Saint-Vincent sur les Anglais[47].

En relation avec les événements internationaux et les transports maritimes ces femmes d'affaires ne négligent pas les assurances et le choix des assureurs. Elles sollicitent régulièrement pour cela les Roux, comme le fait Marianne Hardy en septembre 1750 pour la somme de 20 040 lt

---

[44] *Ibid.*, L. IX. 695, 30 août 1763.
[45] *Ibid.*, L. IX. 695, 24 août 1764.
[46] *Ibid.*, L. IX. 695, 18 avril 1765.
[47] *Ibid.*, L. IX. 695, 10 juillet 1779.

pour les marchandises chargées sur le vaisseau *L'Espérance* du capitaine Louis Augustin Icard[48].

Ces échanges épistolaires et les affaires conclues tissent quelquefois des liens de sympathie, voire d'amitié entre les associés. Ainsi en est-il entre les Diant et les Roux. En 1751, ceux-ci acceptent de veiller sur les enfants qu'Anne Touchard Diant a envoyés à Marseille pour y faire leur éducation. En 1777, ils accueillent somptueusement Madame Diant[49].

Les raisons qui mettent un terme à ces correspondances échappent à notre documentation, hormis le cas clairement signalé de transmission progressive par la veuve Diant, en 1739, au profit de son fils aîné Marc. Dans les autres cas nous ne pouvons que formuler des hypothèses : décès, renoncement, faillite ou départ. Cette dernière éventualité est peut-être à envisager pour Magdeleine Hardy qui écrit en août 1752 à la maison de Marseille : « Je ne suis pas sûre de faire revenir ces fonds à la Martinique voulant me retirer en Europe au printemps prochain[50]. » Au vrai, sa correspondance se poursuit jusqu'en 1755. C'est une raison financière, teintée d'une certaine amertume, que l'on perçoit dans le renoncement envisagé par Marianne Hardy quand elle confie, aux Roux, en 1763 que : « Si je ne peux être payée de ce qui m'est dû ici, peut-être me déterminerai-je à quitter le pays qui n'est plus fait pour les personnes justes [...] la misère est si grande que j'appréhende d'y rester par le défaut de paiement[51]. » La situation se précise un an plus tard car « je me trouve dans le cas de ne rien toucher de ce qui m'est dû, ce qui me prive d'aller en France[52]. »

Semblable projet se retrouve également à la veille de la guerre de Sept Ans chez Madame Hardy Delisle. Sa correspondance très lacunaire montre une bonne connaissance des pratiques marchandes quand elle s'adresse à Pierre Honoré Roux comme commissionnaire de toute confiance :

> Vous trouverez ci-joint, Monsieur, facture et connaissements de soixante quatorze barriques, trois tierçons et deux quarts de sucre montant à trente trois mille neuf cent cinquante six livres dix huit sols que j'ai fait charger sur le vaisseau *L'Espérance* du capitaine Louis Augustin Icard ; parvenant à bien je vous prie de faire retirer le tout et d'en faire la vente lorsque vous le jugerez à

---

[48] *Ibid.*, L. IX. 695, 25 septembre 1750.
[49] *Ibid.*, L. IX. 691, 11 mai 1777.
[50] *Ibid.*, L. IX. 695, 3 août 1752.
[51] *Ibid.*, L. IX. 695, 30 août 1763.
[52] *Ibid.*, L. IX. 695, 8 novembre 1764.

propos ; s'il était question de faire du terme, trouvez bon que je vous propose de vous charger de la validité des débiteurs en vous payant l'un pour cent comme d'usage et sur quoi je vous prie de me faire réponse. Comme je suis dans le sentiment de me retirer en Europe le printemps prochain et que je ne veux point faire revenir ces fonds, leur rentrée en vos mains je vous prie, Monsieur, de les placer en intérêt jusqu'à ce que j'en dispose[53]…

En l'absence de correspondance nous ne sommes pas en mesure de savoir si le projet a abouti et si le retour en Europe a été concrétisé ou entravé par la guerre.

Un départ envisagé, à la fois redouté et contrarié, rend compte de l'orientation nouvelle de l'activité de Marie Madeleine Desabaye. Alors que son mari, M. de Bellisle envisageait d'acheter une terre en Languedoc, avec l'aide et les conseils des Roux, elle écrit aux Roux qu'elle espère ne pas avoir à se : « repentir d'avoir quitté la Martinique[54]. » Mais finalement, à la suite du décès de son mari elle renonce à poursuivre plus avant les affaires en cours et écrit en juillet 1767 à ses correspondants de Marseille : « la mort de mon mary m'a fixée pour toujours en cette isle auprès de ma famille ; aussi je suis dans la nécessité de faire revenir mes capitaux pour les placer en biens fonds. » Le règlement se poursuit jusqu'en mai 1771.

*

Au terme de ce tableau convenons sans détour que les zones d'ombre sont aussi épaisses que nombreuses sont les incertitudes et les pistes à emprunter, en allant au-delà de la correspondance utilisée, pour en savoir plus long sur ces femmes d'outre-Atlantique. Pour l'heure, les registres paroissiaux et les minutes des notaires n'ont pas été d'un grand secours et les ressources documentaires martiniquaises restent fragmentaires[55]. Les origines géographiques, l'appartenance sociale et le destin de ces femmes demeurent largement ignorés, comme les liens maintenus ou non avec le royaume. Activités éphémères pour quelques-unes, plus durables pour d'autres : ont-elles été poursuivies lors d'un retour en Europe ? Cet échantillon de femmes et les relations qu'elles ont entretenues avec la maison Roux ne prétendent pas être représentatifs de l'ensemble des liens

---

[53] *Ibid.*, L. IX. 695, le 3 août 1752.
[54] *Ibid.*, L. IX. 689, le 13 mars 1767.
[55] Archives nationales d'Outre-mer (Aix-en-Provence). Marie Hardy, qui ne dispose pas d'archives familiales, nous a fait savoir, et nous la remercions, que Marianne Hardy, née à la Grand'Anse, s'y est mariée le 30 août 1746 avec Henry de Fadat, non créole, car né à Aniane (Languedoc) ; l'acte de mariage ne précise ni sa profession, ni celle de son mari.

établis entre Marseille et les Antilles. Au reste, nous ne sommes pas en mesure d'évaluer les quantités de marchandises et les niveaux d'affaires de ces sociétés de commerce aux structures floues, qui ne laissent percevoir ni pratiques bancaires (arbitrage), ni innovation. Il est tout aussi difficile de les comparer à d'autres et de les situer dans l'ensemble des échanges avec Marseille.

Toutefois, au-delà de ces nombreuses limites, il a été possible à partir de ces correspondances d'entrevoir des formes d'apprentissage, de saisir sur le vif des comportements et de percevoir la participation de ces femmes aux échanges marchands. Les fragments d'itinéraires montrent leur discrète mais réelle implication dans la vie d'entreprises maritimes. Étude délicate qui peut difficilement faire passer de l'échantillon à la série, mais qui rappelle, de façon plus générale, la place des affaires individuelles et familiales sur lesquelles se greffent avec souplesse toutes sortes d'opérations qui ne se renferment pas toujours dans des cadres juridiques. Certes, si ces femmes de la Martinique ne semblent que « succéder temporairement à un homme[56] », et si elles paraissent maintenir et non créer une entreprise, leur « promotion provisoire » (André Lespagnol), si promotion il y a, prend peut-être un sens différent dans ce contexte particulier qui est celui d'une « présence provisoire » pour nombre d'entre elles liées à des administrateurs parfois de passage.

---

[56] D. Godineau, *Les femmes dans la société française…*, *op. cit.*, p. 56.

Femmes de commerçants, femmes commerçantes à Bordeaux de la fin de l'Ancien Régime à la Restauration

Philippe Gardey

Docteur en histoire
Centre d'études des mondes moderne
et contemporain (CEMMC-EA 2958)
Université Bordeaux-Montaigne

L'historien qui travaille sur les milieux du commerce au tournant des XVIIIe et XIXe siècles commence par s'intéresser à un monde peuplé de marchands, de négociants, d'armateurs, de banquiers, d'assureurs, bref à un univers éminemment masculin. Cependant, il découvre rapidement, à une époque où le comptoir est au cœur de la demeure familiale, où l'entreprise se nomme « maison de commerce » et le mariage « contrat », que le rôle des femmes n'est pas négligeable. Bordeaux, premier port du royaume à la veille de la Révolution, ne déroge pas à la règle. Des sources notariales aux registres fiscaux, des procès révolutionnaires aux almanachs du commerce, il croise des femmes à chaque instant.

Jeunes filles, elles sont au cœur de stratégies commerciales qui sont souvent, à cette époque, des stratégies matrimoniales. Il nous faudra comprendre comment, à Bordeaux, leurs origines sociales, géographiques ou confessionnelles, tout autant que le poids de leur dot, déterminent les débuts de carrière de leurs époux. Épouses et mères, elles secondent et remplacent au besoin les négociants en voyage chez leurs correspondants des grands ports de la façade atlantique ou du nouveau monde. Femmes de marchands, elles en partagent l'activité au quotidien, sont parfois de véritables collaboratrices, quand elles ne sont pas officiellement associées. Veuves, elles assurent la continuité des entreprises, en attendant qu'une nouvelle génération d'hommes, ou parfois de femmes, ne prenne la relève.

À ce niveau-là, une femme de commerçant se transforme en femme commerçante. « Marchande », le terme est commun ; « négociante », il n'apparaît pas dans les sources, mais les exemples sont nombreux. Ces femmes d'affaires, ou du moins ces femmes dans les affaires, ont laissé quelques traces. Nous en repérons plusieurs centaines et nous pouvons mesurer les inflexions entre la fin de l'Ancien Régime et la Restauration grâce aux almanachs et aux sources fiscales. Nous connaissons les formes principales d'association et les secteurs dans lesquels se développent l'activité des « demoiselle », « madame » ou « sœurs untel » reconnues comme « marchandes publiques ». Nous pouvons suivre les trajectoires individuelles de véritables négociantes qui ne doivent leur réussite qu'à leurs propres talents. Ainsi l'étude du cas bordelais prouve que, malgré les obstacles juridiques et mentaux, les professions de la marchandise et du négoce se déclinaient aussi au féminin.

Des jeunes femmes au cœur des stratégies matrimoniales et commerciales

Raison et sentiments

La jeune femme des milieux du négoce et de la marchandise est très tôt préparée à remplir le rôle social qu'on attend d'elle : faire un beau mariage. En 1776, le grand négociant protestant François Bonnaffé affirmait ainsi : « Mes filles grandissent et, dans deux ou trois ans, s'il se présente un bon parti comme je l'espère, il faudra parler et, en bon père, je ferai ce qu'il convient[1] ». À cette date l'aînée n'a encore que quinze ans ! Au tournant des XVIIIe et XIXe siècles, le mariage apparaît ainsi comme un acte social dans lequel les entraînements du cœur semblent tenir peu de place. C'est le moment qui consacre certes l'union de deux destinées mais qui, surtout, scelle l'alliance de deux familles, de deux patrimoines et quelquefois de deux entreprises.

Il convient cependant de remarquer que la démographie tempère largement la toute-puissance familiale pourtant inscrite dans la coutume de Bordeaux[2] puis dans le code Napoléon. La réalité que nous livrent

---

[1] Cité par P. Butel, *Vivre à Bordeaux sous l'Ancien Régime*, Paris, Perrin, 1999, pp. 217-218.

[2] Les différentes compilations manuscrites des coutumes furent fixées sous François 1er en 1521, mais la première édition officielle des coutumes réformées de Bordeaux date de 1528. Pour la fin de l'Ancien Régime, il faut se reporter à la dernière édition :

les archives est, en effet, un peu différente. Un mariage tardif s'est mis progressivement en place dans l'Europe moderne. Il en résulte qu'à Bordeaux, entre 1780 et 1820, en moyenne, des jeunes femmes de vingt-trois ans épousent des négociants de trente-deux ans et demi. Pour la marchandise, dont le modèle se situe entre les élites et les milieux populaires, des jeunes femmes un peu plus âgées (vingt-quatre ans et demi) épousent des hommes un peu plus jeunes (trente-et-un ans). Les marchandes, ont même un comportement qui les rapproche de celui des hommes car elles attendent d'être bien installées pour chercher un bon parti et ne convolent pas en premières noces avant vingt-huit ans et demi.

Quelle marge de manœuvre, à défaut de véritable liberté, s'offre à une jeune femme de cette époque dans les milieux du commerce ? Dans la coutume de Bordeaux, les filles devaient obtenir le consentement de leurs parents jusqu'à l'âge de vingt-cinq ans. Passé cette majorité nuptiale, il fallait encore requérir « leurs avis et conseils » par la voie d'actes respectueux. La loi du 20 septembre 1792 ramena la majorité matrimoniale à vingt-et-un ans pour les deux sexes ce que confirma, pour les filles seulement, l'article 148 du code civil[3]. Légalement, près de 40 % des femmes n'ont pas le moindre consentement à solliciter avant 1792 et près de 60 % après cette date. On constate cependant que, mineurs ou non, les futurs demandent toujours l'autorisation ou l'avis de leurs parents. Mais, pour que l'autorité de ces derniers existe, encore faudrait-il qu'ils soient vivants au mariage de leurs filles. Or 30 % des jeunes femmes se mariant dans les milieux du négoce ont déjà perdu leur père ; elles sont 41 % dans les milieux de la marchandise. Si la loi donne le dernier mot aux pères pour autoriser ou non les mariages, la démographie permet finalement aux mères de jouer le plus grand rôle, car 75 à 80 % d'entre-elles sont encore vivantes à ce moment-là. Mais il faut aller encore plus loin, car mêmes vivants, les parents ne sont pas toujours présents à la signature des contrats. C'est ici qu'un dernier facteur d'émancipation intervient, l'éloignement géographique. Même si l'immigration féminine est toujours plus circonscrite, plus régionalisée que celle des hommes, entre 1784 et 1825, 30 % des épouses des milieux du commerce ne sont pas des Girondines. Les filles paraissent cependant plus contrôlées que les garçons. Pour des hommes qui dirigent des entreprises et entretiennent des relations épisodiques avec des parents résidant souvent très loin de

---

A. & D. Lamothe, *Coutumes du ressort du parlement de Guienne*, Bordeaux, Les frères Labottière, 1768, 2 vol.

[3] Pour les garçons, on revient à 25 ans.

Bordeaux, les autorisations nécessaires sont souvent de simples formalités. Mariage tardif et immigration créent ainsi une émancipation de fait dans la majorité des cas. Pour les femmes cependant, quand les pères sont vivants, ils sont plus présents que les mères, surtout quand les enjeux financiers sont importants : au-delà de 100 000 fr., 94 % des cas contre 19 % pour l'ensemble des contrats. Ces couches supérieures marient aussi leurs filles assez tôt car le grand négociant, déjà âgé, tient à voir sa fille établie avant sa mort et surtout avant ses frères. Ici, c'est vrai, le mariage est en grande partie l'affaire des parents, mais cela n'empêche pas de chercher à concilier intérêts, raison et sentiments. En 1780, Bonnaffé se félicite ainsi que sa fille Nancy épouse « le premier parti de la ville », mais il se réjouit aussi que le futur, Jean-Jacques Barthez, soit « furieusement épris » et que sa « petite n'a pas d'autre adoration »[4]. Les autorisations des parents révèlent parfois cette volonté de satisfaire aux nécessités économiques sans sacrifier l'amour conjugal. En 1794, Jean Von Hemert, négociant et consul du Danemark, autorise sa fille, alors âgée d'à peine vingt ans, à se marier « dans le cas qu'il se présente un parti qui lui convienne et que le jeune homme qui en ferait la demande soit doué des qualités que tout bon citoyen doit avoir ». La formule laisse une relative liberté à la jeune fille, qui d'ailleurs n'en abuse pas, puisque son choix se porte sur un excellent parti[5]. Pour Stéphane Minvielle qui a étudié plus de 9 500 mariages des élites bordelaises au XVIIIe siècle, « malgré quelques exceptions, les désirs des enfants parviennent le plus souvent à triompher des exigences de leurs parents[6] ». Il n'en demeure pas moins que le mariage des milieux du commerce est un mariage d'intérêts, un mariage arrangé donc, mais souvent arrangé par les époux eux-mêmes.

Si certains garçons se rebellent, les femmes acceptent plus facilement un conjoint dont elles ne veulent pas car elles disposent rarement de la possibilité de s'assumer financièrement et juridiquement. Ainsi mariée, on attend d'une épouse des milieux du commerce qu'elle assure la postérité de la famille : cinq enfants et demi en moyenne pour les couples féconds des années 1760-1770, quatre encore à la veille de la Révolution.

---

4   P. Butel, *Vivre à Bordeaux…*, *op. cit.*, pp. 217-218.
5   Arch. dép. Gironde, 3E 35919, minutes de Guy fils, Mariage entre Jacques-Philippe de Bethmann et Elisabeth Von Hemerth, 17 ventôse an IV.
6   S. Minvielle, *Dans l'intimité des familles bordelaises du XVIIIe siècle*, Bordeaux, Éditions Sud-Ouest, 2009, p. 29.

L'entrée dans le toboggan contraceptif[7] y est retardée d'une trentaine d'années par rapport à la noblesse[8]. Les comportements hyper-féconds s'y maintiennent aussi plus longtemps avec 8 % des familles ayant encore plus de onze enfants à la fin du siècle. Cependant, les femmes de marchands et de négociants pratiquent déjà une contraception d'arrêt[9] qui place leur dernière grossesse autour de 36 ans.

Stendhal a laissé une description sévère et sans doute exagérée de la vie de ces épouses : « Un négociant de Bordeaux ne voit sa femme qu'à l'heure des repas. En se levant, il va à son comptoir ; à cinq heures, il va à la bourse, d'où il revient à six heures pour dîner ». Le soir, il est à son cercle « où il passe le temps à lire les journaux, à faire la conversation avec ses amis et à jouer », à moins qu'il ne visite sa maîtresse entretenue. Si bien que, poursuit Stendhal, « l'isolement profond, l'ennui dans lequel les pauvres femmes passent leurs soirées avant d'avoir des filles les placent à peu près dans la situation des religieuses » et s'il est question de « quelque consolateur », on le choisit dans la maison pour « éviter le terrible *qu'en dira-t-on* »[10].

Un rôle souvent déterminant dans la carrière de leur mari

Si on attend d'une épouse qu'elle apporte un capital pour étoffer celui du futur, son rôle dans le recrutement et le renouvellement des milieux du commerce est aussi essentiel. L'endogamie professionnelle est forte et elle est plus affirmée dans le négoce que dans la marchandise[11] :

---

[7] Le « toboggan contraceptif » est un concept élaboré par Jean-Pierre Bardet. Lire J.-P. Bardet, *Rouen aux XVIIe et XVIIIe siècles : les mutations d'un espace social*, Paris, SEDES, 1983, p. 269.

[8] *Ibid.*, pp. 249-259.

[9] « La contraception peut s'effectuer de deux manières : par arrêt des naissances ou par espacement. En milieu urbain on constate une contraception d'arrêt qui abaisse souvent d'un an l'âge à la dernière maternité et évite de ce fait un enfant. », dans O. Chaline, *La France au XVIIIe siècle*, Paris, Belin Sup, 2005, p. 130.

[10] Stendhal, *Voyage dans le Midi*, en appendice de Louis Desgraves, *Voyageurs à Bordeaux du dix-septième siècle à 1914*, Périgueux, Mollat Éditeur, 1991, pp. 158-159.

[11] Les termes de « marchand » et de « négociant » sont utilisés dans tous les actes notariés, et à partir de 1779, les almanachs établissent des listes séparées pour les deux professions, même s'il existe une porosité entre les deux milieux. Les négociants sont alors les commerçants qui tiennent le grand commerce et qui en constituent l'élite. Ces brasseurs d'affaires à longue distance représentent, pour ainsi dire, l'« aristocratie » du monde des échanges. Depuis le début du XVIIIe siècle, par désir de distinction sociale, ils ont cherché à écarter le nom de « marchand ». Mais, tout commerçant en gros n'est pas un négociant. Pour le devenir, il faut être doublement polyvalent. Le

respectivement 50 et 60 % au sens étroit, ou 60 et 75 % en incluant les diverses professions liées au monde des affaires. On peut cependant distinguer des différences sensibles entre les femmes de marchands et les femmes de négociants. Les premières ont des origines plus modestes que celles de leurs maris. La reproduction sociale est moins marquée puisque moins de la moitié sont des filles de marchands, même si l'on constate une augmentation régulière des années 1780 aux années 1820. Elles se recrutent moins que leurs époux dans le milieu des rentiers ou de la bourgeoisie à talents. En revanche, elles sont presque deux fois plus nombreuses à être issues du monde des artisans et des milieux populaires. C'est donc en grande partie par les femmes que passe l'accession des milieux modestes au monde des marchands. Les femmes du négoce présentent des caractéristiques pratiquement opposées. Un négociant cherche avant tout sa future épouse dans son milieu professionnel pour confirmer son appartenance à cet univers, surtout quand celle-ci est encore fragile. Les femmes de négociants étaient ainsi davantage issues du négoce que les négociants eux-mêmes à la fin de l'Ancien Régime et pendant la Restauration. C'est seulement pendant la période troublée de la Révolution et de l'Empire que, les pesanteurs et les codes sociaux se faisant moins prégnants, les négociants se marièrent plus volontiers dans des milieux différents. L'endogamie professionnelle était aussi renforcée par la présence de filles de capitaines de navires, d'entrepreneurs et de fabricants. Si les femmes permettent un certain renouvellement des milieux du négoce, celui-ci ne passe pas par le monde de la rente, car elles y sont deux fois moins représentées que leur époux ; il provient davantage des professions libérales et en particulier des notaires[12].

L'art de bien marier ses filles est presque aussi essentiel que celui de trouver un bon associé ou de s'insérer dans un marché porteur. La recherche

---

véritable négociant ne se spécialise que rarement dans un type d'activité commerciale pratiquant de concert armement, commission, banque ou assurance maritime et ne se limite jamais au commerce d'un seul type de produit. Comme les artisans, les marchands sont classés par métier et membres de communautés spécialisées qui défendent âprement leurs privilèges. Si le terme de négociant se suffit à lui-même, celui de marchand est donc toujours complété par un complément d'objet. On est, en effet, toujours marchand de quelque chose : marchand de draps, de toiles, de fer ou de poisson. On est aussi marchand grossiste ou marchand « détailliste ». Voir P. Gardey, *Négociants et marchands de Bordeaux. De la guerre d'Amérique à la Restauration (1780-1830)*, Paris, Presses de l'Université Paris-Sorbonne, 2009.

[12] Toutes les données chiffrées proviennent de recherches personnelles saisies sur une base de données de plus de mille deux cents contrats de mariage.

de bons partis est décelable dès les niveaux modestes de la marchandise et préoccupe autant les pères que les mères. Ainsi, entre l'an III et l'an V, Marie Maubourguet, veuve du marchand épicier Antoine Turenne, marie ses trois filles Jeanne-Sophie, Appoline et Marie-Aimée respectivement à l'épicier Louis Barry, au marchand graisseux Pierre Goret et au marchand Pierre Maydieu. Les apports cumulés des trois sœurs ne montent qu'à 7 600 lt, alors que ceux des trois maris atteignent 26 000 lt[13]. Par les deux premières unions, la veuve Turenne confirme l'enracinement de la famille dans le milieu des épiciers des fossés de Bourgogne, mais par la troisième elle vise plus haut. Les Maydieu, originaires du Lot-et-Garonne, sont déjà bien implantés à Bordeaux et restent liés au monde de la marchandise. Maydieu père, cependant, se déclare négociant sur le contrat de mariage de son fils et le frère cadet de Pierre, Georges, ne tarde pas à se faire reconnaître aussi comme un négociant.

Aux plus hauts niveaux, le mariage des filles permet de développer tout un tissu de relations commerciales tout en privilégiant l'appartenance confessionnelle. Le négociant protestant Jacques Delorthe maria lui-même cinq de ses filles dans cette logique. Au début de la Révolution, les deux premières, Henriette et Marie-Elisabeth, épousèrent deux commissionnaires allemands : Jacques-Henry Wüstenberg (24 septembre 1789) et André-Henri Zimmermann (4 janvier 1791)[14]. Delorthe, qui s'était jusque-là spécialisé dans la traite négrière et les trafics coloniaux, s'ouvrait ainsi les marchés de l'Europe du Nord. Les trois suivantes se marièrent en l'an IV, après la première crise sévère du négoce. Henriette (il y en a deux) épousa le fils de l'associé de son père, Henri-Frédéric Gachon[15] ; Marthe, se maria avec Etienne Dupuy ce qui rapprocha Delorthe de la grande société d'armement Jauge & Dupuy[16] ; enfin, la dernière, Marie-Anne, s'unit à un Genevois installé à Philadelphie, Jacques Odier[17]. Le développement des trafics avec les États-Unis ne devait pas être étranger à cette dernière union.

---

[13] Arch. dép. Gironde, 3E 45615, minutes de Hazera, 28 germinal an III ; 3E 45619, minutes de Hazera, 11 messidor an IV ; 3E 45622, minutes de Hazera, 23 prairial an V.
[14] *Ibid.*, 3E 21750, minutes de Rauzau, 7 fructidor an VII. L'inventaire établi à la mort de Jacques Delorthe donne un résumé des contrats.
[15] *Ibid.*, 3E 21743, minutes de Rauzau, 27 ventôse an IV.
[16] *Ibid.*, 3 E 21743, minutes de Rauzau, 17 ventôse an IV.
[17] *Ibid.*, 3E 21744, minutes de Rauzau, 26 fructidor an IV.

Pour un négociant d'origine étrangère, dans un port où le négoce cosmopolite représente près de 20 % des entreprises, marier ses filles avec des négociants français permet ou confirme une réelle intégration. C'est le cas de l'Américain Jona Jones. Ayant lui-même épousé une Française à la fin de l'Ancien Régime, il marie ses filles avec des négociants sous l'Empire. Suzanne-Jeanne épouse Jean-Auguste Sarget, un négociant de Saint-Quentin associé à Pierre Balguerie-Stuttenberg sous la raison Balguerie, Sarget & Cie. Jona Jones donne à sa fille 100 000 francs « en pièces d'argent » et le futur apporte la même somme en « argent, marchandises et effets de commerce ». Tout le gratin du négoce est présent : William Dowling, Daniel Meyer, Jean Bonnaffé-Delance, Jean-Jacques Bosc, Alexandre Dandiran, Daniel Lacombe, Baour l'aîné, Portal, Bidermann, Verdonnet. Il y a aussi un compatriote de Boston, William Hoskins[18]. Deux ans plus tard, Sally épouse Etienne Plantevignes. C'est le fils d'un négociant moyen des fossés de Bourgogne[19], Bernard Plantevignes aîné[20]. Ses parents lui constituent 40 000 fr., mais « à leur volonté » et, en attendant, le futur doit se contenter de 1 000 fr. de rente et du logement de son ménage. Jona Jones constitue de même à sa fille une simple rente annuelle de 3 000 fr.[21]. Si les sommes sont plus modestes, le mariage scelle l'union avec une famille implantée depuis longtemps à Bordeaux dans la marchandise, la commission et l'armement.

À l'inverse, le maintien d'un enracinement local peut passer aussi par les femmes. Un marchand de farine comme Georges Fita est un exemple assez représentatif de ce type de comportement matrimonial. Né en 1744 à Montagnac-sur-Auvignon, dans le futur Lot-et-Garonne, installé à Bordeaux depuis la guerre d'Amérique, il demeure célibataire jusque sous le Directoire. Ce n'est qu'en 1796, à 52 ans, qu'il se décide enfin, mais il n'épouse pas une bordelaise. Il porte son choix sur une femme pauvre et analphabète, mais originaire d'Aiguillon à quinze kilomètres de son village natal[22]. On retrouve le même phénomène aux plus hauts niveaux du négoce avec un homme comme Jean-Etienne Balguerie junior. Il était

---

[18] *Ibid.*, 3E 31413, minutes de Maillères, 2 août 1808.
[19] Les « fossés de Bourgogne » ou « fossés des Salinières » correspondent au bas (près du port) de l'actuel cours Victor Hugo. Il s'agissait alors d'une véritable promenade bordée d'arbres. Elle occupait l'ancien emplacement des fossés de l'enceinte du XIIIe siècle progressivement comblés après la construction de l'enceinte du XIVe siècle.
[20] Arch. dép. Gironde, 3E 31500, minutes de Maillères, 24 décembre 1825. À son décès, en 1825, il laisse une fortune de 83 291 fr.
[21] *Ibid.*, 3E 31424, minutes de Maillères, 1er septembre 1810.
[22] *Ibid.*, 3E 31370, minutes de Maillères, 24 brumaire an V.

né à Montpellier en 1756, mais son père était un négociant de Sète dans l'Aude et sa mère Marguerite Tarteyron était originaire de Ganges dans l'Hérault. Il se marie une première fois, en 1790, avec la fille du négociant bordelais Rion l'aîné. Mais quand il se retrouve veuf en 1793, il recherche une alliance qui le rattache à ses origines géographiques et épouse Sophie Dupuy-Nozières, la fille de Pierre Dupuy-Monbrun, chevalier et seigneur d'Aubignac dans le Gard. Il se trouve, en outre, qu'en 1787, la sœur de Sophie, Suzanne-Victoire, avait déjà épousé Jean Tarteyron, l'oncle maternel de Balguerie junior. Par les femmes, les liens avec le Languedoc sont donc maintenus malgré l'éloignement bordelais[23].

Des épouses dépendantes ou des collaboratrices ?

Des épouses entre dépendance et autonomie financière

L'union matrimoniale ainsi scellée est avant tout un contrat dont les clauses sont souvent âprement discutées par les deux parties. À la veille de la Révolution, la base juridique du mariage reposait sur la coutume de Bordeaux, fixée en 1521[24]. C'est en application de ses principes que les contrats furent rédigés jusqu'au Consulat. La puissance maritale paraissait au moins théoriquement exorbitante : la femme était frappée d'incapacité juridique. C'est donc le mari qui administrait les biens dotaux et avait la libre disposition des acquêts qu'il pouvait hypothéquer et aliéner. Mais la coutume accordait une place non négligeable à la femme, consacrant le mariage comme une véritable association entre les époux.

En effet, si le mari administrait les biens dotaux, il ne pouvait les aliéner et la femme pouvait se réserver des biens propres, en particulier ceux qui pouvaient lui échoir par héritage. Le mari n'avait aucun droit sur ces biens appelés « paraphernaux » et il ne pouvait en disposer que si sa femme l'y autorisait. Ainsi, dans la quasi-totalité des contrats, on trouve un régime dotal conjointement à une société d'acquêts. Ce régime dotal protégeait les apports de l'épouse, qui étaient inaliénables, tandis que la société d'acquêts satisfaisait aux exigences matérielles. Si le mari disposait du revenu des biens dotaux, certains contrats prévoyaient des clauses pour ne pas en priver la femme. Ainsi, en 1786, le négociant Laurent

---

[23] *Ibid.*, 3E 31413, minutes de Maillères, 2 août 1808.
[24] L'ouvrage fondamental pour comprendre les pratiques matrimoniales de la fin de l'Ancien Régime reste : É. Audubert, *Le Régime dotal d'après la coutume et la jurisprudence du Parlement de Bordeaux*, thèse de droit, Paris, 1918.

Fauré « s'oblige de payer à la demoiselle sa future épouse, sur les revenus de sa constitution, pour fournir à ses revenus ou à ses menus plaisirs ou à disposer autrement comme elle trouvera à propos, une pension de douze cents livres chaque année »[25]. Le Code civil, institué par le Premier Consul, s'inscrivit dans la continuité. 90 % des contrats sous l'Empire précisent que les époux souhaitent bénéficier du « régime dotal du Code de Napoléon » et déclarent dans le même temps s'associer aux acquêts. En 1810, encore, le négociant Pierre Bordéria accorde 300 fr. de rente pour « les menus plaisirs » de la fille du notaire Hazera, sa future épouse[26].

Les déboires commerciaux ne peuvent donc en aucun cas être supportés par la communauté. La coutume garantissait déjà à l'épouse une hypothèque sur les biens de son époux pour sauver sa dot des créanciers en cas de déconfiture de celui-ci. Durant la Restauration, une inflexion sensible se dessine, car près de 20 % des contrats renoncent désormais au régime dotal. Cette renonciation ne signifie nullement l'absence de dot, mais donne à l'épouse plus de droits sur celle-ci. Elle peut, en particulier, aliéner ses immeubles constitués en dot même s'il lui faut, pour cela, la permission de son époux. Elle obtient aussi un peu plus d'indépendance car elle peut percevoir directement certaines portions de ses revenus pour son entretien et ses besoins personnels[27]. En 1822, le mariage de Magdeleine Boode, originaire des Pays-Bas, et du négociant Pierre-Sévère Lestapis, illustre enfin l'influence des communautés étrangères dans le statut des femmes du négoce. Non seulement il n'est prévu aucune communauté légale, ni régime dotal entre les époux mais le contrat indique qu'une communauté aux acquêts pourra être instituée par la future « si bon lui semble » conformément au droit hollandais plus favorable aux femmes que le droit français[28].

Des veuves protégées

La protection des épouses, s'étendait aussi au-delà de la mort du mari. La coutume, puis le Code civil permettaient de garantir la situation matérielle des veuves. Les testaments précisent ces dispositions. Quand

---

[25] Arch. dép. Gironde, 3E 21724, minutes de Rauzan, 3 février 1786.
[26] *Ibid.*, 3E 21773, minutes de Rauzan Père, 28 juillet 1810.
[27] Et non par l'intermédiaire d'une rente accordée par son mari comme nous l'avons vu plus haut.
[28] Arch. dép. Gironde, 3E 31486, minutes de Maillères, 19 juillet 1823. Dépôt d'un contrat passé à Amsterdam le 21 septembre 1822.

ils n'ont pas encore eu d'enfants, la donation réciproque au survivant est alors la règle. Quand il y a des enfants, l'époux survivant reçoit l'usufruit des biens de son conjoint. Il semble que ce soit une règle morale qui s'impose à tous. En l'an VIII, dans son testament, le négociant François Castéra déclare ainsi : « En 1784, je n'avais qu'un modique fonds de commerce et j'ai commis l'injustice de ne pas l'associer aux acquêts. Je lui donne l'usufruit et la jouissance de tous les biens[29] ». Si dans quelques cas, l'épouse ne reçoit parfois l'usufruit que de la moitié des biens de son mari, certains négociants n'hésitent pas à enfreindre la loi pour avantager leur femme. Le commissionnaire Jean-Baptiste Tagot déclare pour son héritière universelle son épouse, bien qu'il ait eu avec elle trois enfants[30].

Jusqu'au Code civil, l'épouse qui survivait à son mari pouvait aussi bénéficier de libéralités à prendre sur la communauté avant tout partage : un douaire, un gain de noces et la possession de ses bagues et bijoux. Le douaire, typique des pays coutumiers et qu'on retrouvait aussi dans la *Common law* anglaise, jouait le rôle de la dot en pays de droit écrit[31]. Bordeaux cumulait donc les deux pratiques, mais l'influence du droit écrit y étant dominante, le douaire y avait bien moins d'importance que la dot. Son but était d'assurer à la douairière une existence aussi indépendante que possible. Il pouvait prendre la forme d'un capital ou d'une pension viagère. À la fin de l'Ancien Régime, il s'agissait déjà d'une survivance, puisque seuls 7,7 % des contrats des années 1784-1788 en prévoyaient un, essentiellement dans le négoce. La loi du 17 nivôse an II, le considérant comme un débris du régime féodal, abolit cette pratique. Privé de sa base coutumière, il se maintint encore pendant le Directoire (10 % des contrats) puis déclina lentement : 6,4 % des contrats entre 1808 et 1812, et 4,7 % entre 1821 et 1825.

Bien plus répandue était la tradition consistant à prévoir un don mutuel appelé « agencement », « gain de noce » ou encore « gain de survie ». Contrairement au douaire, marchands et négociants l'intégraient de la même manière dans leurs contrats. Il ne concernait que de petites sommes puisque la moitié était inférieure à 2 000 fr. Mais 5 % dépassaient 20 000 fr. Si la pratique résista mieux que celle du douaire, elle déclina lentement elle aussi. Alors qu'elle concernait les trois quarts des contrats

---

[29] *Ibid.*, 3E 23158, minutes de Dufaut, 30 nivôse an VIII.
[30] *Ibid.*, 3E 24930, minutes de Pierre Dufau, 17 germinal an VI.
[31] R. Pillorget, *La Tige et le rameau, familles anglaise et française 16ᵉ-18ᵉ siècles*, Paris, Calman-Lévy, 1979, p. 98.

à la veille de la Révolution, on ne la trouve plus que dans un quart durant la Restauration.

Enfin, il était dans la tradition des pays de droit écrit qu'à la mort du mari, la veuve reprenait tout ce que celui-ci lui avait acheté pour son usage personnel. Pour éviter toute contestation, une somme était généralement prévue à cet effet et désignée par la formule « pour plus amples bijoux ». La pratique de cette libéralité, qui concernait la moitié des contrats à la fin de l'Ancien Régime, faillit être emportée par la Révolution, mais elle se reconstitua lentement sous l'Empire pour revenir, sous la Restauration, à des niveaux peu éloignés de ceux des années 1780. Quand une somme était indiquée, elle était en général modeste, mais certains grands négociants se montraient fort généreux. Le 2 thermidor an III, Christian Blatter reconnaissait ainsi à son épouse Susanne Baignoux « 80 000 livres en or et argent pour ses bagues et bijoux »[32].

Les successions se déroulaient-elles toujours dans l'accord le plus parfait ? Bien évidemment non. Les femmes n'étaient pas toujours traitées avec tous les égards. Le testament du négociant Denis Rivière aîné en est un bon exemple. Le 30 thermidor an III, sentant sa fin proche, il nomme comme héritier universel son fils âgé de cinq mois et demi et destine à son épouse « une pension honnête proportionnelle à son état et à sa manière d'exister avec moi et surtout proportionnée aux revenus de mes capitaux ». Après cette précision savoureuse, il l'accable :

> Sa mère n'est point dans le cas de mériter la qualité de tutrice et curatrice, qu'elle dissiperait et prodiguerait sans aucun égard ni ménagement les biens de ma succession. À cet égard s'il survenait par elle des discussions, effet du mécontentement qu'elle aura vraisemblablement à l'occasion du présent testament, je prie le tribunal de famille de ne pas perdre de vue que tous les biens qui composent ma succession sont le fruit de mon travail et de mon industrie, que j'ai tout gagné avant mon mariage avec elle, qu'elle ne m'a jamais rien porté et que ce fut par ignorance des dispositions des lois que je ne fis aucune déclaration dans notre contrat de mariage. Ils ne perdront pas de vue surtout qu'elle est prodigue et point du tout dans le cas d'économiser.

Pour terminer, notre négociant désigne son frère tuteur et administrateur de son fils et le charge « de faire apposer les scellés sans le moindre retard »[33]. Sans aller jusqu'à ces extrémités, quelques années plus tard, le négociant Moïse Lange déclare dans son testament que son épouse

---

[32] Arch. dép. Gironde, 3E 20623, minutes de Barberet, 2 thermidor an III.
[33] *Ibid.*, 3E 24924, minutes de Pierre Dufau, 30 thermidor an III.

n'a pas l'expérience nécessaire pour l'administration de ses affaires. Il est vrai que la malheureuse ne sait ni lire ni écrire. Il va plus loin cependant et invite sa femme à se défaire des meubles superflus pour que son frère dispose du produit de la vente au profit des enfants dont il est nommé tuteur[34]. Cas isolés sans doute, mais qui, au-delà de l'anecdote, illustrent, une fois de plus, une conception du rôle de la femme qui est avant tout de préserver et de transmettre le patrimoine.

Des femmes instruites auxquelles on délègue des pouvoirs

Malgré toutes les limites que nous venons de poser, nous constatons que les épouses ne sont pas tenues, en général, à l'écart des affaires de leur mari. Deux problèmes se posent alors : l'instruction et la capacité juridique. Les femmes des milieux du commerce doivent posséder un bagage suffisant pour que lettres de change, billets, police de sociétés et livres de compte ne leur soient pas étrangers. À la fin de l'Ancien Régime, la totalité des femmes du négoce est ainsi alphabétisée. Les femmes de marchands avec 86 % restent encore légèrement en deçà, mais elles rattrapent leur retard pour approcher les 95 % durant les années 1820. En revanche, avant comme après la Révolution, la femme mariée ne peut agir juridiquement sans l'autorisation explicite de son époux. L'article 217 du Code civil indique que « la femme, même non commune ou séparée de biens, ne peut donner, aliéner, hypothéquer, acquérir, à titre gratuit ou onéreux, sans le concours du mari dans l'acte, ou son consentement par écrit ». Les marchands ou les négociants qui le souhaitent, ou qui y sont contraints par leurs nombreux déplacements, peuvent cependant accorder toutes ces capacités juridiques à leur épouse. Comme nombre de ses confrères, c'est ce que fait l'armateur Herman Draveman quand il donne procuration à sa femme, Julie Borgella, avec pouvoir de :

> pour lui et en son nom le représenter en cette ville et partout ailleurs où besoin sera, ce faisant, régir, gouverner et administrer tous les biens immeubles, les affaires de commerce et autres que le constituant pourrait avoir, recevoir et se faire payer toutes sommes qui sont et seront dues au constituant par qui et en vertus de quelques titres que ce soit. Vendre et trafiquer toutes marchandises, en toucher le prix, clore et arrêter tous comptes courants et autres, les débattre et les contester, en toucher le prix, faire tout recouvrement des billets et lettres de change, retirer des mains de tous les détenteurs et dépositaires tous titres, papiers, marchandises, fonds et autres effets […]. Recueillir toutes

---

[34] *Ibid.*, 3E 24931, minutes de Pierre Dufau, 19 messidor an VII.

successions, procéder s'il y a lieu à tout inventaire, licitation, et arrangement de famille et faire tout ce que le constituant pourrait faire lui-même[35].

À ce niveau-là, les femmes partagent l'activité de leur mari au quotidien. Elles sont de véritables collaboratrices, quand elles ne sont pas associées à part entière. Dans certains cas, l'équilibre penche même fortement en leur faveur. Ainsi, en 1786, Louise Odinet, fille d'un marchand de Lyon, installée à Bordeaux et déjà veuve d'un marchand de la rue du Fort Lesparre, se remarie avec un autre marchand, qui réside dans la même rue. Alors que son nouvel époux n'apporte que 3 000 lt et encore seulement au décès de ses parents, elle se constitue les 50 246 lt de « son fonds et cabal[36] de marchandises de quincaillerie »[37]. La somme est considérable pour un commerce de ce type. Pour son nouvel époux, plus jeune, modeste « détailliste » et fils d'un simple maître perruquier de Marmande, il devait être difficile d'imposer ses vues dans la gestion de l'entreprise familiale.

Des femmes d'affaires ou des femmes dans les affaires ?

Des femmes à la tête de maisons de commerce : un phénomène marginal

À la fin de l'Ancien Régime, les femmes ont la capacité juridique de tenir un commerce. Le Code civil, qui considère les femmes mariées pratiquement comme des mineures ne remet pas en cause cette liberté et reconnaît dans son article 220 que « la femme, si elle est marchande publique, peut, sans l'autorisation de son mari, s'obliger pour ce qui concerne son négoce ; et, audit cas, elle oblige aussi son mari, s'il y a communauté entre eux[38] ». Cependant, le même article stipule que cette liberté s'applique « seulement quand elle fait un commerce séparé ». En 1812, une boutiquière fort modeste, comme Félicité Vidal-Millaud qui apporte 2 000 fr. de « fonds de commerce de mercerie et toilerie » tient,

---

[35] *Ibid.*, 3E 31392, minutes de Maillères, 18 messidor an XI (8 juillet 1803), cité dans L. Feille, *Les Négociants bordelais sous le Consulat et l'Empire*, maîtrise d'histoire, dactyl., P. Butel (dir.), Université de Bordeaux III, 1991, p. 116.

[36] Dans la coutume de Bordeaux, le terme « cabal » désigne un fonds de marchandises en boutique.

[37] Arch. dép. Gironde, 3E 20383, minutes de Gatellet, 20 juillet 1786.

[38] *Code Civil des Français*, édition originale et seule officielle, Paris, Imprimerie de la République, an XII (1804), p. 41.

cependant, à faire préciser par le notaire « qu'elle continuera à exercer sous son nom personnel, le dit futur donnant son consentement[39] ».

On peut quantifier cette présence des femmes à la tête de maisons de commerce bordelaises. Entre les années 1780 et les années 1820, nous repérons deux cent dix-neuf sociétés dirigées par des femmes soit un peu plus de 8 % du total des entreprises de négoce et de marchandise. Les almanachs et annuaires les distinguent d'ailleurs toujours des hommes en indiquant leur prénom ou en précisant « Demoiselle », « Madame » ou « Veuve ». Ces dernières représentent plus de 80 % du total des entreprises dirigées par des femmes. Il faut cependant distinguer nettement les marchandes des négociantes.

Des marchandes indépendantes ?

Les femmes sont plus souvent marchandes (116) que négociantes (60), mais quarante-trois cas restent incertains. Un quart des marchandes ne doivent leur situation qu'à elles-mêmes. Elles s'installent « Demoiselle » (18 cas) ou quelquefois entre sœurs (10 cas). Elles se marient ensuite dans leur milieu. Entre 1784 et 1825, sur 31 mariages de marchandes, 19 s'unissent à des marchands et 6 parviennent à épouser un négociant. C'est le cas des sœurs Mamy, filles d'un marchand de Lyon, installées à Bordeaux, rue Sainte-Catherine, au début de la Révolution. La cadette, Jeanne, née en 1770, marchande de modes, échappa de peu à l'échafaud pendant la Terreur. Ayant vendu des gilets à fleur de lys sur lesquels on pouvait lire « Vive le roi, vive la reine », elle fut classée comme « aristocrate », et condamnée à la détention jusqu'à la paix, le 13 messidor an II[40]. La chute de « l'Incorruptible », un mois plus tard, lui évita une longue détention. L'année suivante, elle épousa le négociant Louis Audinet et apporta un fonds de commerce de plus de 30 000 lt. Ils avaient déjà eu deux enfants ensemble depuis 1792 et décidèrent alors de régulariser leur union. Sa sœur aînée, Louise, marchande sous le péristyle de la Comédie, se marie en 1798. Son fonds de commerce atteint alors 50 000 lt[41]. Une troisième, Marie, marchande de toiles, épouse en 1800 François Renaud, un courtier de denrées coloniales et se constitue un fonds de commerce

---

[39] Arch. dép. Gironde, 3E 24146, minutes de Mathieu, 1er septembre 1812.
[40] *Ibid.*, 5L 28, Commission militaire, dossier Mamy cadette, Jeanne.
[41] *Ibid.*, 3E 21748, minutes de Rauzan, 23 messidor an VI.

de 20 000 lt[42]. Elles n'apparaissent plus dans les annuaires de l'Empire et ont peut-être cessé leur activité peu après leur mariage.

D'autres continuent au contraire et exercent une activité parallèle à leur époux. Elles deviennent alors « Madame » (11 cas sur les annuaires). Elles font, en général, régulariser leur situation dans leur contrat de mariage comme nous l'avons vu avec Félicité Vidal-Millaud. Certains mariages révèlent de véritables stratégies commerciales sous la forme de complémentarité ou de modeste « concentration verticale ». Ainsi en va-t-il de Marguerite Martin, une marchande de modes, qui épouse le marchand chapelier Pierre Guiches[43], ou de Jeanne Dussanty, une marchande de draperie, avec le négociant Paul Douat[44]. L'union matrimoniale peut aussi se doubler d'une fusion des fonds de commerce, une sorte de « concentration horizontale ». C'est ainsi que, le 16 février 1786, Catherine Soubiran et Etienne-Louis Duprat, tous les deux marchands modistes, passent un contrat de mariage qui prend l'allure d'une fusion de sociétés. La future apporte 8 000 lt « en argent et cabal de sa boutique », et le futur s'en constitue 1 000 « en argent et effets de commerce »[45]. L'année suivante, Jeanne Sarrau et Benoît Bererd, tous les deux marchands parfumeurs font de même[46] ; l'association est plus équilibrée avec respectivement 4 250 et 4 000 lt d'apports « en fond et cabal de boutique ».

Les deux tiers exercent cependant à la suite d'un veuvage. En 1787, le marchand Jean Parizot indique ainsi dans son testament qu'après sa mort, il donne « le pouvoir express à sa femme de recevoir toutes les sommes et marchandises […] et de continuer à vendre et débiter les marchandises de son commerce[47] ». Elle peut exercer seule comme la veuve Dumas, marchande de graisseries et de goudron. À son décès, en 1784, elle laisse une petite boutique sur le port, quai de Royan[48]. Elle y vendait seule des huiles de toutes sortes, des savons, des barils de goudron, de blanc d'Espagne[49] et des peintures. L'actif commercial dépassait les 11 000 lt

---

[42] *Ibid.*, 3E 13190, minutes de Bouan, 12 nivôse an VIII.
[43] *Ibid.*, 3E 46456, minutes de Despiet, 4 août 1810.
[44] *Ibid.*, 3E 24309, minutes de Colligan, 26 germinal an V.
[45] *Ibid.*, 3E 20381, minutes de Gatellet, 16 février 1786.
[46] *Ibid.*, 3E 20385, minutes de Gatellet, 26 février 1787.
[47] *Ibid.*, 3E 20387-88, minutes de Gatellet, 22 septembre 1787.
[48] *Ibid.*, 3E 20375, minutes de Gatellet, 2 août 1784.
[49] Le blanc d'Espagne est une très fine poudre de craie utilisée comme nettoyant (argenterie, cuivre, marbre), pour confectionner des badigeons (en ajoutant une colle) et comme mastic chez les vitriers (en ajoutant de l'huile de lin).

sans compter deux maisons de rapport[50] et un petit bourdieu[51]. La veuve pouvait aussi remonter une société avec l'ancien associé de son époux, avec ses enfants, ou encore ses gendres. Celle de Moïse Mendès, Esther Delbaille a ainsi « continué le commerce au détail après la mort de son mari et y a intéressé sa fille Rebeca » pendant près de quarante ans, avant que son gendre ne pourvoie à son entretien[52].

Des marchandes spécialisées dans des branches spécifiques

Les marchandes bordelaises n'exercent pas les mêmes spécialités que les hommes. On ne les trouve pratiquement pas dans les métiers liés aux métaux, aux céréales ou au bois, même chez les veuves. L'almanach de 1787 permet de bien comparer marchands et marchandes à la veille de la Révolution.

Tableau 1 : Les principales spécialités des marchandes bordelaises en 1787

Profession	Nombre de marchandes	% du total des marchandes	Rappel pour les marchands	
			Nombre	%
Marchandes de graisseries et épicières	16	15,4	124	15
Marchandes de toiles	15	14,4	72	8,7
Marchandes de vanneries	10	9,6	34	4,1
Marchandes de chapeaux	9	8,7	34	4,1
Marchandes de modes	8	7,7	20	2,4
Marchandes parfumeuses	7	6,7	48	5,8
Marchandes de faïence	6	5,8	23	2,8
Marchandes mercières	5	4,8	55	6,7

---

[50] La maison de rapport est une maison achetée pour être louée parfois en plusieurs appartements. À Bordeaux, à la fin du XVIIIe siècle, de nombreux terrains sont lotis pour y construire ce type d'immeuble.
[51] Le domaine ou bien de campagne est souvent appelé bourdieu en bordelais. Il se compose toujours d'une maison de maître, des bâtiments d'exploitation et des terres cultivables. Il est à la fois demeure d'agrément et propriété de rapport.
[52] Arch. dép. Gironde, 3E 21727, minutes de Rauzan, 19 juillet 1787.

Profession	Nombre de marchandes	% du total des marchandes	Rappel pour les marchands	
			Nombre	%
Marchandes « distillateurs-liqueuristes »	4	3,8	25	5,8
Marchandes bijoutières	4	3,8	58	7
Marchandes de poisson	4	3,8	53	6,4
Autres marchandes dont la spécialité est connue	16	15,5	279	31,2
Total	104	100	825	100

Les 104 marchandes dont la spécialité est connue font commerce de biens et de denrées divers. Cependant, l'éventail des professions est bien plus resserré que chez les hommes : une vingtaine contre près de soixante. Les grandes spécialités féminines sont liées à l'alimentation et à la table avec l'épicerie, la graisserie (huile, beurre, chandelles, savons, denrées coloniales, etc), le poisson, la vente de faïence, porcelaines et cristaux ou encore la vannerie. Elles sont particulièrement présentes dans le commerce des toiles en fil de coton, indiennes et mousselines, mais pas dans les draperies, spécialité presque exclusivement masculine. Leur place modeste dans la mercerie vient sans doute du fait que cette profession est alors associée à la quincaillerie. Elles investissent tout ce qui a trait à la parure, des petits objets au chapeau en passant par les bijoux et les parfums. Elles contrôlent même une part non négligeable de la profession de chapelier (21 %) et de modiste (29 %). Cette dernière activité, qui connaît alors son apogée, est la meilleure illustration de la marchande indépendante, car la patronne y est toujours « Demoiselle » ou « Madame ».

Des femmes négociantes

À Bordeaux, au tournant des XVIIIe et XIXe siècles, le nombre de femmes dirigeant, en leur nom propre, une maison de négoce est très faible. Les almanachs du commerce nous livrent une soixantaine d'entreprises dont huit d'armement. Leur poids relatif varie aussi fortement en oscillant entre 2 et 4 % du total des entreprises, ce qui est deux à trois fois moins important que chez les marchands. Ces femmes d'affaires ont laissé peu de traces dans les sources. Entre 1784 et 1825, nous n'avons ainsi rencontré qu'une femme créant, de son propre chef, une société de négoce. Il s'agit de Léa Azevedo qui, le 28 mars 1804, s'associait pour un tiers et pour une durée de douze ans avec les frères Abraham et Joseph Gomez sous la raison Azevedo, Léa & Gomez frères[53]. On trouve aussi un cas d'association entre frères et sœurs : Dubreuil frères & sœurs, rue de la Rousselle, en 1823. Silvia Marzagalli a, il y a peu, fait sortir de l'ombre Hélène de Meyere, une femme d'affaires, fille, sœur et épouse de négociant[54]. Elle commence par être associée pour un tiers dans la maison de commerce de son père J. J. de Meyere, Ravel & Stresow. Après la mort de ce dernier en 1792, elle y joue un rôle actif en tant que « chef de la maison ». En 1795, elle donne procuration à son frère pour s'occuper de nouvelles affaires. Son mari l'autorise alors à contracter une société de commerce avec la personne qu'elle voudra. Cette entreprise, si elle a existé, n'a pas laissé de trace identifiable. Ses quatre grossesses, qui s'étalent de 1793 à 1800, ont peut-être eu raison de sa volonté d'entreprendre. Encore faut-il remarquer que dans ces trois cas, les femmes ne sont jamais totalement indépendantes.

Le négoce ne devient donc une activité féminine que dans le cas quasi exclusif du veuvage. À la disparition de leur conjoint, si aucun héritier mâle n'est encore en mesure de reprendre les affaires, les veuves prennent la tête de la maison familiale pour une durée plus ou moins longue. Elles jouissent alors d'une relative indépendance et certaines d'entre-elles font preuve d'une grande force de caractère et d'un remarquable sens des affaires.

La communauté israélite fournit un premier exemple d'une de ces maîtresses femmes : Louisa-Maria Bernada, veuve Raba. Originaire de Bragance au Portugal, elle avait épousé un marchand épicier qui s'était lancé dans le négoce : Francisco Henriques-Nunes dit Raba. Elle consacra quatorze années de son mariage à son rôle maternel en mettant au monde huit fils, dont sept devinrent négociants[55]. Son époux, de 28 ans son aîné, décède en 1742, la laissant veuve à 30 ans. Elle assume alors seule la gestion des affaires commerciales. En 1763, la famille fuit l'Inquisition portugaise et emprunte la filière classique par Londres pour venir s'installer

---

[53] *Ibid.*, 3E 31395, minutes de Maillères 8 germinal an XII.
[54] S. Marzagalli, « Mariée et indépendante ? Une femme d'affaires à la fin du XVIIIe siècle : Hélène de Meyere, épouse Skinner », *Annales du Midi*, t. 118, n° 253, 2006, pp. 73-84.
[55] J. Cavignac, *Dictionnaire du judaïsme bordelais aux* XVIIIe *et* XIXe *siècles*, Bordeaux, Archives départementales de la Gironde, 1987, p. 185.

à Bordeaux avec 200 000 lt de capital[56]. Elle s'intègre rapidement dans la communauté israélite bordelaise qui jouit d'une grande tolérance. Quatre des fils de Louisa-Maria vont s'installer rapidement à Saint-Domingue : Antoine-Moïse (1763 à 1787), Gabriel-Salomon (1765 à 1777), Gaëtan-David (meurt à son arrivée en 1765), François-Benjamin (1765-1781). Quand, en 1781, la maison Raba frères est créée, elle associe Antoine, Abraham, Jacob, Aaron et Salomon mais aussi leur mère qui ne décède qu'en 1784. En 1785, l'actif net des Raba à Port-au-Prince est évalué à 272 764 lt, alors que Louisa-Maria n'y avait investi que 80 000 lt, vingt ans plus tôt. Les bénéfices considérables réalisés dans ce commerce colonial, mais pas directement dans la traite, ont été investis dans l'immobilier : le Château Raba à Talence pour 85 000 lt en 1774 et la demeure des fossés de la ville pour 100 000 lt, cinq ans plus tard. Cette belle réussite est en très grande partie due à Louisa-Maria Bernada, d'abord comme mère puis comme négociante.

La veuve Raba n'est pas un cas isolé. Les heures tragiques de la Révolution fournissent un autre exemple de femme de caractère. Il s'agit d'Anne-Magdeleine Martin, fille d'un courtier et négociant. En 1788, elle épouse le négociant Augustin Raymond avec lequel elle a une fille. Cinq ans plus tard, la vie du couple est brisée par la Terreur. Raymond est incarcéré, condamné à mort et guillotiné en février 1794. Comme ses biens sont confisqués, il laisse une veuve dépouillée et une petite orpheline. Loin de se laisser abattre, Anne-Magdelaine intervient auprès des autorités et, en janvier 1795, elle réussit à faire lever cette confiscation. Rétablie dans ses biens, elle décide, dès le mois de mai suivant, de convoler avec le négociant Pierre Barrié. Quand ce dernier se constitue 50 000 lt, elle apporte une dot totale de plus de 136 000 lt dont le fonds de commerce de son ancien époux : 30 000 lt de marchandises et créances ainsi qu'un navire évalué à 60 000 lt[57]. Ce mariage lui permet, encore jeune, de refaire sa vie. Elle lui redonne aussi un soutien masculin qui facilite tous les aspects juridiques de la gestion de ses affaires. La différence de fortune lui assure cependant de conserver son indépendance. Nul doute que ce contrat, signé dans sa demeure, consacre sa place éminente dans la nouvelle société de commerce.

---

[56] P. Butel, *Les dynasties bordelaises de Colbert à Chaban*, Paris, Perrin, 1991, p. 141.
[57] Arch. dép. Gironde, 3E 45615, minutes de Hazera, 16 floréal an III.

Les femmes dans le commerce : un phénomène qui rencontre rapidement des limites

À la fin de l'Ancien Régime la féminisation des métiers de la marchandise semblait déjà moins développée à Bordeaux que dans d'autres villes. Ainsi, en 1787, les marchandes bordelaises représentent 10,3 % de la profession alors qu'à Rennes, pour 1741, Anne-Françoise Garçon calcule un taux de féminisation de 37 %[58]. Mais peut-être inclut-elle des petits métiers qui échappent à nos sources bordelaises. Avec 4,3 % d'entreprises féminines dans le négoce en 1787, nous ne sommes pas loin des 5 % trouvés à Toulouse au même moment[59], mais très en deçà des 11 % trouvés à La Rochelle, pour l'ensemble du siècle, il est vrai[60].

Partout cependant, dans la seconde moitié du XVIIIe siècle, un phénomène de longue durée est à l'œuvre et conduit à un effacement progressif du rôle des femmes. À Bordeaux, la période de la Révolution et de l'Empire accentue ce recul. Négoce et marchandise confondus, la part des sociétés féminines, qui représentait 8,6 % du total en 1787, tombe à 5 % en 1812 et 4,2 % en 1823. On peut y voir un problème d'enregistrement, l'almanach de 1787 étant le seul à préciser « Demoiselle » ou « Madame ». Mais cela ne saurait rendre compte de la division par trois du nombre des veuves dans le négoce. André Lespagnol y voyait les conséquences de l'évolution de l'entreprise marchande vers une structure moins familiale[61]. Il faut y ajouter désormais un nouveau cadre juridique, le Code Civil, moins favorable aux femmes.

Des limites s'imposent presque toujours à une émancipation massive du commerce féminin. La direction féminine d'une entreprise est le plus souvent conçue comme un simple intermède dont le but est de faciliter la transition entre deux générations. En 1808, à la mort de Jean Delbos,

---

[58] A.-F. Garçon, « La boutique indécise. "Réflexions autour de ces corps qui sont regardés comme mixtes, c'est-à-dire qu'ils tiennent du marchand et de l'artisan" (Savary, 1741) », dans N. Coquery (dir.), *La Boutique et la ville, Commerces, commerçants, espaces et clientèles, XVIe-XXe siècles*, Tours, Publications de l'Université François Rabelais, 2000, p. 59.

[59] C. Dousset, « Femmes et négoce à Toulouse dans la seconde moitié du XVIIIe siècle », *Annales du Midi*, t. 118, n° 253, 2006, p. 33.

[60] B. Martinetti, *Les négociants de La Rochelle au XVIIIe siècle*, Rennes, Presses universitaires de Rennes, 2013, p. 69.

[61] A. Lespagnol, « Femmes négociantes sous Louis XIV. Les conditions complexes d'une promotion provisoire », dans A. Croix, M. Lagrée, J. Quéniart (dir.), *Populations et cultures. Études réunies en l'honneur de François Lebrun*, Rennes, 1989, pp. 466-469.

son épouse, Julie Lafargue, fille d'un parlementaire bordelais, reprend la société sous la raison Delbos veuve. Mais très vite, elle y associe ses fils aînés, Louis et Henry sous la raison Delbos veuve & fils. En 1795, au décès de Daniel Maccarthy, son frère Jean continue seul tout en conservant la raison Maccarthy frères. Sa veuve Eléonore Sutton de Clonard reprend les affaires de Daniel sous la raison Maccarthy veuve, en attendant que son fils aîné John soit en âge de diriger l'entreprise.

Parfois, la veuve est associée, mais la direction réelle de la société lui échappe. Ainsi, en 1825, à la mort du grand armateur Pierre Balguerie-Stuttenberg, fut créée « la société de commerce pour la continuation de la maison Balguerie & Cie »[62] au capital de 1,5 million de fr. On trouvait comme associés : Suzanne-Sophie Stuttenberg, sa veuve, David-Jonas Verdonnet, Jean-Isaac Balguerie, son frère, Adolphe Balguerie, son neveu, Pierre-Henri Pöhls, Clément Thore et Claude Dauper. On ne songea nullement à la veuve pour reprendre en main des affaires d'une telle envergure. C'est Adolphe Balguerie qui hérita de la direction, mais pour épauler ce neveu qui manquait d'expérience, le 1er janvier 1826, on fit appel au vieux Daniel-Vincent Pöhls[63].

On constate enfin que même dans des entreprises créées par des femmes, le pouvoir finit toujours par revenir aux hommes. Il existe au moins un cas de véritable dynastie marchande féminine à Bordeaux, c'est la société Marie Brizard bien étudiée par Hubert Bonin[64]. En 1755, la fondatrice de la célèbre maison de liqueurs, Marie (1714-1801), s'associe avec Jean-Baptiste Roger (1731-1795), un marchand de chapeaux, fils d'un tailleur d'habits[65]. Elle crée alors une petite société d'anisettes et de liqueurs fines dont la production est entraînée par l'essor du commerce portuaire. Si Marie Brizard reste demoiselle, elle réussit cependant à fonder une dynastie qui perpétue son nom. Marie avait en effet un frère, Martial, lui aussi marchand liquoriste à Bordeaux, avant de s'installer à Bourg-sur-Gironde pour se consacrer au négoce. La fille de ce dernier, Jeanne (1754-1821) et son mari Pierre Dalheu prennent la suite après leur mariage en 1773. Veuve à 20 ans, l'année suivante, elle devient le deuxième « distillateur-liquoriste » de la famille. La maison apparaît

---

[62] Arch. dép. Gironde, 3E 31500, minutes de Maillères, 24 décembre 1825.
[63] P. Butel, *Les dynasties bordelaises...*, *op. cit.*, p. 213.
[64] H. Bonin, *Marie Brizard, 1755-1995*, Toulouse, L'horizon chimérique, Marie Brizard et Roger éditeurs, 1994.
[65] Sur l'almanach de 1787, où il apparaît associé à Marie Brizard, il se déclare encore personnellement marchand de chapeaux.

encore, place du Champ de Mars, entre 1787 et 1800. La veuve Dalheu donne 400 livres pour l'emprunt forcé de l'an II. C'est cependant une troisième femme de la famille, qui assure la pérennité de l'entreprise : en 1769, Jean-Baptiste Roger avait épousé Anne Brizard (1747-1820), resserrant ainsi les liens entre les deux familles. Il s'agissait d'une autre nièce de Marie, la fille de son deuxième frère, qui se nommait aussi Martial. Quand Jean-Baptiste Roger décède en 1795, Marie et Anne se retrouvent propriétaires par moitié de l'entreprise. L'année suivante, Marie se retire des affaires et cède ses intérêts à sa nièce. Elle s'éteint en 1801 à l'âge de 86 ans. En 1805, Anne se retire à son tour et cède la société à ses trois fils Jean-Baptiste-Augustin, Basile-Augustin et Théodore-Bernard Roger. Après un demi-siècle de direction féminine, l'entreprise familiale passe alors aux mains des hommes. Les femmes ne s'effacent pas tout à fait cependant. En 1838, à la mort du dernier frère, Théodore, ses deux filles, Laure (1808-1877) et Amélie (1810-1891), se retrouvent les seules propriétaires associées jusqu'en 1868, mais les temps ont changé et les véritables gérants de l'entreprise sont alors leurs maris[66].

*

La société d'Ancien Régime bordelaise donne à la femme des milieux du commerce une place infiniment plus large que ne le laisserait prévoir l'application des seules règles juridiques. À une époque où le mariage est rarement une affaire de sentiments, mais une affaire tout court, les femmes sont au cœur des stratégies matrimoniales. On pourrait penser que leur rôle y est purement passif, ce qui, comme nous l'avons vu, est loin d'être toujours le cas. Elles veillent à l'entretien du capital relationnel, aux alliances familiales et à la transmission des patrimoines. Dans ce monde des affaires, des femmes, en proportion certes très minoritaires, sont aussi de véritables chefs d'entreprises. Elles peuvent tenir boutique, intervenir dans les divers aspects financiers liés au grand commerce et même être propriétaires de navires. Il faut insister sur le pragmatisme des milieux du commerce de cette époque qui accordent d'abord leur confiance à une personne. S'il s'agit d'une femme, on trouve toujours un arrangement juridique, mais cela ne dure que tant que les affaires sont profitables et qu'un héritier mâle n'est pas en mesure de reprendre efficacement les choses en main. Cependant, à Bordeaux comme à Saint-Malo, à Nantes ou à Toulouse, la modernisation des structures du

---

[66] H. Bonin, « Les femmes d'affaires dans l'entreprise girondine Marie Brizard : mythes et réalités », *Annales du Midi*, t. 118, n° 253, 2006, pp. 113-114.

commerce amorcée dans la seconde moitié du XVIIIe siècle, tout autant que les transformations juridiques de la période impériale conduisent à un effacement progressif des femmes d'affaires en particulier dans le négoce. Elles restent cependant des femmes dans les affaires, clés de voûte indispensables à la pérennité des dynasties.

Négociantes à Lorient sous la Révolution et l'Empire : entre émancipation et réalité complexe des pratiques commerciales

Karine AUDRAN

Docteure en histoire
Centre de recherches en histoire internationale
et atlantique (CRHIA-EA 1163)
Université de Nantes

Lorient offre au XVIIe siècle l'exemple d'un développement original dans l'armature urbaine française. Sa vocation maritime née du dessein de Louis XIV et de Colbert d'implanter sur la côte sud de la Bretagne un port ouvert au commerce des Indes orientales marque durablement son histoire et sa croissance. En 1666, les landes du Féandick sont choisies pour accueillir les infrastructures de la première Compagnie des Indes et le port devient en 1734 le siège officiel des ventes des produits ultra-marins[1] originaires de l'océan Indien. Lors des périodes de conflit, l'arsenal est occupé par la Marine assurant alors un soutien logistique au complexe militaro-industriel[2] brestois. Cette croissance structurellement dépendante de l'engagement de l'État détermine dès l'origine la

---

[1] Les produits ultra-marins sont par définition les produits extra-européens originaires de l'océan Indien ou d'Outre-Atlantique (sucre, café, thé, indigo, tabac, coton, indiennes, etc.). Sur ce sujet voir le dossier préparé par Natacha Coquery : « Ville, consommation, exotisme dans l'Europe atlantique, XVe-XVIIIe siècles », *Histoire urbaine*, n° 30, avril 2011 ; la journée d'études sur « La diffusion des produits ultra-marins en Europe (XVe-XVIIIe siècles) » organisée à Nantes le 30 juin 2016 par Maud Villeret et Marguerite Martin, a fait depuis l'objet d'une publication : « La diffusion des produits ultramarins en Europe, XVe-XVIIIe siècle », sous la direction de M. Martin & M. Villeret, *Enquêtes et documents*, n° 60, PUR, 2018.

[2] Il s'agit de l'outil industriel que représentent les arsenaux français depuis l'impulsion décisive donnée par la monarchie à l'époque de Colbert. Cet outil se structure autour d'infrastructures propres à la construction, à l'armement, la réparation (le radoub) et le désarmement des navires dans un espace enclos et surveillé.

constitution d'un négoce soumis à la tutelle monarchique. Il faut ainsi attendre le dernier tiers du XVIIIe siècle pour que s'affirme un milieu d'affaires composé d'armateurs, de constructeurs navals, de fournisseurs de la Marine et de commissionnaires des marchandises exotiques entrées au port (thé, café, tissus, porcelaines). Le négoce lorientais constitue un groupe moins fortuné et moins entreprenant que les *Messieurs de Saint-Malo*[3].

Dans ce contexte, peut-on étudier le rôle et la place de l'activité féminine, particulièrement des négociantes lorientaises ? Le monde du négoce d'Ancien Régime est traditionnellement un univers d'hommes et l'historien se heurte au « manque de visibilité du travail féminin[4] », en raison de l'absence de statut juridique particulier pour la fille mineure ou l'épouse. La femme d'affaires au XVIIIe siècle se révèle principalement lors du veuvage, véritable opportunité d'émancipation et de promotion sociale lorsque les enfants sont mineurs et qu'aucun proche ne prétend à la direction des affaires. L'épouse devient alors un maillon essentiel dans la survie de l'entreprise, assurant sa « régence économique[5] ». Sur 168 négociants lorientais identifiés au corpus sous la Révolution et l'Empire, l'effectif féminin se réduit à 6 négociantes, toutes veuves, représentant à peine 3,5 % de l'ensemble. Ce pourcentage se situe néanmoins dans la proportion haute observée au sein des négoces portuaires maritimes de la province bretonne (2,3 % à Saint-Malo, 1 % à Brest, 5 % à Morlaix[6]). Les indices de cette présence féminine sont ténus, *a fortiori* dans un port de seconde envergure où les archives entrepreneuriales n'ont pas été conservées. Notre recherche s'appuie principalement sur les fonds du tribunal de commerce de Lorient, que complètent des archives notariales. Cette contribution tente de retracer le parcours de deux négociantes pour préciser leur rôle dans l'entreprise familiale et déterminer la réalité de leurs pratiques commerciales.

---

[3] A. Lespagnol, *Messieurs de Saint-Malo. Une élite négociante au temps de Louis XIV*, Rennes, Presses universitaires de Rennes, 1997.

[4] C. Dousset, « Commerce et travail des femmes à l'époque moderne en France », journée d'étude sur Nouvelles approches du travail, *Les cahiers de Framespa*, n° 2, 2006, disponible sur http://framespa.revues.org/57.

[5] A. Lespagnol, « Femmes négociantes sous Louis XIV. Les conditions complexes d'une promotion provisoire », dans A. Croix, M. Lagrée, J. Quéniart (dir.), *Populations et cultures. Études réunies en l'honneur de François Lebrun*, Rennes, 1989, pp. 463-470.

[6] K. Audran, *Les négoces portuaires bretons sous la Révolution et l'Empire. Bilan et stratégies. Saint-Malo, Morlaix, Brest, Lorient et Nantes, 1789-1815*, thèse d'histoire, dactyl, G. Le Bouëdec (dir.), Université de Bretagne Sud-Lorient, 2007, p. 550.

Origine et structure du négoce familial

Jeanne Louise Granière et Marie Victorine Collette, qualifiées de négociantes dans les sources économiques, sont les épouses de deux hommes d'affaires bien intégrés dans le négoce lorientais. Leurs activités témoignent de leur implication dans le grand commerce colonial et l'existence d'un réseau de relations multiscalaire.

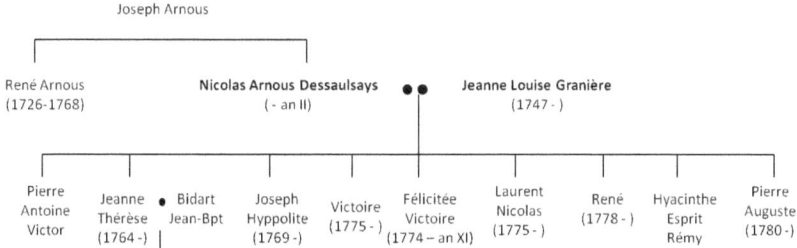

Figure 1 : Généalogie simplifiée de la famille Arnous

Née au Port-Louis (face à Lorient) en 1747, Jeanne Louise Granière est la femme du négociant Nicolas Arnous Dessaulsays[7], qu'elle a épousé en 1763. Ensemble, ils auront quatorze enfants de 1764 à 1785, dont neuf sont en vie sous la Révolution. La famille Arnous, originaire de Nantes, est loin d'être inconnue dans le milieu négociant. Sous la raison sociale *Nicolas Arnoux Père et Fils*, l'entreprise familiale a signé en 1751 avec la seconde Compagnie des Indes un contrat de fourniture de bois de construction[8]. Installée à Lorient au début des années 1750, l'entreprise est reprise par les frères en 1756 sous le patronyme de *Société Arnous Frères* et poursuit le négoce initié par le patriarche. Elle investit pour près de 300 000 lt dans les forêts de la région lorientaise, de Cornouaille et du Léon fournissant successivement la Compagnie et la Marine pour une valeur de plus de 600 000 lt[9]. En 1757, la société *Arnous frères* installe un chantier de construction au Bois Blanc sur une rive du Scorff à proximité

---

[7] Le patronyme est indifféremment orthographié Arnous ou Arnoux dans les sources.
[8] G. Le Bouëdec, « Les négociants lorientais et les Compagnies des Indes. Les Arnoux, du négoce du bois à la construction navale et à l'armement (1750-1794) », dans P. Haudrère (dir.), *Les flottes des Compagnies des Indes 1600-1857*, V^e journée franco-britannique d'histoire de la marine, IIIe journée d'histoire maritime et d'archéologie navale (Lorient, 4-6 mai 1994), Vincennes, Service historique de la Marine, 1996, p. 135.
[9] *Ibid.*, p. 135.

de l'arsenal de Lorient. Avec la guerre de Sept Ans (1756-1763), les frères diversifient leurs activités et s'orientent vers la construction et l'armement d'unités de plus en plus importantes : à la fin des années 1760, la société arme des navires de 200 à 600 tonneaux calibrés pour le commerce des Indes et des Antilles[10]. En une vingtaine d'années, les frères Arnous sont devenus des entrepreneurs de premier plan, fournisseurs et affréteurs de la Compagnie et de la Marine et se sont mués en armateurs ambitieux s'insérant dans la compétition du grand trafic colonial[11]. Néanmoins, cette croissance rapide s'est faite au prix d'un endettement considérable et si le dépôt de bilan est évité de justesse, la mort de René Arnous (1768) contraint Nicolas à relancer l'affaire familiale sous la raison *Arnous Dessaulsays*. La guerre d'Indépendance américaine (1775-1783) est une nouvelle fois l'occasion de redynamiser son activité d'armement. Il étend son chantier, accroît ses infrastructures et modernise son outil industriel afin de fournir une flotte à la troisième Compagnie des Indes créée en 1785. Dans cet objectif, il se lance dans un vaste programme de construction de gros tonnages, ainsi que dans l'acquisition de bâtiments[12]. Mais à la veille de la Révolution, les difficultés réapparaissent. Nicolas Arnous s'est surendetté pour répondre aux besoins toujours croissants de la Compagnie de Calonne[13] et, cette fois, il ne peut empêcher la faillite : il est contraint de se séparer de la majeure partie de sa flotte. Alors que la Révolution gronde, le marasme s'installe sur le chantier du Blanc.

Figure 2 : généalogie simplifiée de la famille Gérard

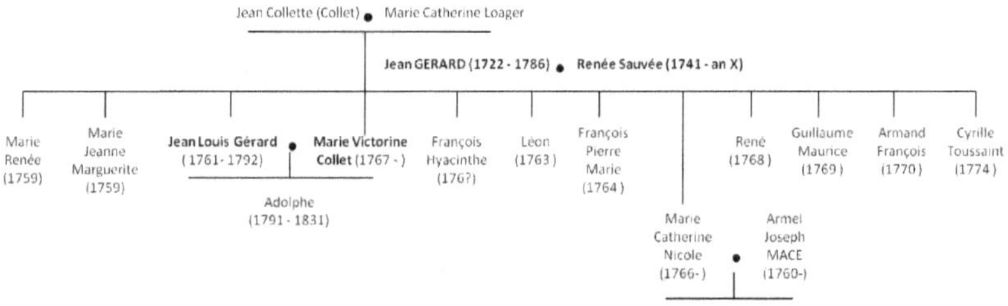

---

[10] *Ibid.*, p. 136.
[11] *Ibid.*, p. 136-137.
[12] *Ibid.*, p. 140.
[13] La Compagnie de Calonne (1785-1793) du nom du contrôleur général des Finances est la troisième et dernière compagnie des Indes. Elle instaure un monopole sur le commerce des Indes au-delà des Mascareignes, mais il s'agit d'une compagnie strictement commerçante, sans pouvoir civil et militaire dans les comptoirs. Le privilège de la Compagnie est supprimé en août 1790.

Second sujet de cette étude, Marie Victorine Collette est née au Cap à Saint-Domingue en 1767. Fille de Jean Collette et de Marie Catherine Loager, elle est de sept ans la cadette de Jean-Louis Gérard (1760) qu'elle épouse en mai 1790. Leur fils Adolphe naît l'année suivante. Jean-Louis Gérard est issu d'une famille de négociants. Fils de Jean Gérard et de Renée Sauvé, Jean-Louis est l'aîné d'une fratrie de onze enfants. Jean Gérard est armateur et commissionnaire et, à l'occasion, il négocie des denrées coloniales. Propriétaire de deux terrains sur les quais, d'une maison rue Bertin, d'une métairie et d'une tenue à Caudan près de Lorient, l'homme d'affaires prête pour plus de 450 000 lt à la grosse aventure entre 1774 et 1782. Son capital est estimé à 150 000 lt au début des années 1780[14]. Il est également échevin perpétuel de la ville[15]. Jean Gérard décède en juillet 1786. Sa veuve Renée Sauvé crée en 1788 une société en commandite avec son fils aîné, Jean-Louis, et poursuit le négoce familial sous la raison sociale *Veuve Gérard Fils Aîné et Ce*. Les minutes du tribunal de commerce révèlent la nature hautement spéculative des activités de cette société, essentiellement portée sur l'assurance, perpétuant par là l'activité du patriarche. En près de quatre ans (1789-1792), la société contracte 32 prêts à la grosse aventure pour une valeur de plus de 350 000 lt[16]. Il est vraisemblable que le choix de l'épouse originaire de Saint-Domingue témoigne d'une stratégie de consolidation des Gérard dans les circuits d'échanges coloniaux. Marie Victorine Collette intègre une famille bien implantée dans le paysage local, pratiquant un négoce classique de prêts et s'appuyant sur un réseau solide de relations. Lorsqu'elle entre dans la famille en 1790, le patriarche a disparu et le négoce est alors dirigé par sa belle-mère veuve – Renée Sauvé – et son époux, qui fourbit ses armes dans l'entreprise familiale.

Quand survient le veuvage : des femmes face à l'absence

Au début de la Révolution, Marie Victorine Collette et Jeanne Louise Granière doivent faire face à la disparition de leur époux à dix-huit mois d'intervalle. Mais la jeunesse de la première, sa situation sociale (25 ans et

---

[14] C. Le Goff, *Les négociants lorientais et l'argent, 1774-1782*, maîtrise d'histoire, dactyl, G. Le Bouëdec (dir.), Université de Bretagne Sud-Lorient, 1997, p. 198-199.
[15] Arch. dép. Morbihan, Registres paroissiaux, Lorient, 1783.
[16] *Ibid.*, Lz 1589, registre de dépôts, 1792.

un enfant en bas-âge) et les conditions dans lesquelles intervient la mort de son époux, rendent cette expérience du deuil particulièrement singulière. Alors que Nicolas Arnous décède de vieillesse à un âge déjà avancé, Jean-Louis Gérard est assassiné à l'automne 1792 dans un contexte de rumeurs et de défiance vis-à-vis du négoce et des autorités locales.

Les soupçons contre le négociant Gérard surviennent dans un contexte politique et social dégradé depuis 1791[17]. À l'été 1792, la rupture est consommée entre le peuple et les autorités municipales accusées de modérantisme, alors que la nouvelle des Massacres de Septembre parvient au port. Selon Richard Andrews, ces violences sont interprétées comme l'exemple de la justice populaire souveraine[18]. C'est dans ce climat particulièrement tendu que survient le lynchage du négociant Gérard.

Le tragique évènement est relaté avec force détails dans un document imprimé de trente-trois pages constitué des extraits du registre des délibérations du Conseil général de la Commune de Lorient[19]. L'affaire débute le vendredi 14 septembre 1792 lorsque le négociant Gérard est accusé par un certain Lacour de charger à bord de son vaisseau *La Bellone* à destination de l'Ile de France (actuelle Ile Maurice), des caisses de fusils. Il s'agit en réalité de quatorze caisses de fusils pour la traite autorisés au commerce. Avertis, les officiers municipaux se rendent à bord du navire et, par souci d'apaisement, font transporter les armes à la maison commune. Loin de calmer les agitateurs, cette découverte échauffe les esprits. La municipalité décide alors dans la nuit pour sa propre sécurité, l'arrestation du négociant. Jean Louis Gérard retiré à la campagne est attendu le lendemain, 15 septembre, « au lieu dudit passage Saint-Christophe, [à] la limite de la Municipalité, avec des commissaires sans armes, pris dans chaque Compagnie de la garde nationale, afin de servir d'escorte[20] ». Arrivé vers les 10 heures, il est conduit avec les pires difficultés « au bruit des cris redoublés du fatal mot à la lanterne[21] » jusqu'à

---

[17] En raison notamment des revendications salariales des ouvriers du port et d'un sentiment de trahison suite à l'absence de condamnation de deux officiers impliqués dans la répression royaliste de la Martinique en septembre 1790 et qui ont été reconnus par des soldats rapatriés à Lorient.

[18] R. Andrews, « L'assassinat de Jean-Louis Gérard, négociant lorientais (15 septembre 1792), *Annales Historiques de la Révolution Française*, n° 189, 1967, p. 312.

[19] Arch. dép. Morbihan, L 1050, Correspondance, municipalités, vendémiaire an III-messidor an III.

[20] *Ibid.*, p. 5.

[21] *Ibid.*, p. 6.

la prison civile et enfermé « dans une chambre haute » gardée par quinze grenadiers du bataillon. Alors que les officiers publics se sont retirés pour décider des suites judiciaires à donner à l'affaire, les émeutiers profitant de la relève de la garnison s'engouffrent dans la prison, arrachent le sieur Gérard à ses gardes et le trainent jusqu'à la Place de la Fédération où il est immolé. Sa tête et son corps sont promenés dans les rues de la ville ; « vers les six heures, on apprend que le rassemblement se dissipe de lui-même ; et peu de momens après, la tête de la victime est jettée dans la cour de la Maison commune, d'où on la transfère à l'Hôtel-Dieu, où étoit déjà déposé le cadavre[22] ».

Cet épisode sanglant[23] consomme le divorce entre la population lorientaise et ses élites, accusées de concentrer le pouvoir économique et politique. 27 personnes sont inculpées (dont 7 ouvriers du port), puis amnistiées le 21 novembre par la Convention tant la défiance est grande vis-à-vis de ces élites négociantes soupçonnées d'avidité et de vouloir empêcher l'instauration de l'égalité républicaine[24]. Ainsi s'achève tragiquement la vie de Jean-Louis Gérard à 32 ans. Il décède avant l'âge de la maturité professionnelle pleine et entière et n'a jamais connu un autre statut que celui de l'association commerciale sous la tutelle maternelle. Il laisse une jeune épouse de 25 ans, que l'on imagine traumatisée par l'évènement et un fils de 10 mois, Adolphe Gérard.

Dans le cas de Nicolas Arnous, le décès survient au terme d'une vie bien remplie, dans une situation personnelle et économique délicate, celle de la faillite de l'entreprise familiale survenue avant la Révolution (1788-1789). Le négociant s'éteint chez lui au matin du 16 mars 1794 à l'âge de 64 ans. Le jour même, la Marine réquisitionne son chantier d'armement du Bois Blanc. S'ouvre alors un long contentieux qui va opposer pendant près de quinze ans sa veuve, Jeanne Louise Granière, à l'institution maritime. L'inventaire après décès est aujourd'hui disparu[25], mais la déclaration de succession[26] du 29 août 1794 permet de dresser

---

[22] *Ibid.*, p. 6.
[23] À notre connaissance, Jean-Louis Gérard est le seul négociant portuaire breton – Nantes excepté – assassiné dans ce contexte.
[24] C. Nières (dir.), *Histoire de la ville de Lorient*, Toulouse, Privat, 1988, p. 162.
[25] Dans le cadre d'une procédure de faillite, l'inventaire après décès est déposé à la justice de paix. Celle-ci est divisée en deux arrondissements au début de la Révolution à Lorient. Or, les archives du second arrondissement n'ont pas été conservées.
[26] Arch. dép. Morbihan, Q 1759, déclarations de successions, 26 juillet 1793-24 ventôse an VI.

l'ensemble des biens en usufruit acquis pendant la communauté au titre d'un acte de donation souscrit le 15 mai 1770. La veuve Arnous possède ainsi à la mort de son époux :

- Le bois de Tréfaven et ses dépendances (commune de Ploemeur, valeur 60 000 lt), une maison et dépendances rue du Port à Lorient qu'elle occupe (28 125 lt), un terrain sur le quai de la ville (14 400 lt), le manoir et la métairie de Kerletu (Ploemeur, valeur 67 200 lt) et un contrat de constitut[27] sur les héritiers Monistrol (80 000 lt). Le total des acquêts s'élève à 249 725 lt.
- La donation porte également sur les meubles et effets mobiliers de leur communauté (16 629 lt), l'actif de leur compte avec la ci-devant Compagnie des Indes, en instance à Paris évalué provisoirement à 15 000 lt, enfin, les édifices construits sur le terrain du Bois Blanc que l'héritière tient à ferme avec les héritiers Monistrol, les ustensiles, outils et agrès du chantier, les bois de construction plus quatre-vingts navires sans agrès, le tout estimé à 55 000 lt. L'ensemble de la donation s'élève à 86 629 lt.

La valeur totale des biens de la veuve Arnous s'élève donc à 336 354 lt, ce qui représente une fortune confortable, dont la moitié lui revient par donation.

La Révolution marque pour nos deux négociantes la disparition de leur époux, entraînant leur changement de statut matrimonial et social. Comment Jeanne Louise Granière et Marie Victorine Collette appréhendent-elles cette émancipation sociale et juridique et quelle est la réalité de leurs pratiques commerciales ?

Poursuivre le négoce ? Les réalités complexes de l'activité féminine

Cinq mois et demi après l'assassinat de son époux, Marie Victorine Collette veuve Gérard contracte une société avec Armel Joseph Macé et un certain Claude Vial, tous deux négociants de la place. Le lien professionnel se double d'un lien familial car Armel Joseph Macé est

---

[27] « Le pacte de constitut est la convention par laquelle une personne prend l'engagement de payer à jour fixé une dette déjà due, une dette préexistante », *La licence en droit. Précis élémentaire de droit romain (notes de cours). Les obligations*. L. Tenin Éditeur, Paris, 1926, chap. VI, p. 123.

également l'époux de sa belle-sœur, Marie Catherine Nicole Gérard. L'acte est signé à Kerbalay près de Lorient le 28 février 1793[28]. Si la raison sociale demeure inchangée – *Veuve Gérard Fils Ainé & Cie* – elle implique désormais la génération suivante et accorde un statut juridique et commercial à Marie Victorine Collette et à son fils, mineur.

En l'absence d'archives d'entreprise, de registres commerciaux et de correspondance, les registres d'audiences ordinaires déposés au greffe du Tribunal de commerce de Lorient sont une mine précieuse d'informations sur la nature des activités des négociantes saisies dans un contexte particulier, celui du litige. Les cinq registres étudiés parcourant la période des mois de juin 1792 au mois de juillet 1798 révèlent une présence significative de la maison de commerce *Vve Gérard Fils ainé & Cie*, citée dans vingt-quatre procédures. Dans quatorze cas, la maison de commerce est à l'origine de l'action judiciaire, témoignant d'un certain zèle procédurier. C'est particulièrement vrai en octobre 1793, date à laquelle l'entreprise dépose cinq procédures pour obtenir le paiement de marchandises adjugées le 20 septembre 1793 en vente publique. Les cinq acquéreurs, tous négociants lorientais (Laborde, Dussault, *Delmestre & Cie*, *Meier et Cie* et Hézette) contestent le prix de vente de l'indigo, acheté avant l'adoption du décret sur le Maximum[29], le 29 septembre. Malgré leurs supliques, la vente est déclarée légale et ils sont tous condamnés à payer sous huitaine au prix du 20 septembre, la marchandise acquise. Les sommes à recouvrer porte sur un montant de 120 000 lt. Dans les années 1792-1793, les litiges portent quasi-exclusivement sur des défauts de livraison de produits ultra-marins venus de l'Ile de France et consignés dans les magasins de la maison *Vve Gérard Fils Ainé & Cie* : trente-et-une balles de café de Bourbon provenant du navire *Le Patriote* en octobre 1792, une barrique d'indigo pesant 332 livres pour le compte de Berthault de La Rochelle en octobre 1793, soixante sacs de poivre pour un montant de près de 33 000 lt du aux négociants malouins Hercouert et Deshais. Dans ces cas précis, l'entreprise est assignée au Tribunal de commerce, car son rôle

---

[28] Arch. dép. Morbihan, Lz 1592, registre de dépôts, an VII-an VIII.
[29] Posé en principe le 4 septembre 1793, le Maximum général des prix et des salaires est voté le 29 septembre et porte sur de nombreux produits de première nécessité et/ou considérés d'usage courant (viande, vin, sel, savon, sucre, charbon, chandelle, étoffes, tabac…). Sur cette question, voir D. Margairaz, « Nomenclatures et classifications dans le dispositif du Maximum général de 1793-1794 », dans J. Bourdieu, M. Bruegel et A. Stanziani, *Nomenclatures et classifications : approches historiques, enjeux économiques*, Actes et communications, n° 21, INRA, 2004, pp. 96-118.

de consignataire[30] est contesté. Une source complémentaire consistant en un tableau des marchandises existantes dans les magasins nationaux du port de Lorient à la consignation des négociants[31] dresse, en avril 1794, l'inventaire de la succession de la Veuve Gérard et témoigne de son rôle d'intermédiaire dans l'approvisionnement des produits exotiques : quatre balles de 247 pièces et trois balles de « marchandises de l'Inde[32] », quarante balles de café et vingt-quatre sacs de poivre provenant de *L'Adolphe*.

Les activités de la maison de commerce dépassent le cadre national et mettent en lumière les contours d'un réseau de relations plus vaste à l'échelle européenne. Cet élément est confirmé par l'état des diverses déclarations faites par les maisons de commerce de Lorient qui dresse, suivant les arrêtés des 26 et 29 décembre 1793, les crédits et débits des négociants lorientais sur l'étranger. La maison *Veuve Gérard Fils Ainé & Cie* est inscrite au tableau avec un crédit de :

> 2666 pagodes en 2 lettres de change tirées de Londres sur Madras à 6 mois de vue ; chez Hy. Fr. Schopenhouer d'Hambourg 63 412,8 marcs lubs ; (en fonds dans les pays ennemis) entre les mains de 2 négociants d'Amsterdam, 22 320 Florins ; chez Bruynn et Pontoy d'Amsterdam, 1 balle de mouchoirs, à Londres 23 balles de coton invendues, 3 000 et à Londres pour un recouvrement d'assurance, 997[33].

Et pour le débit, « à Londres pour le compte de Lagrengé & Lafontaine de Pondichéry, 1 900 £[34] ». Le réseau tissé par la maison de commerce lorientaise démontre son insertion dans les circuits du grand commerce colonial et son rôle d'intermédiaire entre les sources d'approvisionnement basées dans l'océan Indien et les marchés de consommation et de redistribution situés en Europe du Nord, dans des ports considérés dans le contexte révolutionnaire comme ennemis. Mais derrière la société en commandite, l'activité réelle de la veuve Jean-Louis Gérard est peu visible et l'acte de dissolution de la société survenue en janvier 1796 n'éclaircit pas son rôle, au contraire. La demande de liquidation déposée au greffe du Tribunal de commerce de Lorient mentionne que :

---

30 Un consignataire reçoit des marchandises en dépôt ou pour en opérer le placement.
31 Arch. dép. Morbihan, L 1080, Tableau des marchandises existantes dans les magasins nationaux du port de Lorient à la consignation des négociants, 15 floréal an II.
32 *Ibid.*
33 *Ibid.*, L 1080, État des diverses déclarations faites par les maisons de commerce établies en la commune de Lorient en conformité d'un arrêté du Directoire du District d'Hennebont.
34 *Ibid.*

bien que la Cne Ve Gérard[35] ait toujours été et reste encore chef de la maison Ve Gérard Fils ainé et Cie, la gestion des affaires pendant tout le cours de sa société avec les Cens Macé & Vial a été confiée à ces derniers, sans que la Cne Gérard, en raison de son séjour à la campagne, y ait pu prendre une part active autre que de donner son adhésion […] 5° Que La Cne Ve Gérard comme chef de la maison qu'elle désire conserver est de droit propriétaire des livres et papiers relatifs à sa société avec les Cens Macé et Vial […]. Que les Cens Macé & Vial, comme Gérants et d'après leur acte de société chargés de tenir les écritures restent formellement obligés de les mettre en bonne règle dans le délai fixé[36].

L'acte mentionne également que chaque associé est intéressé au tiers. Légalement, Marie Victorine Collette demeure la responsable de cette société dont elle souhaite conserver le nom, mais il semble que son rôle se réduise alors à un intérêt, puisqu'elle en a confié l'administration et la gestion quotidienne à ses deux associés. Pourtant, l'article 7 mentionne qu'« il est indispensable de donner connaissance publique de la retraite des citoyens Macé et Vial, d'autant plus que la citoyenne veuve Gérard continue les affaires sous la même raison de Veuve Gérard Fils ainé & Cie[37] ». Comment saisir parmi ces informations contradictoires en apparence le rôle précis de la veuve ? On pourrait penser que sa jeunesse, le contexte violent entourant la mort de son époux et sa situation – mère d'un jeune enfant – mais également, la présence dans son entourage proche d'un beau-frère négociant – Armel Macé – l'ait dissuadé de prendre la direction des affaires. La réalité est plus complexe, d'autant que des contestations surviennent et que la dissolution n'est clôturée qu'au printemps 1800. Si cette source ne mentionne pas d'activité effective, la veuve affirme néanmoins vouloir poursuivre les affaires sans ses associés. Ce choix s'explique sans doute par une seconde union marquée par une double alliance, sociale et économique.

Marie Victorine Collette se remarie en mai 1797 avec François Louis Monistrol dans la commune de Kervignac près de Lorient. De cette union naissent deux enfants : Armide en 1798 et Amédée Jules en 1800. Cette alliance n'est pas un hasard quand on connaît les liens d'amitié

---

[35] Il s'agit bien de la veuve de Jean Louis Gérard dont la signature est authentifiée et non de sa belle-mère, Renée Sauvée, mère de Jean-Louis et veuve de Jean Gérard.
[36] Arch. dép. Morbihan, Lz 1591.
[37] *Ibid.*

qui liait François Louis Monistrol aux Gérard Père et Fils[38]. L'homme est issu d'une famille influente liée au commerce de l'Inde. Fils de Julien Louis Monistrol, contrôleur des ventes de la Compagnie des Indes et de Véronique Campion, François Louis naît en 1761. Nommé sous-directeur de la Compagnie des Indes en mars 1792, il jouit au début de la Révolution de revenus confortables et d'une position sociale enviable. Ce titre lui est concédé en remerciement « du zèle qu'il a témoigné[39] » et se traduit par un traitement fixe de 5 000 lt par an, un « traitement éventuel » correspondant au tiers perçu par les directeurs, plus 0,5 % sur le montant des ventes et 6 % sur le montant des bénéfices réalisés à payer aux intéressés[40]. L'homme appartient à l'élite négociante locale, enrichie par le commerce des Indes. Sous l'Empire, sa situation sociale se renforce par la reconnaissance de son rôle politique devenant maire de la ville de Lorient de 1809 à 1821.

Les sources attestent de l'existence d'une société de commerce entre les époux à partir du mois janvier 1800 sous le nom de *Veuve Gérard Fils Ainé Monistrol & Ce*. La conjoncture économique est marquée par une contraction des affaires depuis les années 1792-1793 et les conséquences de la crise financière et monétaire liée aux assignats. Dans la copie d'une lettre déposée chez le notaire Colinet en 1810, le négociant déplore ainsi son incapacité à honorer ses dettes sur l'Ile de France, son impossibilité à recouvrer ses créances sur le gouvernement et se lamente sur l'épisode des assignats qui lui a fait perdre son crédit.

> Les lettres de change que j'avais sur le Trésor public ont été réduites à presque rien, c'est-à-dire 100 francs pour 100 000 francs. D'un autre coté, ceux qui me doivent continuellement sont actuellement dans l'impossibilité de me payer même le plus léger acompte. J'ai été à l'île de France dans l'an VIII où je comptais recueillir quelques débris de ma fortune. Je n'ai pas pu en rien retirer […] je suis absolument sans moyens[41].

Les minutes du tribunal de commerce attestent d'une timide activité d'armement sous le Consulat et l'Empire. La société arme au moins cinq navires en 1802-1803 et en 1813 correspondant au redémarrage des trafics

---

[38] *Ibid.*, 6E 4917, minutes de Colinet, 20 février 1810, « Je n'ai point oublié l'amitié qui me liait à Mrs. Gérard Père et Fils et je conserverai toujours les mêmes sentiments pour leur famille ».
[39] *Ibid.*, 6E 5130, minutes de Le Guevel, 29 frimaire an III.
[40] *Ibid.*
[41] *Ibid.*, 6E 4917, minutes de Colinet, janvier-juin 1810.

traditionnels : *L'Armide* rentre de Saint-Domingue en 1802 ; *L'Adolphe* et *La Melpoimene* sont expertisés car endommagés en novembre 1802, *La Mère de Famille* est visitée en mars 1803 et la goélette *La Joséphine* (120 tonneaux) est déclarée en bon état en 1813. La société contracte également plusieurs prêts dans les années 1806-1807 pour un montant de plus de 20 000 fr. dont 6 000 auprès du banquier parisien Récamier. Sur le rôle effectif de Marie Victorine Collette, un acte sous seing privé déposé en septembre 1806 enregistre le compte sommaire de sa gestion en tant que tutrice d'Adolphe Gérard du 15 septembre 1792 (date de l'assassinat de son premier mari) jusqu'au 15 septembre 1806. Ce compte s'élève à une recette de 374 114 fr. et à une dépense à 411 073 fr. Même ténue, cette source témoigne au minimum du souci de préserver le capital hérité dans la logique de transmission au fils aîné. Les sources sont en revanche muettes sur la suite. Tout juste sait-on qu'Adolphe Gérard reçoit un prêt de 20 000 fr. octroyé par la société maternelle en 1806 et qu'il est indiqué émancipé de justice en 1809 à 18 ans.

La trajectoire de Jeanne Louise Granière offre, en comparaison, un parcours différent. Veuve à 47 ans de Nicolas Arnous, son âge déjà avancé restreint la possibilité d'un remariage (si tant est qu'elle l'ait souhaité). Elle n'apparaît pas sous la forme d'une société plurinominale et n'associe pas ses fils à ses activités, qui embrassent des carrières dans l'administration ou la marine : Pierre Arnous devient receveur particulier de l'administration des droits réunis, René et Hyppolite sont capitaines de frégate, et Hyacinthe, chef de timonerie.

La faillite de son mari à la veille de la Révolution a privé l'entreprise d'une grande partie de sa flotte et à la mort de son époux, en mars 1794, elle est confrontée à la réquisition de son chantier pour les besoins de la Marine. Pendant près de quinze ans, elle se bat contre l'institution pour faire reconnaitre son préjudice. L'épais dossier conservé au Service historique de la Défense (SHD) à Vincennes est éclairant à plus d'un titre : il révèle la ténacité d'une femme qui s'obstine à faire reconnaitre son droit, mais surtout par ses échanges épistolaires, sa maitrise de la langue et un sens aigu de ses intérêts. Le contentieux porte sur le montant de l'indemnité à percevoir pour l'occupation du chantier d'armement du Bois Blanc pendant près de trois années, du 16 mars 1794 jusqu'au 6 juin 1797. La Veuve Arnous adresse le 9 juin 1797 un courrier au Ministre de la Marine et des Colonies :

> Le 26 ventose an 3 [erreur de la veuve il s'agit du 26 ventôse an II], je fus dépouillée par voie de préhension du chantier du Blanc que j'occupais depuis 30 ans, et dont les atteliers, les édifices et les magasins sont mon ouvrage et ma propriété. Par suite de cette mesure commandée pour le bien du service, mes Vaux [vaisseaux], mes pontons, tous mes approvisionnements en bois de construction, de mature, en chanvres, cordage, toilles à voiles, ancres, cables, bray, goudron etc etc furent affectés à la marine, et me furent remboursés en assignats à des termes très reculés, et d'après mes estimations basées sur la loi désastreuse du maximum. Il est donc vrai de dire que tous les débris de ma fortune, tous mes moyens d'industrie furent à la fois sacrifiés à l'intérêt général[42].

La négociante réclame une expertise pour faire reconnaitre la dégradation de son outil industriel pendant l'occupation de la Marine et refuse d'endosser les frais engagés pour des modifications entreprises sur les cales de construction sans son accord, révélant par là sa fermeté et son habileté :

> Vous avez encore été induit en erreur, Citoyen Ministre, relativement aux calles de ce chantier : Il en avait quatre lorsqu'il me fut pris par voie de réquisition : deux de ces calles ont été rallongées par la marine, une troisième a été entièrement démolie et on a enlevé jusqu'aux traversins ; la quatrième n'a pas été touchée.
>
> Ces changements faits sans ma participation ne doivent pas être à ma charge ; je n'y trouve même aucun avantage réel, puisque ces calles telles qu'elles étaient, me suffisaient pour construire des Vaux de 1000 à 1200 tonneaux. D'ailleurs cette amélioration présumée ne compense pas à beaucoup près les dégâts, les dégradations multipliées que mes atteliers ont souffert depuis qu'ils sont occupés par la marine.
>
> Je demande qu'il soit formé à L'Orient une commission contradictoire pour constater tant les améliorations, s'il y a lieu, que les dégradations sans nombre dont la réparation m'est due. Un magasin a été abattu, mes calles on été détruite, trois édifices ont été entièrement consumés par le feu. Il est donc indispensable de faire un procès-verbal de rendue. Ce préalable est nécessaire avant de procéder à la fixation des indemnités auxquelles j'ai droit de prétendre. Salut & respect. Vve Arnous[43].

---

[42] Service historique de la Défense, Vincennes, DD2 948 GB ½, dossier du chantier du Bois Blanc à Madame Veuve Arnous, an II-an XIV.

[43] *Ibid.*

Un second courrier du 3 juillet 1797 rédigé par son gendre et fondé de pouvoir Bidard, époux de Jeanne Thérèse Arnous, à qui elle a donné procuration, enfonce le clou :

> Depuis trois ans que ce chantier, Mon seul moyen d'industrie est préhendé par la Marine il ne m'a été rien compté à valoir aux indemnités que je réclamais pour cette préhension, ni à trois années de loyer qui restent dues.
>
> Je m'adresse donc à vous, Citoyen Ministre, pour que prenant en considération la position Malheureuse d'une mère de neuf enfans, vous ordonniés de me payer la somme de 5 027 francs fixée par le procès-verbal de dégradation, et celle de 45 000 francs pour loyer de trois années que la Marine a occupée ce chantier. Si sur cette dernière somme il s'élevait quelques contestations, veuillez bien en faire déterminer la valeur par le moyen d'arbitres.
>
> Je me plais à croire, Connaissant votre justice, que loin de rejeter une demande aussi légitime vous viendrez à l'aide d'une famille qui se trouve dans la gêne la plus grande. Salut et fraternité. Granière Ve Arnous[44].

Jeanne Louise Granière veut obtenir une indemnité prenant en compte le loyer et la dégradation de ses installations. Un courrier du 28 septembre 1805 indique l'envoi de quinze pièces relatives à la somme de 156 777 fr. réclamée par la négociante à Defermon, Conseiller d'État et Directeur Général de la liquidation générale de la Dette publique. La négociation achoppe sur la déduction d'une somme de 15 246 fr. que la Marine veut soustraire du montant de la créance, au motif qu'elle a pendant le temps de sa réquisition procédé à diverses constructions. Aucun compromis ne semble trouvé, puisqu'à l'ouverture de sa faillite la veuve indique, dans ses avoirs, une créance sur le gouvernement d'une valeur de 150 000 fr.

Jeanne Louise Granière dépose son bilan au greffe du Tribunal de commerce de Lorient en décembre 1810. La Veuve Arnous est l'unique exemple d'une négociante en faillite à Lorient sous la Révolution et l'Empire. Sa déclaration de bilan fait état d'un actif de près de 485 000 fr. et d'un passif de 203 000 fr. Elle déclare posséder pour 180 000 fr. de biens immeubles constitués de deux maisons, rue de l'Hôpital et rue du Port, d'un domaine congéable près du passage Saint-Christophe, à la limite de la ville en bord de Scorff, des bois de Tréfaven (autour de l'ancien château des Rohan) et de la métairie de Kerguelan à Queven. On s'étonne de ne pas trouver mention à l'actif d'un quelconque capital circulant comme l'outil industriel du chantier du Bois Blanc, alors même que nous n'avons pas

---

[44] *Ibid.*

trace d'une vente, ni même de l'existence d'une flotte qui témoigneraient d'une activité d'armement. Une recherche complémentaire dans les registres de mutation nous a permis d'observer que la négociante avait acquis cinq biens entre novembre 1804 et septembre 1805 pour une valeur totale de plus de 42 000 fr. qu'elle revend en décembre 1806 pour plus de 49 000 fr., ce qui lui permet de dégager un confortable bénéfice. Un an plus tard, en décembre 1807, elle se sépare de trois terrains idéalement situés sur les quais du port (valeur 14 222 fr.). En juillet 1810, cinq mois avant le dépôt de bilan, elle liquide les métairies et les terres situées à Kerleguant et Kerletu à Quéven pour une valeur totale de 163 000 fr. Ce comportement témoigne d'une stratégie temporaire d'immobilisation du capital vers la terre, puis dans un mouvement inverse de recherche de liquidités. Ces liquidités manquent en effet cruellement, ce que confirme l'analyse du passif constitué majoritairement de dettes chirographaires (près de 157 000 fr. sur un total de 203 128). Elles se composent de 16 billets à ordre et de 37 traites sur Paris, dont les échéances ne sont plus honorées depuis le mois de mai 1810.

L'activité de la veuve semble alors s'interrompre en 1810. Après une première faillite évitée de justesse en 1768, puis une seconde à la veille de la Révolution et la perte de la majeure partie de la flotte de son époux, enfin, le long contentieux qui l'oppose à la Marine pour obtenir l'indemnité qu'elle juge légitime pour la réquisition de son chantier, Jeanne Louise Granière veuve Arnous est contrainte de déposer son bilan, mettant définitivement fin à une aventure commerciale et familiale entamée à Lorient cinquante ans plus tôt.

*

Peu représentées au sein du négoce lorientais de la fin du XVIIIe siècle, les négociantes ne sont pourtant pas complètement invisibles. Les sources attestent de leur présence dans les nombreux actes déposés quotidiennement au tribunal de commerce (registres d'audiences, tableau des marchandises des magasins du port, procès-verbaux d'expertise, déclarations, faillites), mais également dans les archives notariales et de l'enregistrement. Mais ces traces sont ténues, fragiles et ne rendent que partiellement compte de leur rôle et leurs activités. Ces deux études de cas en témoignent une nouvelle fois.

Jeanne Louise Granière veuve Arnous et Marie Victorine Collette veuve Gérard offrent le parcours singulier et complémentaire de deux négociantes confrontées au début de la Révolution à la disparition de leur époux : elles tentent chacune à leur manière de poursuivre et de pérenniser l'entreprise familiale. La veuve Arnous, femme d'âge mûr, se bat pour préserver le capital industriel et commercial (déjà amoindri à la veille de la Révolution) hérité de Nicolas Arnous et se lance dans une longue procédure contre la Marine sur le montant des indemnités à accorder en compensation de la préhension de son chantier d'armement du Bois Blanc. Ses courriers démontrent un sens aigu de ses intérêts, son aptitude à la négociation et sa ténacité à faire reconnaitre son préjudice. Sa faillite déposée en 1810 révèle ses difficultés et la contraint à cesser, semble-t-il définitivement, ses activités. Marie Victorine Collette, jeune veuve de 25 ans en 1792, poursuit l'activité en association, avec son beau-frère notamment, pour protéger les intérêts de son fils mineur, en abandonnant sa gestion quotidienne à ses deux associés. Son remariage avec François Louis Monistrol négociant expérimenté et inséré dans les réseaux d'échanges en océan Indien l'incite à poursuivre le négoce en créant une seconde maison de commerce sous la raison sociale de *Veuve Gérard Fils Ainé Monistrol & Cie*.

Pourtant des zones d'ombre subsistent quant à la pratique commerciale effective de ces veuves. C'est particulièrement vrai dans le cas de la veuve Gérard qui ne semble avoir qu'un intérêt financier dans sa première association, tout en affirmant vouloir poursuivre le négoce et en déposant un compte de gestion de plus de 370 000 fr. en tant que tutrice de son fils aîné. Pour la veuve Arnous qui agit en son nom propre, la situation est plus claire : elle se bat pour conserver son chantier d'armement et multiplie les prêts sous l'Empire par manque de liquidités. Mais nulle trace d'une quelconque activité de construction ou d'armement. Aucune des deux veuves ne semble transmettre l'entreprise familiale et n'adhère au schéma de gestion temporaire incluant progressivement le ou les fils avant la passation totale du pouvoir de commandement à la génération suivante. Le ralentissement des affaires sous la Révolution et l'Empire, l'épisode des assignats et le manque chronique de liquidités mettent un terme à l'activité de l'entreprise Arnous déjà affaiblie à la fin des années 1780. Au-delà de ce constat, cet échec commercial est surtout révélateur de la fin d'un écosystème qui s'est constitué artificiellement sur la croissance des besoins des deux dernières compagnies des Indes.

Ces deux itinéraires de femmes esquissés parfois avec imprécision confirment, s'il en était besoin, les difficultés de l'historien à étudier le travail féminin à l'époque moderne et au début de la période contemporaine. Sans personnalité juridique reconnue, le veuvage octroie de fait à ces femmes leur émancipation. Mais leur présence dans les sources ne suffit pas toujours à définir avec exactitude leur rôle économique et la réalité de leurs pratiques commerciales. Derrière ces interrogations subsistent celles de leurs aptitudes, de leur formation et de leurs savoir-faire pratiques. Ce n'est qu'en multipliant les études micro et macro-économiques que l'on parviendra à circonscrire avec plus de précision la place des femmes et particulièrement des négociantes dans l'économie moderne et contemporaine.

Rôles des femmes à la direction des entreprises familiales. Va-et-vient entre le visible et l'invisible

Paulette Robic

Maîtresse de conférences HDR en sciences de gestion
Laboratoire d'économie et de management
Nantes-Atlantique (LEMNA-EA 4272)
Université de Nantes

Longtemps resté en retrait des objets de recherche, notamment en France, l'entreprise familiale est depuis les trois dernières décennies de plus en plus étudiée[1]. Une entreprise est considérée comme familiale dès lors que « deux ou plusieurs membres de la famille étendue influencent la marche (la direction) de l'entreprise à travers des liens de parenté, des postes de management ou des droits de propriété sur le capital[2] ». Il est nécessaire d'ajouter à cette première définition, l'intention de transmettre

---

[1] Lire J. Allouche, et B. Amann, « Le retour triomphant du capitalisme familial ? », *Histoire, gestion, organisation. De Jacques Cœur à Renault*, Actes des 3ᵉ rencontres (25-26 novembre 1994), Toulouse, Presses de l'Université des Sciences Sociales de Toulouse, 1995 et « L'entreprise familiale : un état de l'art », *Finance Contrôle Stratégie*, vol. 3, n° 1, 2000, pp. 33-79 ; D. Kenyon-Rouvinez et J.-L. Ward, *Les entreprises familiales*, Paris, Presses universitaires de France, 2004, en ligne http://www.amazon.fr/Les-entreprises-familiales-Denise-Kenyon-Rouvinez/dp/2130546072 ; J.-C. Daumas, « Famille et entreprise en France pendant les Trente Glorieuses (1945-1975) », *International Economic History Conference*, Helsinki, 2006 ; A. Colli, *The history of Family-Business 1850-2000*, Cambridge, Cambridge University Press, 2003 ; A. Colli et M. Rose, « Family Business », dans G. Jones et J. Zeitlin (dir.), *The Oxford Handbook Business History*, Oxford, Oxford University Press, 2007, p. 194-218, en ligne http://www.oxfordhandbooks.com/oso/public/content/oho_business/9780199263684/oxfordhb-9780199263684-chapter-009.html.
[2] Les deux auteurs fondateurs de ce mouvement sont John A. Davis et Rentao Tagiuri dans « Bivalent Attributes of the Family Firm : Familly Business Sourcebook », *The Advantages and Disadvantages of the Family Business*, Santa Barbara, Owner Managed Business Institute, 1982.

l'affaire familiale à la prochaine génération des membres de la famille[3]. De ces éléments de définition, il ressort qu'une des caractéristiques spécifiques de l'entreprise familiale, par rapport aux entreprises à gouvernance managériale, est l'imbrication de la sphère entreprise avec la sphère familiale.

Les historiens des femmes et du travail se sont assez largement emparés de la question de la place des femmes dans la vie des entreprises notamment entre le XVIIe et le XVIIIe siècle[4] et dans une moindre mesure aux XIXe et XXe siècles[5]. Au contraire, comme le souligne Rocio Martinez Jimenez, il est patent de remarquer la rareté des travaux conduits sur le rôle des femmes dans les entreprises familiales dans le champ de recherche sur ce type d'entreprise[6]. La rareté des travaux empiriques est particulièrement frappante. Si quelques-uns peuvent être recensés, ce sont des exceptions[7]. Cela surprend vu l'encastrement entre la sphère entreprise et la sphère familiale, caractéristique de ce mode de gouvernance. Effectivement cette relation étroite entre ces deux espaces implique un lien entre les membres de la famille de l'entreprise donc ses hommes mais aussi ses femmes, même de façon informelle, et l'entreprise elle-même.

---

[3] J. H. Chua, J. J. Chrisman et S. Pramodita, « Defining the family business by behavior », *Entrepreneurship : Theory and Practice*, vol. 23, n° 4, 1999.

[4] J. Burnette, *Gender, Work and Wages in Industrial Revolution Britain*, Cambridge, Cambridge University Press, 2008 ; B. Z. Micheletto, « Only Unpaid Labour Force ? Women's and Girls' Work and Property in Family Business in Early Modern Italy », *The History of the Family*, vol. 19, n° 3, 2014, pp. 323-340.

[5] C. Zalc, « Femmes, entreprises et dépendances », *Travail, genre et sociétés*, vol. 53, n° 1, 2005, pp. 51-74.

[6] R. M. Jimenez, « Research on Women in Family Firms Current Status and Future Directions », *Family Business Review*, vol. 22, n° 1, 2009, pp. 53-64.

[7] P. M. Cole, « Women in Family Business », *Family Business Review*, vol. 10, n° 4, 1997, pp. 353-371 ; F. Gresle, *L'univers de la boutique. Famille et métier chez les petits patrons du Nord (1920-1975)*, Lille, Presses universitaires de Lille, 1981 ; E. J. Poza et T Messer, « Spousal leadership and continuity in the family firm », *Family Business Review*, vol. 14, n° 1, 2001, pp. 25-36 ; F. Curimbaba, « The Dynamics of Women's Roles as Family Business Managers », *Family Business Review*, vol. 15, n° 3, 2002, pp. 239-252 ; N. Crutzen, F. Pirnay et Z. Aouni, « La place des femmes dans les entreprises familiales belges francophones en 2012 », Recherche commanditée par l'Institut de l'Entreprise Familiale, Institut de l'entreprise familiale, Liège, école de Gestion de l'université de Liège, 2012 ; P. Robic et N. Antheaume, « La veuve : une partie prenante méconnue dans la transmission des entreprises familiales », *Management international/International Management/Gestiòn Internacional*, vol. 18, n° 4, 2014, pp. 175-189.

Le travail proposé ici traite de cette dimension trop ignorée dans le champ de recherches sur l'entreprise familiale, à savoir le rôle des femmes membres de la famille de ces entreprises dans la conduite de celles-ci. Si les recherches effectuées sur les femmes dans les entreprises familiales sont rares, celles qui ont été menées sur cette question ont mis en évidence l'importance et la permanence de l'invisibilité de l'implication des femmes dans la vie de ces entreprises et en particulier de la direction, en raison notamment du caractère informel de leur contribution[8]. Elles confirment d'ailleurs en cela les recherches conduites par les historiens des femmes[9]. Il s'agit de questionner l'importance de la contribution invisible, au regard de leur contribution visible, des femmes membres de la famille de l'entreprise familiale, dans la conduite de ces entreprises. Il faut également comprendre comment ces femmes accèdent à la direction de celles-ci. Le point de vue adopté pour conduire cette étude est celui de la gestion et du management tout en lui donnant un regard historique. L'objectif est de pouvoir mettre en perspective les processus empruntés par ces femmes pour s'y impliquer. Ce travail prolonge celui que nous avons conduit sur le rôle des épouses dans les très petites entreprises du XVIIIe au XXe siècle[10], qui montre deux choses : la permanence du rôle des femmes dans les entreprises familiales et leur forte invisibilité, et en même temps la difficulté à écrire l'histoire des femmes faute de traces ce qui implique la nécessité de trouver un autre moyen que les archives « classiques ». Implicitement, il faut soit « tomber » sur un événement comme les faillites qui permet d'avoir accès à des traces, en l'occurrence les rapports de syndic de faillite, soit créer des traces pour voir ce que l'on ne verrait pas autrement, en l'occurrence le rôle des femmes à la direction des entreprises. C'est pour cette raison que nous avons décidé d'aller à la rencontre d'entreprises familiales pérennes et de les interroger pour qu'elles nous livrent des éléments d'information sur la place des femmes dans leurs trajectoires stratégiques et d'une certaine façon créent des traces.

---

[8] N. Crutzen, F. Pirnay et Z. Aouni, « La place des femmes dans les entreprises familiales belges francophones en 2012 », Recherche commanditée par l'Institut de l'Entreprise Familiale, Institut de l'entreprise familiale, Liège, école de Gestion à l'université de Liège, 2012.

[9] N. Dufournaud et B. Michon, « Les femmes et le commerce maritime à Nantes (1660-1740) : un rôle largement méconnu », *Clio. Femmes, Genre, Histoire*, n° 23 (avril), 2006, pp. 311-330 ; C. Zalc, « Femmes, entreprises et dépendances… », art. cit. ; J. Burnette, *Gender, Work…, op. cit.*

[10] P. Labardin et P. Robic, « Épouses et petites entreprises : permanence du XVIIIe au XXe siècle », *Revue Française de Gestion*, n° 188-189, 2008, pp. 97-117.

Cinq entreprises familiales pérennes sont étudiées pour donner à voir la pluralité des parcours suivis par ces femmes pour prendre part à la direction de ces entreprises de façon visible et invisible. La trajectoire des cinq entreprises, croisée avec celle de ses acteurs, est présentée sous forme d'un court résumé[11]. Dans une seconde partie, les parcours des femmes rencontrées dans ces entreprises sont analysés en regard de celui de l'entreprise elle-même. La conclusion de notre recherche est que le contexte change mais que les rôles des femmes à la direction des entreprises familiales oscillent toujours entre le rôle de manager invisible et visible.

Une étude de cinq entreprises familiales pérennes

Comment donner à voir, sur le temps long, non seulement les décisions, les pratiques de gestion et de management visibles mais aussi invisibles, exercées par les femmes membres de la famille d'entreprises familiales pérennes ? C'est un des défis auquel la conduite de l'étude a été confrontée. Choisir une approche quantitative était à écarter. La participation de ces femmes à la vie de l'entreprise familiale est menée bien souvent dans la sphère familiale. Cela signifie qu'elle ne laisse pas de trace, formelle en tout cas, dans les documents officiels de l'entreprise. Par ailleurs, étant donné qu'il s'agit d'étudier le rôle des femmes à la direction d'entreprises familiales pérennes, la question de la double confidentialité, celle de l'entreprise et celle de la famille, s'est posée pour mener à bien la recherche. Il est possible, dans la théorie du moins, de songer aux archives. Faut-il que les entreprises aient une politique d'archivage et si tel est le cas qu'elles acceptent d'ouvrir leurs archives aux chercheurs ? Un travail en cours sur cette question a déjà montré que pour les Petites et Moyennes Entreprises (PME) ou Entreprise de Taille Intermédiaire (ETI), l'archive n'est pas une question prioritaire pour les familles pérennes sauf peut-être au moment des commémorations d'anniversaires[12]. Et si l'archive fait

---

[11] Les cinq enquêtes sont publiées sous leur forme exhaustive dans mon travail universitaire d'habilitation, lire P. Robic, *Le management stratégique des PME et ETI familiales : une histoire de trajectoires individuelles et collectives entre rupture et continuité*, Mémoire d'Habilitation à Diriger des Recherches, Université de Nantes, 2017.

[12] P. Robic et D. Zelinschi, « Des pratiques d'archivage des Petites et Moyennes Entreprises à l'écriture de l'histoire de la gestion », XXe *Journées d'Histoire de la comptabilité et du management*, Lille, 2015.

partie intégrante de l'entreprise, de quelles archives s'agit-il ? Comment sont-elles gérées et par qui et pour qui ? À l'heure actuelle, sauf à quelques très rares exceptions, accéder aux archives des entreprises rencontrées a été difficile ou plutôt impossible, même auprès de celles avec lesquelles des relations de confiance sont établies depuis longtemps avec les dirigeants de ces entreprises. Autant dire que la conduite de cette recherche a exigé de faire preuve d'ingéniosité pour trouver trace de l'implication des femmes de la famille dans la conduite de l'entreprise familiale[13].

Cinq études de cas[14] ont été retenues afin de mettre en exergue le rôle des femmes membres des familles de ces entreprises. Elles ont fait l'objet d'entretiens non-directifs ou semi-directifs puis analysés et enfin rédigés sous forme narrative afin de mettre en évidence l'enchâssement des différentes trajectoires : entreprise/famille ; privée/publique ; collective/individuelle. Ces entretiens ont, dans la mesure du possible, été complétés par des sources secondaires. Certaines sont privées telles qu'un journal, un livre de raison, un testament, des photos que l'on peut qualifier d'archives de familles ou de l'entreprise. D'autres données relèvent du domaine public comme des études sectorielles et des revues de presse.

1. **Le cas Champ-Bio**. Cette entreprise est une Très Petite Entreprise (TPE) créée en 1913. Elle évolue dans le secteur des « préparations culinaires » biologiques en poudre : entremets sucrés ou non, potages instantanés et aides culinaires. L'entreprise emploie aujourd'hui douze salariés. Depuis 2008, Charlotte Pivot – belle-fille de l'arrière-petit-fils des fondateurs Isidore Douceur et Framboise Leblanc – et son associée Clémentine Gâtine dirigent l'entreprise Champ-Bio. Ce ne sont pas les premières dirigeantes de l'entreprise ; avant elle, Framboise Leblanc s'était retrouvée à la tête de Champ-Bio en 1936, au décès de son mari, jusqu'à sa propre mort en 1962. Son fils Marcel reprendra l'entreprise à son

---

[13] En cela, l'idée de difficulté à écrire l'histoire des femmes quels que soient leur statut et le contexte ; lire F. Thébaud, *Ecrire l'histoire des femmes*, Fontenay, ENS Éditions, 1998.

[14] Les noms de chaque entreprise et de leurs acteurs ont dû être été changés pour répondre à la demande d'anonymat des personnes concernées. Chaque entreprise est considérée comme un cas spécifique selon la méthode de R. K. Yin, *Case study research : Design and methods*, vol. 5, Los Angeles, CA : Sage Publications, 2009. Le panel est constitué selon le processus qualifié « d'opportunisme méthodique » ; lire J. Girin, « L'opportunisme méthodique dans les recherches sur la gestion des organisations », *Communication à la journée d'étude la recherche action en question AFCET collège de systémique Ecole Centrale de Paris*, Paris, 1989.

décès et la dirigera jusqu'en 1989, accompagnée de Colette, une de ses trois sœurs, qui sera responsable de la production. En 2008, se pose à nouveau la question de la transmission de l'entreprise. Charlotte Douceur-Pivot, l'épouse d'Antoine Douceur le petit-fils de Marcel, décide de prendre les rênes de l'entreprise familiale en s'associant avec Clémentine Gâtine ingénieure agronome, alors responsable de la production dans l'entreprise.

2. **Le cas Moulineau.** Il s'agit d'une ETI créée en 1895. Son métier est la minoterie. Elle est dirigée par Philippe Moulineau. La Minoterie Moulineau démarre en 1895 avec Émile Moulineau. À son décès en 1936, son fils du même prénom reprend la direction jusqu'à sa propre mort en 1957. Durant toute cette période, son épouse Émeline Foulon va le seconder sans être rémunérée dans l'entreprise. Suite au décès de son mari, elle en devient la propriétaire jusqu'en 1970, date de sa mort. L'entreprise est alors transmise en indivision aux trois enfants : Jean-Marc et ses deux sœurs. Celles-ci ne s'impliqueront pas dans la gestion de l'entreprise. Jean-Marc Moulineau se marie en 1960 avec Lucie Garin, alors salariée comptable dans l'entreprise depuis 1953. Suite à son mariage, elle continue de tenir la comptabilité et d'étendre en même temps son champ de responsabilité mais abandonne son statut de salariée. En 1981, Jean-Marc Moulineau décède brutalement. Lucie Moulineau-Garin décide de reprendre la direction de l'entreprise pour permettre à son fils aîné Philippe de terminer ses études supérieures : elle aura le statut de Présidente de Directrice Générale (PDG). En 1986, son fils Philippe Moulineau entre dans l'entreprise avec le statut de Directeur Général (DG). Ce n'est qu'en 2005 que sa mère lui cède la présidence. Aujourd'hui, en 2017, alors qu'elle a plus de 80 ans, elle est toujours au comité de pilotage stratégique de l'entreprise et passe chaque jour à l'entreprise. Aucun membre de la famille ne travaille dans l'entreprise à ce jour, à l'exception d'Émeline Moulineau, la fille aînée de Philippe Moulineau, lors des vacances scolaires. Elle a dix-neuf ans et envisage de reprendre l'entreprise à moyen terme.

3. **Le cas Filature.** Cette entreprise a démarré en 1921. Félix Filature, instituteur, marié à Marguerite Berceau depuis 1916, achète une herboristerie en Vendée à laquelle il ajoute une activité d'orthopédie pour profiter de la demande très forte dans cette branche suite à la guerre 14-18. Son épouse décède rapidement en 1925. Il se retrouve seul avec trois enfants en bas âges. Il se remarie en 1927

avec Suzanne Gelin une de ses employées avec laquelle il aura onze enfants. En 1954, Suzanne Filature-Gelin prend l'initiative de développer la partie corsetterie. En 1956, Félix Filature meurt. À cette date, Suzanne Filature-Gelin, prend les rênes de l'entreprise qu'elle conservera jusqu'en 1972, comme Directrice Générale. Jusqu'alors elle n'avait aucun statut dans l'entreprise bien qu'elle y participait activement pour seconder son mari. Dès 1959, avec son fils aîné, Gabriel, à ses côtés, elle veut réorienter l'entreprise vers la lingerie féminine. Elle affectera son second fils André à la gérance d'un des magasins de Nantes contre le gré de celui-ci et les souhaits de son époux. En réalité elle a inversé les souhaits de son époux. En cela, elle a rétabli l'aîné à son rôle présumé d'aîné. En 1972, Suzanne Filature laisse les rênes à son fils Gabriel après vingt-six ans de direction. Depuis, aucune femme n'a dirigé cette entreprise, les filles ayant laissé aux garçons le soin de la direction des affaires. Aujourd'hui, Jérôme Filature en assure la direction.

4. **Le cas Macadam.** Il s'agit d'une ETI familiale, située près de Saint-Nazaire, depuis sa fondation en 1897. La Société Macadam opère dans le secteur du BTP. En 1897, Frédéric-Albert Macadam (1863-1925)[15] achète une carrière à Saint-Nazaire et s'y installe. Il est alors marié à Célestine Robleau (1866-1932) avec laquelle il a six enfants (voir figure 1). En 1925, au décès de son père, Frédéric-Armand (1894-1963), l'aîné des garçons, demande le partage du patrimoine de l'entreprise familiale. Avec son frère Rodolphe, ils héritent à part égale de l'affaire familiale tandis que les quatre filles sont évincées. Frédéric-Armand a trois enfants de son mariage avec Violaine Pitot (1898-1982), une fille et deux fils[16]. En 1950, Frédéric-Armand s'associe avec ses deux fils, Frédéric-Jacques (1922-2011) et Justin (1924-1971). En 1963, quelques mois avant son décès, Frédéric-Armand Macadam prépare sa succession. Il donne 45 % des parts de la société à chacun de ses deux fils et le restant à sa fille Marie-Rose, c'est-à-dire 10 %. Celle-ci est mariée à un radiologue, ce qui semble justifier qu'il l'écarte, ou quasiment, de la branche industrielle de l'affaire familiale. Alors que l'aîné Frédéric-Jacques, marié et

---

[15] Afin de rendre la lecture du récit plus facile, vu le nombre très important de membres au sein de la famille Macadam à chaque génération, leurs dates figurent systématiquement à côté de leur nom, les premières fois où ils sont mentionnés. C'est la même chose pour le cas suivant Laitage.

[16] Seule la lignée de Frédéric-Armand est ici examinée.

père de trois fils – Robert (1951-), Patrick (1953-) et Mathurin (1955-) – prend la responsabilité de l'exploitation des carrières, Justin, marié depuis 1951 avec Irène Juliet (1928-) et père de quatre enfants – Jean-Charles (1952-), Frédéric-Antoine (1953-), Gilles (1954-) et Nadège (1955-) – prend la responsabilité de la Direction générale. En 1971, Justin Macadam meurt d'une crise cardiaque. Resté toujours en retrait de son frère Justin, désormais disparu, Frédéric-Jacques, devenu PDG de la Société anonyme (SA), va assurer l'intérim en binôme avec Irène Juliet, la veuve de Justin, prenant le titre de Directrice générale. En 1979, quatre garçons entrent dans l'affaire familiale à des postes opérationnels différents : Jean-Charles, Frédéric-Antoine, Robert et Patrick. Les deux branches des Macadam sont représentées à la même hauteur dans l'entreprise mais uniquement par les garçons. Dans le même temps, Irène Juliet, la veuve de Justin, se retire. En 1988, Frédéric-Jacques prend sa retraite et son neveu, Jean-Charles, aîné des enfants de Justin, lui succède. Son frère Frédéric-Antoine en est le Directeur général. Puis, en 2007, Sophie, fille de Robert, prend le poste de Responsable juridique. Auparavant, en 2005, une autre femme a rejoint l'entreprise : Nadège, la sœur cadette de Jean-Charles. Géologue de formation, donc détentrice de connaissances en lien avec le secteur du bâtiment, elle n'a pas pour autant pu réellement s'impliquer dans la gestion de l'entreprise comme l'ont fait ses frères. En effet, seule fille de cette génération, elle n'était pas entrée dans l'équipe dirigeante avec ses frères en 1979.

La généalogie montre les enfants (en caractère plus large) qui ont pris des postes de responsabilités : parmi eux, seulement trois femmes et seule Irène Juliet fut un moment dans l'équipe dirigeante.

Aujourd'hui, tous les membres de la famille sont actionnaires mais ils ne s'impliquent pas de la même façon dans la conduite de l'entreprise ; il est même à souligner que la société fut en crise au moment du décès brutal de Justin en partie en raison de la mise à l'écart de son épouse qui ne le secondait pas de son vivant[17]. Enfin, cette entreprise dirigée par les hommes est depuis 2012 sous la direction de Paul Guillard, une personne externe à la famille.

---

[17] Ce cas a été également développé dans P. Robic, D. Barbelivien et N. Antheaume, « La fabrique de l'entrepreneur familial. Une institutionnalisation du processus de transmission comme facteur de pérennité des entreprises familiales », *Revue de l'Entrepreneuriat*, vol. 3, 2014, pp. 25-50.

Figure 6 : Généalogie Macadam

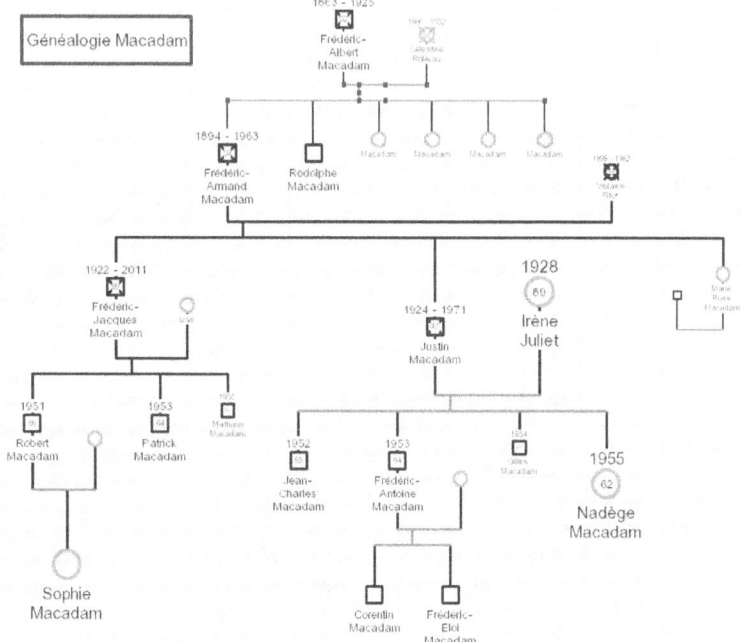

5. **Le cas Laitage.** Entreprise laitière située en Vendée, elle est aujourd'hui dirigée par Catherine Sautereau (1960-)[18] et sa sœur cadette Brigitte (1967-), petites-filles des fondateurs. En 1932, André Sautereau (1900-1996) et son épouse Françoise Rodor (1901-2004) achètent une petite laiterie. Ils auront trois fils : Paul (1926-), Yvon (1928-) et François (1933-2009). En 1967, afin d'éviter les conflits au sein de l'entreprise et de la famille, il est demandé à l'épouse de François, Anne-Lyse Roseau, la seule belle-fille qui travaille dans l'entreprise, d'abandonner son poste de secrétaire comptable ; une situation qu'elle vit mal. En 1980, Françoise Sautereau-Rodor se retire de l'entreprise mais reste toutefois active dans la laiterie. La même année, les trois fils deviennent associés de leurs parents et les petits enfants reçoivent,

---

18   Trois entretiens ont été menés auprès de Catherine Sautereau, entre 2013 et 2015, sur l'histoire de l'entreprise, sa stratégie et ses outils de gestion.

à titre symbolique, quelques actions. Informaticienne, l'aînée des filles de François, Catherine Sautereau, entre dans l'entreprise comme plusieurs de ses cousins et cousines d'ailleurs. En 1986, le fondateur et son fils aîné Paul prennent leur retraite. François devient alors le PDG et Yvon le DG. En 1992 survient une crise familiale suite au décès brutal d'un des fils d'Yvon. La tension au sein de la famille et de l'entreprise est si intense que tous les cousins qui travaillaient dans l'entreprise démissionnent. Seule Catherine, la fille aînée de François, décide de rester. François décide de gérer seul l'entreprise. Catherine propose à sa jeune sœur Brigitte, alors âgée de 25 ans, de les rejoindre. Elle accepte. Ayant fait des études de comptabilité et finance, elle reprend aussitôt la responsabilité de la comptabilité puis progressivement des finances. Elle deviendra assez rapidement Directrice Administrative et Financière. En parallèle, Catherine évoluera aux côtés de son père sur plusieurs postes tels que le marketing et les ressources humaines après avoir été responsable de l'informatique et de la production. Si le fondateur décède en 1996, sa veuve Françoise restée actionnaire et passionnée par la conduite de l'entreprise, participera au Conseil d'Administration jusqu'en 2004, année de son décès. Chaque samedi, elle rédigeait un rapport d'activité financier sur la laiterie et supervisait le travail de la Directrice administrative et financière, en l'occurrence sa petite-fille Brigitte. En 2005, François Sautereau, PDG de l'entreprise, décide de confier la direction à sa fille Catherine. Suite au décès de leur père en 2009, Catherine et Brigitte Sautereau, respectivement PDG et DG de l'entreprise, décident explicitement de prendre la succession de l'entreprise familiale. En dépit de ces disparitions, l'entreprise n'a cessé d'investir, les dirigeantes de l'entreprise sachant profiter des conjonctures économiques. En 2010, elles mettent en place un comité de direction qui est composé de trois personnes : Catherine Sautereau (PDG), Brigitte Sautereau (DG) et Franck Pintot, extérieur à la famille Sautereau (DG). En parallèle un Conseil de Surveillance est mis en place : leur mère, Anne-Lyse Roseau, en est la Présidente. Elles sont seules actionnaires de l'entreprise hormis quelques actions détenues par leur mère. Elles sont associées à parts égales. En 2011, Célestine (1986-), la fille aînée de Catherine Sautereau, entre au sein de la laiterie. Elle est responsable du marketing et de la communication. En 2014, elle intègre le Comité de direction.

Analyse des trajectoires observées : un va-et-vient entre le rôle de manager invisible et visible

Les récits sur ces cinq entreprises familiales montrent une diversité de rôles des femmes membres de leurs familles, en particulier leur caractère invisible et/ou visible dans leur conduite. Dès lors que le rôle n'était pas formel, non répertorié, non rémunéré bien qu'effectif[19], il a été considéré comme invisible. Dans un premier temps, il va s'agir de caractériser ces rôles et leur évolution au cours de l'histoire des entreprises. Dans une seconde étape, les facteurs qui ont participé à l'exercice de ces rôles et leur processus d'évolution seront analysés. De cette manière, il sera possible de mieux saisir comment les femmes membres de ces familles d'entreprises familiales ont procédé pour parvenir jusqu'à la direction pleine et entière.

Quels rôles les femmes rencontrées dans la conduite de ces cinq entreprises ont-elles jouées tout au long de leur histoire ? Pour répondre à cette question, il a été décidé de regrouper les rôles en deux grandes catégories. La première recouvre les rôles qui font appel à des tâches essentiellement opérationnelles. Elles n'exigent pas une vue globale de l'entreprise. Elles nécessitent la maîtrise d'outils qu'ils soient de production ou de gestion. Les rôles qui font appel à ces taches sont qualifiés de « gestionnaire ». La comptabilité, la vente et la production figurent dans cette famille. La seconde catégorie correspond aux rôles qui impliquent des prises de décisions fondamentales pour la vie de l'entreprise. Ces rôles s'inscrivent dans un temps plutôt long. Ils incluent la conduite des hommes et des femmes de l'entreprise. Ils impliquent de mettre en relation les différents acteurs internes et externes de l'entreprise. Ils comprennent tout ce qui a trait à la transmission de l'entreprise à la nouvelle génération. Cela englobe par exemple la socialisation des futures générations, le choix du ou des repreneurs, les montages juridiques et financiers pour les accompagner. Les rôles relevant de cette catégorie seront qualifiés de « manager ». Au vu de ces deux types de rôles possibles dans la conduite d'une entreprise, quatre rôles de femmes émergent de l'observation de la trajectoire de ces cinq cas : les gestionnaires invisibles, les gestionnaires visibles, les managers invisibles et les managers visibles.

---

[19] L. A. Tilly et J. W. Scott, *Women, Work, and Family*, New York, Rinehart and Winston, 1978.

Le tableau reproduit en annexe rend compte du processus suivi par ces femmes pour participer à la conduite de l'entreprise, voire de la diriger[20].

Le tableau fait ressortir plusieurs points significatifs de l'implication de ces femmes dans la conduite de leur entreprise. Le premier est l'importance du management invisible. Il est tout aussi fréquent, voire plus, que le management visible. Le second point concerne le processus par lesquels ces femmes s'impliquent dans la conduite des entreprises familiales. Ce processus est long tant en regard du parcours de la personne que de celui de l'entreprise. Qui plus est, ce processus est loin d'être linéaire. En effet, nombreux sont les cas de va-et-vient entre un rôle visible et un rôle invisible à l'instar de Suzanne Gelin et Anne-Lyse Roseau. Ce résultat semble fondamental car il révèle, en creux, le rôle de « passeuse » que jouent ces femmes afin que l'entreprise puisse être transmise à la génération suivante.

Les rôles identifiés ainsi que les processus pour y accéder, il est nécessaire de s'interroger sur les facteurs qui amènent ces femmes à participer à la conduite de ces entreprises. Pourquoi les femmes s'impliquent-elles dans la direction des entreprises familiales ? Quels sont les éléments que donnent à voir les cinq études de cas observées qui expliquent pourquoi les femmes, membres de la famille d'une entreprise familiale, s'impliquent dans la direction de ces entreprises. Trois facteurs ressortent : le droit de la famille, la volonté de transmettre l'entreprise et de préserver le patrimoine, et la socialisation. Deux autres facteurs peuvent être ajoutés : la formation et les compétences, et les conditions économiques.

Le droit de la famille. Sur les cinq entreprises étudiées, quatre ont été créées à la fin du XIXe siècle. « Laitage » qui est la plus jeune, date de 1932. Les femmes de la 1re, voire, 2e et 3e génération de ces entreprises, ont donc toutes été concernées par le droit de la famille français qui considérait la femme mariée comme une incapable juridique jusqu'en 1938. Ces mêmes générations ont dû également attendre la réforme de 1965 pour ne plus avoir besoin de l'autorisation de leur mari pour accomplir des actes civils et commerciaux. Enfin, depuis 1982, les conjoints-collaborateurs peuvent choisir un statut formel, donc le moyen d'être visible. Là encore, nombre des femmes rencontrées dans l'histoire des cinq entreprises analysées ont été concernées par cette réforme. Les parcours de Framboise Leblanc,

---

[20] Seules les femmes qui ont participé à la vie des entreprises, figurent dans le tableau. Celles pour lesquelles aucune information n'a permis de révéler une quelconque participation à la vie de l'entreprise, ne sont pas mentionnées.

Émiline Foulon, Lucie Moulineau et Suzanne Gelin illustrent tout à fait l'impact du droit de la famille sur leurs rôles successifs dans la conduite de l'entreprise de leur famille. Il apparaît bien que tant qu'elles ne sont pas mariées, surtout si elles ont suivi une formation, elles ont pu être salariées. Dès leur mariage, ce même travail n'a plus été rémunéré. Lucie Moulineau résume bien le processus lorsqu'elle dit lors d'un entretien :

> L. : Je suis arrivée comme employée de bureau en 1953 dans la comptabilité, j'ai fait des études de comptable-gestion. Et mon beau-père est décédé en 57. C'était mon patron pendant quatre ans, oui. […]
>
> CH (interviewieuse) : Donc quand vous vous êtes mariée en 60, vous étiez bien sûr salariée, après ça a provoqué un changement pour vous ?
>
> L. :Oui, je n'ai plus été salariée. Je n'ai pas été salariée pendant vingt ans jusqu'au décès de mon mari. […] Bien sûr, j'étais complètement dans le bureau. Si vous voulez, moi j'accouchais et je revenais deux jours après quoi. J'avais jamais d'arrêt avant l'accouchement, jamais d'arrêt […]
>
> CH : Oui, puis vous n'aviez pas de statut formel […]
>
> L. : Un expert-comptable, on trouvait que ça coûtait trop cher si j'avais été salariée donc il n'a pas voulu me salarier, c'est dommage. Pourtant j'avais une employée, j'étais obligée d'avoir une employée pour les petits, oui. Puis, ça tirait, on n'avait quand même pas des gros revenus à l'époque.

Ces différents cas mettent en exergue que le mariage représente un frein pour l'implication visible des femmes tant dans la gestion que le management des entreprises de leur famille.

La volonté de transmettre l'entreprise, mais pas seulement. Une des spécificités des entreprises à mode de gouvernance familiale est la volonté de transmettre le patrimoine. Les récits des entreprises, Champ-Bio, Moulineau, Filature et Macadam, montrent effectivement des épouses devenues veuves qui ont accepté de prendre les rênes de leur entreprise suite au décès de leur époux. Elles ont fait ce choix le temps que leurs enfants soient prêts pour reprendre eux-mêmes la direction. Il semble à propos de parler ici d'un rôle de « passeuse » dans cette configuration. C'est en tout cas ce qu'elles déclarent. Le cas de Charlotte Douceur qui co-dirige actuellement l'entreprise Champ-Bio, est différent mais le motif semble proche. En effet, cette femme a préféré reprendre les rênes de l'entreprise pour libérer son mari qui en est l'héritier. Charlotte Douceur est en effet la belle-fille du prédécesseur et non la fille. Cependant, cette volonté de transmettre, comme élément déclencheur dans la décision de piloter l'entreprise familiale le temps que la nouvelle génération soit prête, doit être combiné avec d'autres facteurs comme le goût d'entreprendre et les conditions économiques par exemple. En effet, les veuves qui ont repris la direction de l'entreprise de leur mari, disposaient toutes d'une expérience, souvent invisible mais effective, de la gestion et du management. Il est possible de penser que cette expérience leur a donné la confiance nécessaire pour se lancer dans cette aventure. D'ailleurs, il suffit de voir que ces veuves-entrepreneures ont pour la plupart conservé la fonction de PDG ou DG bien au-delà de la durée prévue initialement. C'est ce qui fait dire parfois qu'il s'agit de période de régence. Une autre raison qui peut s'ajouter à la volonté de transmettre, ce sont les conditions économiques de la famille. En effet, une lecture attentive des différents cas montre que ces femmes viennent souvent épauler leur mari, ou le remplacer, parce qu'il y a des bouches à nourrir. L'entreprise est la seule source de revenus de la famille tout simplement. Les familles rencontrées sont d'ailleurs bien souvent de grandes familles qui nécessitent donc des revenus importants pour les nourrir.

La fratrie et la socialisation. À côtés de ces différents facteurs, il y en a un autre qui peut expliquer les rôles occupés et selon quel processus, à savoir la composition de la famille. En effet, les études de cas confirment un élément souvent souligné, à savoir que ce sont les garçons qui sont choisis « naturellement » pour reprendre l'affaire familiale dans bien des cas, ou au moins pour y travailler comme salarié. Le cas Macadam le montre bien. Les filles, moins nombreuses que les garçons dans la fratrie, jusqu'à la 5e génération, sont soit ignorées soit écartées. Cela a été le cas de Nadège. Sa formation de géologue aurait pu constituer une ressource pour l'entreprise. En revanche, lorsque le père vient à mourir, c'est à la mère devenue veuve, jusqu'ici présente mais invisible, à qui l'on fait appel. Dans les deux dernières générations, il y a très peu de garçons. La première fille, Sophie, est entrée dans l'entreprise comme juriste. Pour autant, il semblerait que ce soit son cousin, Corentin, plus jeune et moins expérimenté, qui se dirige vers le poste de DG. Les cas des entreprises Laitage et Champ-bio permettent d'affiner l'analyse sur ce sujet. Dans ces deux entreprises, les femmes de leurs familles ont été et sont beaucoup plus actives et visibles que dans les autres. Par exemple, les deux membres des couples de la première génération sont à parts égales dans la création ou le rachat de l'entreprise. Cet état de fait laisse à penser que le rôle de la fondatrice donne aux générations futures une représentation de la femme dans l'entreprise, et plus largement dans la société, qui donne confiance aux femmes des générations qui suivent pour se projeter dans des postes à responsabilité comme la direction d'une entreprise. La trajectoire de Catherine Sautereau, la petite-fille de la co-fondatrice, est évocatrice à ce sujet. Ce qu'elle dit à propos de sa grand-mère va dans ce sens : « donc l'entreprise a été créée en 1932, je dis bien par l'homme et la femme puisque mon grand-père avait un côté bien sûr plus technique et ma grand-mère avait un esprit de compta et de vision assez extraordinaire ». La figure des femmes de la famille peut donc être un moteur ou un frein à l'implication des femmes, membres de la famille de l'entreprise familiale, à la direction de celle-ci. C'est en tout cas un vecteur important de la socialisation des enfants de ces familles et notamment de la socialisation secondaire[21], vecteur des choix professionnels et en particulier l'entrepreneuriat[22]. Ceci est d'autant plus facile à voir que, souvent dans ces familles, il y a une très forte imbrication entre les espaces et temps familiaux, et les espaces et temps de l'entreprise. Lucie Moulineau, par exemple, habite dans la maison de famille qui fut aussi l'endroit où elle avait son bureau et où elle faisait sa comptabilité, ses commandes et recevait les clients et fournisseurs. Aujourd'hui la 4ᵉ génération se réunit souvent là. Le premier moulin jouxte la maison. Par ailleurs, elle invite une fois par an toute sa famille à voyager ensemble pour « se voir ». Irène Juliet-Macadam ne faisait pas autre chose lorsqu'elle organisait les chasses dans la forêt appartenant à la famille pour « être ensemble et préparer les garçons à être des hommes et les femmes à être avec ». Selon l'image que renvoie la mère ou la grand-mère aux générations suivantes, les femmes des nouvelles générations ne vont pas s'engager de la même manière dans la vie de l'entreprise.

*

Des femmes au statut d'épouse, mère, fille, veuve et/ou sœur dans la famille de l'entreprise familiale, s'impliquent donc effectivement dans la conduite de ces entreprises, parfois même jusqu'à en être la Présidente Directrice Générale ou la Présidente du Conseil de Surveillance dans des entreprises du secteur industriel et de taille relativement importante. Ce rôle s'équilibre entre la participation à la gestion et la participation au management. Ce qui apparaît surtout dans cette étude fondée sur l'étude de cinq cas d'entreprises familiales pérennes, c'est la permanence de la participation des femmes au fil des générations et notamment la

---

[21] R. K Merton, *Social Theory and Social Structure*, New York, Free Press, 1968.
[22] C. Lubinski, « Succession in Multi-Generational Family Firms. An Exploratory Study into the Period of Anticipatory Socialization », *Electronic Journal of Family Business Studies*, vol. 5, n° 1-2, 2011, pp. 4-25.

récurrence de leur invisibilité. La non-linéarité de l'implication de ces femmes dans les entreprises familiales est aussi saisissante. Grâce à une lecture des trajectoires des femmes dans les entreprises étudiées en miroir de la trajectoire des entreprises elles-mêmes, il ressort également de cette recherche, une assez forte et permanente imbrication entre les trajectoires personnelles de ces femmes, celles de leur famille et en même temps celle de l'entreprise. Les spécificités des entreprises familiales présentées en introduction sont confirmées. En suivant les recommandations de Gibb W. Dyer pour étudier les modes de fonctionnement de l'entreprise familiale, à savoir ne pas se contenter d'observer la sphère entreprise, mais au contraire d'aller dans la sphère personnelle des acteurs et celle de la famille[23], il a été possible de mettre en évidence l'importance de l'imbrication de la sphère individuelle des femmes dans celle de la famille et de l'entreprise, et ainsi comprendre la permanence de leur rôle dans la conduite de ces entreprises familiales. Sur un autre plan, il ressort également que ces femmes sont des passeuses à l'égard du patrimoine familial qui se trouve dans l'entreprise. De cette façon, ces femmes sont souvent au service du projet familial qui est la pérennité du patrimoine familial à travers l'entreprise familiale. Cela vaut aussi certainement pour les hommes membres de la famille, mais le caractère à la fois visible et invisible de la participation des femmes laisse à penser que c'est plus exacerbé pour les femmes.

---

[23] G. W. Dyer, « The Family : The Missing Variable in Organizational Research », *Entrepreneurship theory and practice*, vol. 27, n° 4, 2003, pp. 401-416.

Annexe : Présentation chronologique des rôles remplis par les femmes dans la conduite des cinq cas observés

N°	Femmes impliquées dans l'entreprise	Gestionnaire Invisible	Gestionnaire Visible	Manager Invisible	Manager Visible	Commentaire
1	Framboise Douceur-Leblanc					
	– 1913-1936	X		X		Épouse invisible
	– 1932-1962		X		X	Veuve visible
	Colette Douceur					
	– 1962-1989		X			Sœur visible (fille de Framboise Douceur-Leblanc)
	Charlotte Douceur-Pivot					
	– 2008-		X		X	Belle-fille visible
2	Emiline Foulon					
	– 1936-1957	X				Épouse invisible présente
	– 1957-1970	X		X		Veuve invisible présente
	Lucie Garin					
	– 1953-1960		X			Salariée
	– 1960-1981	X		X		Épouse invisible présente
	– 1981-2005				X	Veuve visible active
	– 2005-			X		Veuve invisible active
3	Marguerite Berceau					
	– 1916-1925	X				Épouse invisible présente
	Suzanne Gelin					
	– 1920-1927		X			Salariée visible
	– 1927-1956	X		X		Épouse invisible présente
	– 1956-1972		X		X	Veuve visible
	– 1972-1992			X		Veuve invisible
	Elisabeth Gavre			X		Épouse actionnaire invisible présente

N°	Femmes impliquées dans l'entreprise	Gestionnaire Invisible	Gestionnaire Visible	Manager Invisible	Manager Visible	Commentaire
4	Célestine Robleau					
	– 1892-1925					
	Violaine Pitot					
	– 1925-1963					
	Marie-Rose Macadam					
	– 1963-					Sœur écartée
	Irène Juliet					
	– 1951-1971	X				Épouse invisible présente
	– 1971-1979				X	Veuve visible
	– 1979-			X		Veuve invisible présente
	Nadège Macadam					
	– 1979-2004	X				Sœur actionnaire invisible
	– 2004-				X	Présente
	Sophie Macadam					Sœur actionnaire active
	– 2007-		X			Fille visible
5	Françoise Sautereau					
	– 1932-1980		X		X	Épouse et actionnaire visible
	– 1980-2004				X	Veuve et grand-mère actionnaire visible
	Anne-Lyse Roseau					
	– 1956-1967		X			Belle-fille salariée
	– 1967-2005			X		Épouse invisible présente
	– 2005-				X	Veuve actionnaire active
	Catherine Sautereau					
	– 1983-1992		X			Fille salariée
	– 1992-2005		X	X		Fille visible et invisible
	– 2005-		X		X	Fille visible
	Brigitte Sautereau					
	– 1992-2005		X			Fille et sœur visible
	– 2005-		X		X	Fille et sœur visible

Conclusions

Martine Cocaud

Maîtresse de conférences honoraire en histoire contemporaine Laboratoire Tempora (EA 7468) Université de Rennes 2

Les contributions réunies dans le présent volume ont permis de nouer des réflexions autour de sujets déjà bien balisés par les historiens. Trois ont été particulièrement présents : celui des sociétés littorales, celui du négoce dans les grands ports et celui des entreprises familiales. Le lien entre ces thématiques s'est concrétisé par l'attention portée aux femmes et plus particulièrement à celles qui se situaient au niveau élevé du capitalisme marchand. Depuis quelques années, des travaux portant sur les activités marchandes ont mis en évidence la place des femmes des milieux d'affaires sans toutefois en faire un objet d'étude en soi. L'ouvrage réunissant des chercheurs et chercheuses de plusieurs disciplines dont des historiennes et des historiens spécialistes de trois périodes, permet de poser la question sur un temps long, dans différents lieux et différentes situations.

L'Entreprenariat n'est pas le destin des femmes mais il peut être leur histoire

« Les femmes ont toujours travaillé » écrit Sylvie Schweitzer[1] et, en effet, au fil des travaux sur l'implication des femmes dans le monde du commerce, s'est dessiné le statut de la marchande publique permettant à des femmes de l'Ancien Régime d'échapper à la tutelle de leurs maris. Et si le fait semble plus rare dans les niveaux plus élevés[2], des études ont

---

[1] S. Schweitzer, *Les femmes ont toujours travaillé, Une histoire du travail des femmes aux XIXᵉ et XXᵉ siècles*, Paris, Éditions Odile Jacob, 2002.
[2] C. Dousset, « Commerce et travail des femmes à l'époque moderne en France », *Les Cahiers de Framespa* [En ligne], 2 | 2006, mis en ligne le 01 octobre 2006, consulté

déjà mis en évidence la présence de femmes dans ces strates supérieures de l'activité commerciale[3]. Les réflexions qui nous intéressent portent plus précisément sur la place occupée par les femmes des milieux d'affaires dans les cités portuaires, que l'on peut croire plus cosmopolites, peut-être plus ouverts aux nouveaux mondes que les villes intérieures, puisque les femmes peuvent être confrontées de force à l'absence des maris responsables des entreprises. L'historienne Amélia Polónia en fait d'ailleurs le constat pour les ports du Portugal au XVIe siècle. Le processus d'expansion outre-mer favorable aux absences masculines a offert des opportunités aux femmes, tant en Europe que dans les comptoirs étrangers. Si le système patriarcal n'a pas été remis en question, des femmes ont joué un rôle plus central dans les relations commerciales et sociales. L'intérêt d'analyser les ports comme un espace particulier semble donc judicieux.

En effet, de nombreuses sources laissent voir des activités féminines, même si elles étaient beaucoup plus rares, plus épisodiques que celles des hommes comme si elles résultaient plus des contingences que d'un état de fait. La mesure de l'activité féminine dans les ports reste d'ailleurs une vraie question. Sur quelles sources s'appuyer ? Les contributions montrent que la démarche doit être pragmatique et faire feu de tout bois. Les archives de la Maison Roux du XVIIIe siècle, explorées par Gilbert Buti, ne laissent entrevoir qu'une présence féminine réduite et Marion Tanguy n'a compté seulement que sept femmes parmi les 246 propriétaires de navires nantais dans la seconde moitié du XVIIe siècle. Il sera probablement difficile d'obtenir des matériaux plus complets qui permettraient une analyse statistique mettant en évidence des différences régionales et temporelles. L'accumulation des études de cas paraît l'approche la plus féconde pour apprécier, à défaut de mesurer, la présence féminine, qui toutefois reste faible dans les sphères du grand commerce où les rapports de genre sont très perceptibles. Les femmes apparaissent quand les hommes s'éclipsent de force : à Dieppe, à la fin du Moyen Âge, Philippe Lardin montre que les femmes ou les filles de notables étaient « hôtes vendeurs » quand les hommes, obligés de s'exiler ou de se battre, ne monopolisaient pas les postes. De même les poissonnières, plus modestes que les précédentes, étaient aux étals lorsque la conjoncture permettait aux hommes de faire mieux. Les négociantes, étudiées notamment par Brice Martinetti,

---

le 01 décembre 2017. URL : http://framespa.revues.org/57 ; DOI : 10.4000/framespa.57.

[3] N. Zemon Davis, *Juive, catholique, protestante. Trois femmes en marge au XVIIe siècle*, Paris, Seuil, 1997.

sont un relais lors de l'absence forcée des maris et Anne Montenach qui analyse le commerce des modes dans l'Ancien Régime, envisage le poids de la conjoncture comme facteur rythmant l'activité des femmes. Ces « à coup » paraissent particulièrement marqués dans le cadre des entreprises familiales qui ont été au cœur de la majorité des articles. Cet intérêt est-il lié au fait que plusieurs chercheurs travaillent sur l'Ancien Régime alors que l'entreprise familiale domine ? Est-ce parce que les femmes vouées au commerce apparaissent surtout dans ce cadre, ce qui laisse supposer que l'activité féminine indépendante est extrêmement rare si ce n'est dans de rares niches telles que les commerces de la mode à la fin du XVIIIe siècle ? Philippe Gardey qui a pu quantifier la présence des femmes dans les maisons de commerce bordelaises à la fin du XVIIIe siècle précise que dans 8 % des cas le nom de l'entreprise porte celui d'une femme et que dans deux tiers des cas il s'agit de marchandes, les négociantes paraissant moins nombreuses. Il est dommage que la période contemporaine et plus particulièrement le XIXe siècle ait été le parent pauvre de ce volume, hormis le texte de Luisa Muños Abeledo sur les ports atlantiques de l'Espagne et la réflexion conduite sur Bordeaux. Par conséquent la supposition d'André Lespagnol[4] qui liait la baisse de la présence des femmes dans les entreprises à la diminution du nombre des affaires familiales au profit des entreprises à gouvernance managériale n'a malheureusement pas pu totalement être testée. Toutefois il semble bien que si l'entreprise familiale offre un cadre de travail pour les femmes ce n'est, du moins en apparence, que de manière épisodique au rythme des besoins, le plus important d'entre eux étant la nécessité de combler le vide laissé par les absences masculines.

En effet, du Moyen Âge à la période contemporaine, l'expérience la plus propice à l'entrée en scène des femmes dans le monde du négoce portuaire demeure le veuvage. Constat qui complète les résultats d'autres travaux portant sur l'insertion économique des veuves et qui ont concerné plus généralement les grandes villes[5]. Les femmes, nous dit Paulette Robic qui focalise son attention sur les femmes à la tête d'entreprises familiales, sont des « passeuses » qui interviennent par nécessité économique ou pour transmettre aux générations suivantes le patrimoine. Au XVIIe siècle, la veuve Desrieulx de Nantes participe à l'approvisionnement des raffineries,

---

[4] A. Lespagnol, « Femmes négociantes sous Louis XIV. Les conditions complexes d'une promotion provisoire », dans A. Croix, M. Lagrée, J. Quéniart (dir.), *Populations et cultures. Études réunies en l'honneur de François Lebrun*, Rennes, 1989, pp. 463-470.
[5] S. Beauvalet-Boutourye, *Être veuve sous l'Ancien Régime*, Paris, Belin, 2001.

intente un procès et met en vente des biens familiaux afin de combler les dettes contractées par son mari décédé. D'autres soumettent des lettres de change pour récupérer du capital ou se lancent dans l'armement vers les îles de l'Amérique. L'insertion de ces femmes passe fréquemment par une mise en société de type « veuve et fils » ou par une alliance avec un autre homme d'affaires. Ce qui prime est bien la nécessité de faire durer l'affaire mais s'agit-il alors seulement « d'une régence économique » ou la prise de responsabilité va-t-elle plus loin ? Le degré d'implication des veuves diffère, l'âge de la veuve, le degré de richesse, le nombre d'enfants, jouent leur rôle et les exemples évoqués montrent la diversité des situations. Si la veuve Gérard de Lorient, étudiée par Karine Audran, gagne un statut juridique avec la création de la société *Veuve Gérard Fils Ainé et Cie*, elle participe peu aux affaires et part rapidement vers sa maison de campagne. Au contraire, dans le même port, la veuve Arnous, femme d'âge mûr qui hérite d'une situation financière difficile, reprend l'affaire seule et se bat férocement face à la réquisition du chantier de feu son mari. À La Rochelle également, des veuves de négociants ont continué les affaires des maris et exercé pendant plusieurs années en leur nom propre, se faisant alors reconnaître comme « négociante ». C'est le cas de la veuve Charly qui développe jusqu'à sa mort une affaire au Canada. Même si le milieu paraît fortement masculin, tout semble possible lorsque la continuité familiale est menacée. Mieux comprendre dans quelles circonstances une veuve s'implique et réussit à s'imposer demanderait de multiplier ce genre d'études de cas, car il semble difficile de jauger avec exactitude la forme et la durée de l'engagement économique. Les veuves osent-elles l'innovation, conduisent-elles réellement l'entreprise ? Ne laissent-elles que leur nom parce qu'elles peuvent détenir le capital en laissant la prise de décision à un homme ou lorsqu'elles s'engagent se contentent-elles de faire durer les affaires ? Les négociantes présentes dans la correspondance Roux de Marseille maintiennent plus qu'elles ne créent de l'activité et des cas identiques à celui de la veuve Michel de Nantes qui lance une famille dans l'armement au XVIIe siècle n'ont pas été mentionnés[6] pour le XVIIIe siècle et nous approchons peu, nous l'avons déjà dit, le XIXe siècle. Il resterait aussi à préciser le rapport aux mouvements de capitaux. Si Marion Tanguy signale dans son étude que les veuves pouvaient être bénéficiaires de lettres de change mais qu'elles n'en émettaient pas, par contre les archives du milieu du XVIIIe siècle consultées par Gilbert Buti

---

[6] O. Pétré-Grenouilleau, *Les négoces maritimes français. XVIIe-XXe siècles*, Paris, Belin, 1997.

concernent des femmes qui ont intégré les dispositifs de plusieurs modes de paiement. La pratique des mécanismes financiers nécessaires aux opérations commerciales mériterait d'être approfondie par d'autres études afin de voir les variations dans le temps. Seuls les cinq entretiens réalisés avec des femmes chefs d'entreprise au XXIe siècle menés par Paulette Robic qui confortent le rôle du veuvage dans la prise de responsabilités, permettent d'affiner la connaissance des pratiques.

L'invisibilité des femmes

Ces enquêtes orales permettent de dépasser l'invisible c'est-à-dire l'espace occupé par celles qui collaborent mais que la coutume puis la législation ignorent. Il ne s'agissait pas, nous l'avons vu, d'une interdiction totale d'exercer et Brice Martinetti a trouvé dans les archives des traces de femmes qui exerçaient en leur nom propre à La Rochelle ; de plus, certains secteurs bien précis laissaient une plus grande autonomie aux femmes. C'était le cas du terrain privilégié que représentait le marché de la mode décrit par Anne Montenach. Par une spécialisation sexuelle moins marquée, il offrait aux femmes de belles trajectoires professionnelles mettant en jeu des outils de gestion complexes dans le cadre de réseaux nationaux voire internationaux. Ces femmes apparaissaient alors comme des entrepreneuses à part entière mais qui se réalisaient dans une sphère apparaissant par essence féminine.

L'invisibilité des femmes dans le monde économique – et pas seulement le commerce – naît de plusieurs facteurs. Si, d'une part, il semble que les femmes aient été progressivement exclues de certains secteurs économiques dans la seconde moitié du XVIIIe siècle, il faut noter, d'autre part, que dans le cadre d'une activité familiale, le masculin l'emportait facilement dans les sources officielles et dans les dénominations. En France, il a ainsi fallu attendre la loi de 1982 pour que le statut de conjoint collaborateur soit reconnu.

Une difficulté perdure donc pour l'historien – mais ce n'est pas une nouveauté ni une spécialité du monde négociant –, celle des sources qui sont forcément disparates, dispersées et donnent donc peu de visibilité aux femmes. Nicole Dufournaud rappelle cette difficulté et propose une étude méthodologique basée sur des itinéraires de vie qui met en œuvre des outils de saisie, d'analyse et de visualisation d'informations. Les outils numériques mettent alors en évidence des données parfois noyées dans la masse. L'historien du contemporain devient le chanceux qui peut espérer par des enquêtes sonder l'invisible, c'est ce que fait la gestionnaire Paulette Robic, en collectant des parcours de vie de femmes responsables d'entreprises familiales. Cette dernière intervention a fait fortement écho aux questions posées par les historiens des périodes plus lointaines et ce dialogue entre périodes a été sans doute une des richesses de ces deux journées. Force est de remarquer que des constats sont pérennes : le caractère informel des activités féminines, la prédominance de l'accidentel, la non linéarité des parcours de vie ou encore l'implication des femmes dans l'entreprise familiale, ces constats laissant subodorer malgré tout en creux l'influence des femmes dans le monde du négoce. Influence reconnue pour le XXe siècle mais aussi affirmée par Amélia Polónia qui voit dans les femmes, souvent des métisses, des éléments de transferts culturels et matériels entre les différents mondes qui trafiquent dans les Indes portugaises au XVIe siècle.

Des femmes invisibles mais influentes

Le rôle « de passeuse » se construit dans le milieu négociant par le mariage. Les armateurs antillais du port de Nantes répondent à une logique de groupe qui superpose aux liens commerciaux les liens familiaux. Philippe Gardey constate également le rôle du mariage comme élément stratégique pour la consolidation des réseaux commerciaux ainsi que la promotion sociale et professionnelle. La forte homogamie, constatée dans les milieux négociants de Bordeaux et de La Rochelle au XVIIIe siècle, conforte donc des travaux menés antérieurement, sur la région de Saint-Malo par exemple, mais l'enquête montre que les réseaux sollicités par les mariages se jouent à une large échelle intégrant des grandes familles venant du nord de l'Europe.

Cette forte endogamie met donc en exergue le rôle fondamental du couple dans les activités négociantes, et par cela même la place essentielle des femmes qui ne se réduit pas à l'apport d'une dot. Les négociants des villes portuaires qui étaient amenés à voyager fréquemment n'en doutaient pas, comme le manifestent souvent les marques d'estime pour les capacités professionnelles de leurs épouses mentionnées dans les procurations. Ainsi François Gazan de La Rochelle donne à son épouse la totalité des pouvoirs décisionnaires que ce soit dans le domaine bancaire ou dans l'assurance. De même, le tableau représentant Marguerite Urbane Sengstack, épouse du négociant nantais d'origine flamande Dominique

Deurbroucq, analysé par Krystel Gualdé, fait un pendant pour le moins équilibré au portrait de son époux. Plus riche, plus complexe, il affirme certainement le rôle, laissé méconnu par les archives, de cette femme.

Alors ces compétences, certes sollicitées de façon inégale et épisodique, laissent supposer un apprentissage. Bien sûr ces femmes des milieux négociants étaient éduquées et possédaient toutes la lecture à la fin du XVIIIe siècle – un début de compétence étant déjà remarqué dans les Indes portugaises du XVIe siècle – mais il faut plus que cela pour assurer la direction des affaires en cas de veuvage, même si ces femmes s'appuient, comme nous le montre les archives de la veuve Hardy de la Martinique, sur des commis. La direction d'entreprises laisse supposer des compétences opérationnelles qui nécessitent des connaissances en comptabilité et en vente, mais aussi des compétences plus stratégiques qui se révèlent nécessaires pour prendre les décisions fondamentales d'une entreprise. Les femmes de négociants étaient-elles capables de mettre en œuvre ces deux niveaux ? La position de repli derrière un proche ou un associé que l'on a parfois constaté lors du veuvage provient-elle d'une absence de savoir-faire particulièrement dans le deuxième niveau qui ne peut pas se satisfaire du soutien des commis ?

Approfondir ces questions d'apprentissage restera certainement difficile par manque de sources car les enquêtes menées au XXIe siècle font part de « l'invisibilité du management par les femmes » mais la question mérite d'être posée. Qu'apprenait-on à une femme dont on savait dès le mariage qu'elle serait potentiellement veuve et donc appelée à faire perdurer le patrimoine familial ? La transmission des valeurs familiales nécessaires au négoce ne concernait-elle que les fils de négociants ? La transmission se faisant en partie par les mères, il est donc patent, qu'au moins à un certain niveau, les jeunes filles sont empreintes des valeurs du négoce.

Le processus d'apprentissage se fait alors dans la durée et de façon non linéaire avec de nombreux allers-retours. Toutes les femmes s'impliquaient-elles ? Certains domaines tels que la finance leur échappaient-ils ? Toutes les familles souhaitaient-elles donner une formation aux filles ou cela ne se faisait-il que si les hommes manquaient dans la famille proche ? Cette proximité a certainement rejailli sur l'intime. En quoi ce partage de compétences modifiait-il les rapports des couples ? L'assurance de Marguerite Urbane Deurbourcq n'est-elle pas, en partie, issue d'une certaine proximité professionnelle avec son mari ?

Des interrogations demeurent qui recoupent entre autres la question toujours urgente de la formation des femmes mais également de leur célibat ; les parents ayant investi dans l'éducation de leur fille ne préféreront-ils pas les garder auprès d'eux le plus longtemps possible ce qui expliquerait l'âge tardif au mariage de cette catégorie de population ? D'autres études sur ces sujets devraient apporter des réponses à ces questions toujours en suspens.

Bibliographie générale

Sources imprimées

Andrade, Francisco de, *O primeiro Cerco de Diu*, 1581.

Brandão, João, *Tratado da Magestade, Grandeza e Abastança da Cidade de Lisboa na 2ª Metade do Século XVI : Estatística de Lisboa em 1552*, Lisboa, Liv. Férin, 1923.

Code Civil des Français, édition originale et seule officielle, Paris, Imprimerie de la République, an XII (1804).

Chung, Hwang, « Hai Yu 'News from the Ocean' », 1537, dans William Pieter Groeneveldt, *Historical Notes on Indonesia and Malaya, Compiled from Chinese Sources*, 1880, réimp. Jakarta, Bhratara, 1960.

Coolhaas, Willem P., *Generale Missiven van Gouverneurs-Generaal en Raden aan Heren XVII der Oostindische Compagnie*, Gravenhage, Nijhoff, 1960-1968.

Coppinger, Emmanuel (dir.), *Le Coustumier de la Vicomté de Dieppe par Guillaume Tieullier*, Dieppe, 1884.

Correia, Gaspar, *Lendas da Índia*, Porto, Lello & Irmão, 1975.

Drost, Mappie A. (dir.), *Documents pour servir à l'histoire du commerce des Pays-Bas avec la France jusqu'à 1585*, Gravenhage, Nijhoff, 1984.

Faginas Arcuaz, Ramón, *Guía-Indicador de La Coruña y de Galicia para 1890-1891*, La Corogne, Imprimerie de Vicente Abad, 1890.

Galvão, Antonio, *A Treatise on the Moluccas*, 1544, Rome, Jesuit Historical Society, 1971.

Hamilton, Alexander, *A New Account of the East Indies*, 1727, Edinburgh, John Mosman, 1930, 2 volumes.

Jacobs, Hubert, *A Treatise on the Moluccas (c. 1544), Probably the Preliminary Version of António Galvão's lost História das Molucas*, Rome, Jesuit Historical Society, 1971.

Lamothe (de), Alexis et Delphin de Lamothe, *Coutumes du ressort du parlement de Guienne*, Bordeaux, Les frères Labottière, 1768, 2 volumes.

Le Cacheux, Paul, *Actes de la chancellerie d'Henri VI concernant la Normandie sous la domination anglaise (1422-1435)*, Rouen, 1931.

Lopes de Castanheda, Fernão, *Historia do Descobrimento e Conquista da India pelos Portugueses*, Lisbon, Typographia Rollandiana, 1833.

Mandelslo, Jean Albert de, *Mandelslo's Travels in Western India, 1638-1639*, Londres, Oxford University Press, 1931.

Nóbrega, Manuel da, *Cartas do Brasil. Cartas Jesuíticas*, Sao Paulo, Editora da Universidade, 1988.

Pires, Tomé, *The Suma Oriental of Tomé Pires*, 1515, traduction par Armando Cortesao, London, Hakluyt Society, 1944.

Pyrard, François, *Voyage of Pyrard de Laval*, New York, Burt Franklin, s.d.

Rego, António da Silva, *Documentação para a história das missões do Padroado Português no Oriente*, Lisboa, Agência Geral das Colónias, 1949-1953.

Rivara, Joaquim Heliodoro da Cunha, *Archivo Portuguez Oriental*, Nova-Goa, Imprensa Nacional, 1857-1876, 6 volumes.

Rodrigues de Oliveira, Cristóvão, *Lisboa em 1551. Sumário em que brevemente se contêm algumas coisas assim eclesiásticas como seculares que há na cidade de Lisboa*, Apresentação e Notas de José da Felicidade Alves, Lisboa, Livros Horizonte, 1987.

Santos, João dos, *Ethiopia Oriental, e Varia historia de cousas, notáveis do Oriente, E da Christandade que os Religiosos da Ordem dos Pregadores nelle fizeram*, vol. I, Évora, Manoel de Lira, 1608-1609.

Savary, Jacques, *Le Parfait Négociant*, édition critique et commentaires par Édouard Richard, Genève, Droz, 2011.

Speelman, Cornelis, « De Handelsrelaties van het Makassaarse rijk volgens de Notitie van Cornelis Speelman uit 1670 », *Nederlandse Historische Bronnen*, III, 1983.

Stendhal, *Voyage dans le Midi*, en appendice de Louis Desgraves, *Voyageurs à Bordeaux du dix-septième siècle à 1914*, Périgueux, Mollat éditeur, 1991.

Tavernier, Jean Baptiste, *Travels in India*, Nova Deli, Oriental Books Reprint Corporation, 1977.

Turgot, Anne-Robert-Jacques, *Œuvres de Turgot, Nouvelle édition classée par ordre de matières*, Paris, Guillaumin Libraire, 1844.

Verger, François-Joseph (dir.), *Archives curieuses de la ville de Nantes et des départements de l'ouest, pièces authentiques inédites, ou devenues très-rares, sur l'histoire de la ville et du comté de Nantes et ses environs*, Nantes, Forest, 1840.

Wicki, Joseph (dir.), *Documenta Indica*, Roma, Monumenta Histórica Societatis Iesu, 1960.

Instruments de travail, historiographie et méthode

Audubert, Émile, *Le Régime dotal d'après la coutume et la jurisprudence du Parlement de Bordeaux*, thèse de droit, Paris, 1918.

Bach, Benjamin, *Connections, Changes, and Cubes : Unfolding Dynamic Networks for Visual Exploration*, thèse en informatique, Jean-Daniel Fekete (dir.), Université Paris Sud, 2014.

Baião, António, *A Inquisição de Goa. Correspondência dos inquisidores da Índia (1569-1630)*, Coimbra, 1930, 2 volumes.

Bailly-Baillière, Carlos, *Annuaire du commerce, de l'industrie, de la magistrature et de l'administration*, Madrid, Imp. Carlos Bailly-Baillière, 1900.

———, *Annuaire-almanach du commerce, de l'industrie, de la magistrature et de l'administration*, Madrid, Imp. Carlos Bailly-Baillière, 1879.

Bezerianos, Anastasia, Fanny Chevalier, Pierre Dragicevic, Niklas Elmqvist et Jean-Daniel Fekete, « GraphDice : A System for Exploring Multivariate Social Networks », dans *Proceedings of Eurographics/IEEE-VGTC Symposium on Visualization (Eurovis 2010)*, vol. 29, n° 3, Bordeaux, 2010.

Boltanski, Ariane, « Du réseau à l'individu. Quelques réflexions épistémologiques, à partir de trois exemples de réseaux égocentrés dans la seconde moitié du XVIe siècle », dans Jean Duma (dir.), *Histoires de nobles et de bourgeois. Individu, groupes, réseaux en France. XVIe-XVIIIe siècles*, Nanterre, Presses universitaires de Paris Ouest, 2011, pp. 35-59.

Bosher, John F., *Négociants et Navires du Commerce avec le Canada de 1660 à 1760. Dictionnaire biographique*, Ottawa, Service des Parcs, Environnement Canada, 1992.

Bourdieu, Jérôme, Martin Bruegel et Alessandro Stanziani, *Nomenclatures et classifications : approches historiques, enjeux économiques*, Actes et communications de l'INRA, n° 21, 2004.

Cavignac, Jean, *Dictionnaire du judaïsme bordelais aux XVIIIe et XIXe siècles*, Bordeaux, Archives départementales de la Gironde, 1987.

Chaline, Olivier, *La France au XVIIIe siècle*, Paris, Belin Sup Histoire, 2005.

Chaussinand-Nogaret, Guy, *La noblesse au XVIIIe siècle. De la Féodalité aux Lumières*, Paris, Hachette, 1976.

Cristofoli, Pascal, « Principes et usages des dessins de réseau en SHS », *Histoire et informatique, La visualisation des données en histoire*, n° 18/19, 2015, pp. 23-57.

Delalande, Nicolas et Julien Vincent, « Portrait de l'historien-ne en cyborg », *Revue d'histoire moderne et contemporaine*, 2011, n° 58-4bis, vol. 2011/5, pp. 5-29.

Dermenjian, Geneviève, Irène Jami, Annie Rouquier et Françoise Thébaud, *La place des femmes dans l'histoire. Une histoire mixte*, Paris, Belin, 2010.

Descimon, Robert, « Que faire des listes des confrères parisiens au XVIIe siècle ? », dans *Le Temps des listes. Représenter, savoir et croire à l'époque moderne*, Genève, Peter Lang (« coll. Histoire des mondes modernes »), à paraître.

Ducruet, César, *Multigraphes, multiplexes, et réseaux couplés*, 2012, disponible en ligne <halshs-00746129>.

Dufournaud, Nicole, « La recherche empirique en histoire à l'ère numérique », *La Gazette des Archives, Voyages extraordinairement numériques : 10 ans d'archivage électronique, et demain ?*, 2015, n° 240, pp. 397-407.

———, « Des humanités aux données. Méthodes en histoire à l'ère du numérique, témoignage d'une e-historienne », *Les Cahiers du Numérique*, vol. 10, n° 3, 2014, pp. 73-88.

Dufournaud, Nicole, Bernard Michon, Benjamin Bach et Pascla Cristofoli, « L'analyse des réseaux, une aide à penser : réflexions sur les stratégies économique et sociale de Marie Boucher, marchande à Nantes au XVIIe siècle », dans Carole Carribon, Dominique Picco, Delphine Dussert-Galinat, Bernard Lachaise et Fanny Bugnon (dir.), *Réseaux de Femmes, Femmes en réseaux (XVIe-XXIe siècles)*, Pessac, Presses universitaires de Bordeaux, 2018, pp. 109-137.

Fekete, Jean-Daniel et Denise Ogilvie, « Le projet et la plate-forme "millefeuille" recherches et outils informatiques Pour de nouveaux usages des Almanachs », *Bibliothèque de l'École des chartes*, 166, n° 1, 2008, pp. 89-98.

Feyel, Gilles, « Négoce et presse provinciale en France au XVIIIe siècle : méthodes et perspectives de recherche », dans Franco Angiolini et Daniel Roche (dir.), *Cultures et formations négociantes dans l'Europe moderne*, Paris, Éditions de l'EHESS, 1995, pp. 439-511.

Genet, Jean-Pierre et Andrea Zorzi (dir.), *Les historiens et l'informatique : un métier à réinventer*, Rome, École française de Rome, 2011.

Gibson, James J., *The perception of the visual world*, Oxford, Houghton Mifflin, 1950.

Ginzburg, Carlo, *Mythes, emblèmes et traces. Morphologie et histoire*, Paris, Flammarion (coll. « Nouvelle Bibliothèque Scientifique »), 1989.

———, « Signes, traces, pistes. Racines d'un paradigme de l'indice », *Le débat*, nov. 1980, pp. 3-44.

Girin, Jacques, « L'opportunisme méthodique dans les recherches sur la gestion des organisations », *Communication à la journée d'étude la recherche action en question, AFCET, Collège de systémique, École Centrale de Paris*, Paris, Centre de Recherche en Gestion de l'École Polytechnique, 1989.

Glaser, Barney G. et Anselm A. Strauss, *The Discovery of Grounded Theory : Strategies for Qualitative Research*, Chicago, Aldine de Gruyter, 1967.

González Gómez, Santiago, et Manuel Redero San Román : « Análisis metodológico de dos fuentes de historia social : los Padrones Municipales y las Matrículas Industriales », dans Santiago Castillo (dir.), *La Historia social en España. Actualidad y perspectivas*, Madrid, XXIe siècle, 1991, pp 507-520.

Grandi, Elisa et Émilien Ruiz, « Ce que le numérique fait à l'histoire. Entretien avec Claire Lemercier », *Diacronie. Studi di Storia Contemporanea*, vol. 2, n° 10, 2012.

Gutiérrez LLoret, Rosa Ana, « Los padrones municipales como fuente para el análisis de la estructura socio-profesional de Alicante, 1846-1889 », *Estudis sobre la población del Pais Valenciá*, Valenciá, Alfons el Magnanim, 1988, pp. 147-157.

Heimburger, Franziska et Emilien Ruiz, « Faire de l'histoire à l'ère numérique : retours d'expériences », *Revue d'histoire moderne et contemporaine*, vol. 5/2011, n° 58-4bis, 2011, pp. 70-89.

Henry, Louis, *Técnicas de análise em demografia histórica*, trad. J. Manuel Nazareth, Lisboa, Gradiva, 1988.

Henry, Louis et Michel Fleury, *Nouveau manuel de dépouillement et d'exploitation de l'état civil ancien*, Paris, Institut National d'Études Démographiques, 1965.

Isaacman, Allen, *Mozambique : the Africanization of a European Institution. The Zambezi Prazos. 1750-1902*, Madison, The University of Wisconsin Press, 1972.

Lemercier, Claire et Claire Zalc, *Méthodes quantitatives pour l'historien*, Paris, La Découverte (coll. « Repères »), 2008.

Livre blanc. Une science ouverte dans une République numérique. Études et propositions en vue de l'application de la loi. Guide stratégique d'applications, CNRS, octobre 2016.

Margairaz, Dominique, « Nomenclatures et classifications dans le dispositif du Maximum général de 1793-1794 », dans Jérôme Bourdieu, Martin Bruegel et Alessandro Stanziani (dir.), *Nomenclatures et classifications : approches historiques, enjeux économiques*, Actes et communications de l'INRA, n° 21, 2004, pp. 96-118.

Merlin-Chazelas, Anne, *Documents relatifs au clos des Galées de Rouen*, Paris, Bibliothèque nationale, 1977-1978, 2 volumes.

Ministère de l'Économie et des Impôts, *Règlement général pour l'imposition administrative et le recouvrement de la Contribution Industrielle*, Saint-Jacques-de-Compostelle, Tipografía de la Gaceta de Galicia, S. Francisco, 1882.

Mettas, Jean, *Répertoire des expéditions négrières françaises au XVIIIe siècle*, Paris, Société française d'Histoire d'Outre-mer, édité par Serge et Michelle Daget, 1978-1984, 2 volumes.

Nadeau, David et Satoshi Sekine, *A survey of named entity recognition and classification*, 2007, disponible en ligne http://nlp.cs.nyu.edu/sekine/papers/li07.pdf.

Newitt, Malyn, *Portuguese Settlement on the Zambesi*, London, Longman, 1973.

Paillé, Pierre et Alex Mucchielli, *L'analyse qualitative en sciences humaines et sociales*, Paris, Armand Colin, 2012.

Passeron, Jean-Claude et Jacques Revel « Penser par cas. Raisonner à partir de singularités », dans Jean-Claude Passeron et Jacques Revel (dir.), *Penser par cas*, Paris, EHESS (« coll. Enquête »), 2005, vol. 4, pp. 9 et suiv.

Phytian-Adams, Charles, *Desolation of a city : Coventry and the urban Crisis of the Late Middle Ages*, Cambridge, Cambridge University Press, 1979.

Reis Thomaz, Luís F., *De Ceuta a Timor*, Lisboa, Difel, 1994.

Revue d'Histoire Maritime, « La recherche internationale en histoire maritime : essai d'évaluation », n° 10-11, 2010.

Roche, Daniel, *La culture des apparences. Une histoire du vêtement (XVIIe-XVIIIe siècle)*, Paris, Fayard, 1989.

Rygiel, Philippe, « L'enquête historique à l'ère numérique », *Revue d'histoire moderne et contemporaine*, vol. 2011/5, n° 58-4bis, 2011, pp. 30-40.

Senn, Félix, *La licence en droit. Précis élémentaire de droit romain (notes de cours). Les obligations*, Paris, Léon Tenin, 1926.

Tukey, John W., *Exploratory Data Analysis*, New York, Pearson, 1977.

Yin, Robert K., *Case study research : Design and methods*, vol. 5, Los Angeles, CA : Sage Publications, 2009.

Bibliographie sélective

Histoire des femmes, histoire du genre

Abensour, Léon, *La femme et le féminisme en France avant la Révolution*, Paris, Éditions Ernest Leroux, 1923.

Abraham-Thisse, Simonne, « Les affaires sont-elles une affaire de femmes ? Les femmes d'affaires dans le monde hanséatique », dans Armel Dubois-Nayt et Emmanuelle Santinelli-Foltz (dir.), *Femmes de pouvoir et pouvoir des femmes dans l'Occident médiéval et moderne*, Valenciennes, Presses universitaire de Valenciennes, 2009, pp. 303-329.

Allen, Richard B., « Femmes libres de couleur et l'esprit d'entreprise dans la société esclavagiste de l'Ile de France à la fin du XVIIIe siècle », *Cahiers des Anneaux de la Mémoire*, n° 5 : *Les femmes dans la traite et l'esclavage*, 2003, pp. 147-161.

Andaya, Barbara Watson, « From Temporary Wife to Prostitute : Sexuality and Economic Change in Early Modern Southeast », *Journal of Women's History*, vol. 9, n° 4, 1998, pp. 11-34.

———, « Women and Economic Change : The Pepper Trade in Pre-Modern Southeast Asia », *Journal of the Economic and Social History of the Orient*, vol. 38, n° 2, 1995, pp. 165-190.

Andria, Aude et Ines Gabarret, « Femmes entrepreneures : trente ans de recherches en motivation entrepreneuriale féminine », *Revue de l'Entrepreneuriat*, 2016, vol. 15, n° 3, pp. 87-107.

Association des historiens modernistes des universités (dir.), « La Femme à l'époque moderne, XVIe-XVIIIe siècles », *Bulletin de l'Association des historiens modernistes des universités Paris*, vol. 9, Presses de l'Université Paris-Sorbonne, 1985.

Association les femmes et la ville (éd.), *Marseillaises vingt-six siècles d'histoire sous la dir. de Renée Dray-Bensousan, Hélène Échinard, Régine Goutalier et al.*, Aix-en-Provence, Edisud, 1999.

Bachelet, Nicolas, *Les femmes et le droit des corporations d'Ancien Régime*, DEA d'histoire du droit, dactyl., Michèle Bordeaux (dir.), Université de Nantes, 1995.

Barker, Hannah, *The Business of Women. Female Enterprise and Urban Development in Northern England 1760-1830*, Oxford, Oxford University Press, 2006.

Beachy, Robert, Beatrice Craig et Alastair Owens (dir.), *Women, business and finance in nineteenth-century Europe : rethinking separate spheres*, Oxford, Berg, 2006.

Beauvalet-Boutouyrie, Scarlett, *Les femmes à l'époque moderne : XVIe-XVIIIe siècles*, Paris, Belin Sup Histoire, 2003.

———, *Être veuve sous l'Ancien Régime*, Paris, Belin (coll. « Histoire et société »), 2001.

Bellavitis, Anna, Virginie Jourdain, Virginie Lemonnier-Lesage et Béatrice Zucca Micheletto (dir.), « Tout ce qu'elle saura et pourra faire ». *Femmes, droits, travail en Normandie du Moyen Âge à la Grande guerre*, Mont-Saint-Aignan, Presses universitaires de Rouen et du Havre, 2015.

Bellavitis Anna, Nadia Maria Filippini et Tiziana Plebani (dir.), *Spazi, poteri, diritti delle donne a Venezia in et à moderna*, Verona, QuiEdit, 2012.

Bellavitis, Anna et Linda Guzzetti (dir.), *Donne, lavoro, economia a Venezia e in Terraferma tra medioevo ed età moderna*, *Archivio Veneto*, n° 3, 2012.

Bellavitis, Anna, *Famille, genre, transmission à Venise au XVIe siècle*, Rome, École Française de Rome, 2008.

———, « Apprentissages masculins, apprentissages féminins à Venise au XVIe siècle », *Histoire Urbaine*, n° 15, 2006, pp. 49-73.

Berriot-Salvadore, Evelyne, « Rôles féminins dans la bourgeoisie d'affaires du XVIe siècle », dans *Marseillaises. Les femmes et la ville*, Paris, Côté-Femmes, 1993, pp. 210-218.

———, *Un corps, un destin : la femme dans la médecine de la Renaissance*, Paris, Champion, 1993.

———, *Les Femmes dans la société française de la Renaissance*, Genève, Droz, 1990.

Berthiaud, Emmanuelle (dir.), *Paroles de femmes. Rôles et images de soi dans les écrits personnels, Europe XVIe-XXe siècles*, Paris, Éditions Le Manuscrit (coll. « Figures du social : histoire, identités, interactions »), 2017.

Boléo, Luísa V. de Paiva, « Ana Pimentel, à frente de uma capitania do Brasil », dans *O rosto feminino da expansão portuguesa*, Congresso Internacional. Lisboa (21-24 de Novembro de 1994), vol. I, Lisboa, Comissão para a Igualdade e para os Direitos das Mulheres, 1995, pp. 541-555.

Bonin, Hubert, « Les femmes d'affaires dans l'entreprise girondine Marie Brizard : mythes et réalités », *Annales du Midi*, t. 118, n° 253, 2006.

———, *Marie Brizard, 1755-1995*, Toulouse, L'horizon chimérique, Marie Brizard et Roger éditeurs, 1994.

Borderías, Cristina, « Revisiting Women´s Labor Force Participation in Catalonia´s Textile Industry, 1920-1936 », *Feminist Economics*, vol. 19, n° 4, 2013, pp. 224-242.

———, « La transición de la actividad femenina en el mercado de trabajo barcelonés (1856-1930) : teoría social y realidad histórica en el sistema estadístico moderno », dans Carmen Sarasúa et Lina Gálvez (dir.), *Mujeres y hombres en los mercados de trabajo, ¿privilegios o eficiencia?*, Alicante, université d'Alicante, 2003, pp. 241-276.

Boxer, Charles R., *A Mulher na Expansão Ultramarina Ibérica 1415-1815. Alguns factos, ideias e personalidades*, Lisbonne, Livros Horizonte, 1977.

Brettell, Caroline B., *Homens que partem, mulheres que esperam. Consequências da emigração numa freguesia minhota*, Lisboa, Publicações D. Quixote, 1991.

Brian, Isabelle, Didier Lett, Violaine Sebillotte Cuchet et Geneviève Verdo, « Le genre comme démarche », *Hypothèses*, n° 1, 2005, pp. 277-295.

Brown, Judith C., « A Woman's Place was in the Home : Women's Work in Renaissance Toscany », dans Margaret W. Ferguson, Maureen, Quillian,

Nancy J. Vickers (dir.), *Rewriting the Renaissance : The Discourses of Sexual Diference in Early Modern Europe*, Chicago, 1986, pp. 206-224.

Budin, Jean-François, *Le travail féminin à Lyon au XVIIe siècle*, thèse d'histoire, dactyl., Françoise Bayard (dir.), Université Lumière Lyon 2, 2012.

Burnette, Joyce, *Gender, Work and Wages in Industrial Revolution Britain*, Cambridge, Cambridge University Press, 2008.

Buti, Gilbert, « Gérer l'absence par procurations. La femme et la mer en Provence au XVIIIe siècle », dans Emmanuelle Charpentier et Philippe Hroděj (dir.), *La femme et la mer à l'époque moderne*, Rennes, Presses universitaires de Rennes, à paraître.

———, « Femmes d'affaires maritimes en France méditerranéenne au XVIIIe siècle », dans Jacques Guilhaumou, Karine Lambert, Anne Montenach (dir.), *Genre, Révolution, Transgression*, Aix-en-Provence, Presses universitaires de Provence, 2015, pp. 267-276.

Caldeira, Arlindo Manuel, *Mulheres, sexualidade e casamento em São Tomé e Príncipe (séculos XV-XVIII)*, Lisboa, Ed. Cosmos, Grupo de Trabalho do Ministério da Educação para as Comemorações dos Descobrimentos Portugueses, 1999.

Callier-Boisvert, Colette, « Les femmes du Brésil au début de la colonisation, à travers la correspondance des missionnaires jésuites », dans *O rosto feminino da expansão portuguesa*, Congresso Internacional. Lisboa (21-24 de Novembro de 1994), Lisboa, Comissão para a Igualdade e para os Direitos das Mulheres, 1995, vol. I, pp. 531-540.

Campos, Luque, Concepción, « La tasa de actividad femenina en Andalucia a mediados del siglo XIX : el caso de Antequera », *Investigaciones en Historia económica*, vol. 10, 2014, pp. 191-201.

Capdevila, Luc *et al.* (dir.), *Le genre face aux mutations. Masculin et féminin, du Moyen Âge à nos jours*, Rennes, Presses universitaires de Rennes, 2003.

Capela, José, *Donas, Senhores e Escravos*, Porto, Afrontamento, 1995.

Carré, Jacques, Isabelle Baudino et Cécile Révauger, *The Invisible Woman : Women's Work in 18th-century Britain*, Aldershot, Ashgate (coll. « Studies in labour history »), 2005.

Cassagnes-Brouquet, Sophie, *La vie des femmes au Moyen Âge*, Rennes, Ouest France (coll. « Histoire »), 2009.

Catterall, Douglas et Jodi Campbell, *Women in Port : Gendering Communities, Economies, and Social Networks in Atlantic Port Cities, 1500-1800*, Leiden-Boston, Brill, 2012.

Cavaciocchi, Simonetta (dir.), *La donna nell'economia, secc. XII-XVIII*, Firenze, Le Monnier, 1990.

Chabaud, Didier et Typhaine Lebegue, « Femmes dirigeantes en PME : bilan et perspectives », *Revue Interdisciplinaire Management, Homme & Entreprise*, 2013, vol. 7, n° 3, pp. 43-60.

Charpentier, Emmanuelle, « Vivre au rythme de la mer : femmes de marins au travail sur les côtes nord de la Bretagne au XVIIIe siècle », dans *Le Travail et la famille en milieu rural XVIe-XXIe siècles*, Rennes, Presses universitaires de Rennes, 2014, pp. 53-68.

Charpentier, Emmanuelle et Philippe Hroděj (dir.), *Les femmes et la mer à l'époque moderne*, Rennes, Presses universitaires de Rennes, à paraître.

Chassagne, Serge (dir.), *Une femme d'affaires au XVIIIe siècle, la correspondance de Madame de Maraise, collaboratrice d'Oberkampf*, Toulouse, Éditions Privat, 1981.

Chojnacka, Monica, *Working Women of Early Modern Venice*, Baltimore and London, The Johns Hopkins University Press, 2001.

Chojnacki, Stanley, « Patricial Women in Renaissance Venice », *Studies in the Renaissance*, n° 21, 1974, pp. 176-203.

Cocaud, Martine et Dominique Godineau, « Dossier : Travail, femmes et genre », *Annales de Bretagne et des pays de l'Ouest*, septembre 2007, vol. 114, n° 3, pp. 37-42.

Cole, Patricia M., « Women in Family Business », *Family Business Review*, vol. 10, n° 4, 1997, pp. 353-371.

Collins, James B., « Women and the birth of modern consumer capitalism », dans Daryl Hafter et Nina Kushner (dir.), *Women and work in eighteenth-century France*, Baton Rouge, Louisiana State University Press, 2015, pp. 152-176.

———, « The Economie Role of Women in Seventeenth-Century France », *French Historical Studies*, vol. 16, n° 2, 1989, pp. 436-470.

Cornet, Annie et Christina Constantinidis, « Entreprendre au féminin. Une réalité multiple et des attentes différenciées », *Revue Française de gestion*, 2004, vol. 4, n° 151, pp. 191-204.

Crowston, Clare Haru, *Credit, Fashion, Sex. Economies of Regard in Old Regime France*, Durham, N. C., Duke University Press, 2013.

Crutzen, Nathalie, Fabrice Pirnay et Zineb Aouni, « La place des femmes dans les entreprises familiales belges francophones en 2012 », Recherche commanditée par l'Institut de l'Entreprise Familiale, Institut de l'entreprise familiale, Liège, École de gestion à l'Université de Liège, 2012.

Curimbaba, Florence, « The Dynamics of Women's Roles as Family Business Managers », *Family Business Review*, vol. 15, n° 3, 2002, pp. 239-252.

Cyr, Maryse, « L'activité économique des femmes en Nouvelle-France : étude des procuratrices à Québec de 1740 à 1749 », dans Renée Corbeil, Amélie Hien et Ali Reguigui (dir.), *Actes de la 16e journée Sciences et savoir*, Université Laurentienne à Sudbury, Ontario, 2010.

Daumas, Maurice, *Qu'est-ce que la Misogynie ?*, Paris, ARKHÉ, 2017.

Debien, Gabriel, « Les premières femmes des colons français aux Antilles (1635-1680) », *Revue de « La Porte Océane »*, 1952, n° 89 et 90, pp. 11-17.

Delsalle, Paul, « Les ouvrières des mines et des salines, entre Vosges et Jura, xve-xviiie siècles », *Annales de Bretagne et des pays de l'ouest*, vol. 114, n° 3, 2007, pp. 67-90.

———, « Le travail des femmes à l'époque moderne », *Historiens et géographes*, n° 393 : *Histoire des femmes*, 2005, pp. 269-276.

Dermenjian, Geneviève, Jacques Guilhaumou et Martine Lapied (dir.), *Femmes entre ombre et lumière. Recherches sur la visibilité sociale (XVIe-XXe siècles)*, Paris, Éditions Publisud, 2000.

Dousset, Christine, « Commerce et travail des femmes à l'époque moderne en France », *Les Cahiers de Framespa*, n° 2, 2006, disponible en ligne sur http://framespa.revues.org/57.

———, « Femmes et négoce à Toulouse dans la seconde moitié du xviiie siècle », *Annales du Midi*, n° 253, 2006.

Downs, Laura L., *Writing Gender History*, Londres, Hodder Arnold, 2004.

Dufournaud, Nicole, « Between parental power and marital authority : How merchant women stood the test of customary laws in Brittany in the sixteenth to seventeenth centuries », dans Anna Bellavitis et Béatrice Zucca Micheletto (eds.), *Gender, Law and Economic Well-Being in Europe from the Fifteenth to the Nineteenth Century North versus South ?*, London, Routledge, 2018.

—, « Les femmes au travail dans les villes de Bretagne - XVIᵉ et XVIIᵉ siècles », *Annales de Bretagne et des pays de l'Ouest*, vol. 114, n° 3, 2007, pp. 43-66.

—, *Rôles et pouvoirs des femmes au XVIᵉ siècle dans la France de l'Ouest*, thèse d'histoire, dactyl., André Burguière (dir.), EHESS, Paris, 2007, disponible en ligne sur http://nicole.dufournaud.org.

Dufournaud, Nicole et Bernard Michon, « Les femmes et le commerce maritime à Nantes (1660-1740) : un rôle largement méconnu », *Clio. Histoire, femmes et sociétés*, n° 23, 2006, pp. 93-113.

—, « Les femmes et l'armement morutier : l'exemple des Sables-d'Olonne pendant la première moitié du XVIIIᵉ siècle », *Annales de Bretagne et des Pays de l'Ouest*, t. 110, n° 1, 2003, pp. 93-113.

Dumas, Silvio, « Les filles du roi en Nouvelle-France. Étude historique avec répertoire bibliographique », *Cahiers d'Histoire*, n° 24, Québec, Société historique de Québec, 1972.

Erickson, Amy Louise, « Eleanor Mosley and other milliners in the City of London companies 1700-1750 », *History Workshop Journal*, vol. 71, n° 1, 2011, pp. 147-172.

Erickson, Amy Louise, « Eleanor Mosley and other milliners in the City of London companies 1700-1750 », *History Workshop Journal*, vol. 71, n° 1, 2011, pp. 147-172.

Farge, Arlette et Christiane Klapisch-Zuber (dir.), *Madame ou mademoiselle ? Itinéraires de la solitude féminine, XVIIIᵉ-XXᵉ siècles*, Paris, Montalba, 1984.

Findly, Ellison, « The Capture of Maryam-uz-Zamānī's Ship : Mughal Women and European Traders », *Journal of the American Oriental Society*, vol. 108, n° 2, 1988, pp. 227-238.

Fontaine, Caroline, *Parcours d'une marchande de modes française en Italie*, maîtrise d'histoire, dactyl., Daniel Roche (dir.), Université Paris I, 1997.

—, « La mode parisienne à Florence au XVIIIᵉ siècle d'après les papiers de Mᵐᵉ Belsent, marchande de modes à la cour », dans Natacha Coquery (dir.), *La boutique et la ville. Commerces, commerçants, espaces et clientèles XVIᵉ-XXᵉ siècles*, Tours, Publications de l'Université François Rabelais, 2000, pp. 249-265.

Fraisse, Geneviève, *La controverse des sexes*, Paris, Presses universitaires de France (coll. « Quadrige »), 2001.

Galvez Muñoz, Lina, « Logros y retos del análisis de género en la Historia Económica de la Empresa », *Information Commerciale Espagnole*, 812, 2004, pp. 77-89.

———, « Género, Empresa e Historia », *Leviatán*, 2000, pp. 131-168.

Gálvez Muñoz, Lina et Paloma Fernández Pérez, « Female entrepreneurship in Spain during the Nineteenth and Twentieth Centuries », *Business History Review*, vol. 81, 2007, pp. 495-515.

Gamber, Wendy, « A Gendered Enterprise : Placing Nineteenth-Century Businesswomen History », *Business History Review*, vol. 72, n° 2, 1998, pp. 188-217.

Godineau, Dominique, *Les femmes dans la société française, 16e-18e siècles*, Paris, Armand Colin, 2003.

Goldberg, Peter Jeremy Piers, *Women, Work, and Life Cycle in a Medieval Economy. Women in York ans Yorkshire c. 1300-1520*, Oxford, Clarendon Press, 1992.

Grenier, Benoît et Catherine Ferland, « "Quelque longue que soit l'absence" : procuration et pouvoir féminin à Québec au xviiie siècle », *Clio. Femmes, Genre, Histoire*, n° 37, 2013, pp. 197-225.

Hafter, Daryl M., « Stratégies pour un emploi : travail féminin et corporations à Rouen et à Lyon, 1650-1791 », *Revue d'histoire moderne et contemporaine*, vol. 54, n° 1, janvier 2007, pp. 98-115.

———, « Avantage, femmes : la participation des femmes au négoce illégal à Lyon au xviiie siècle », dans *Artisans, industrie : Nouvelles révolutions du Moyen Âge à nos jours*, Lyon, ENS éditions, 2004, pp. 251-257.

Herlihy, David, *Opera muliebria. Women and Work in Medieval Europe*, New York, Mc Graw-Hill, 1990.

Hernández, Ricardo, « Women's Labor Participation Rates in the Kingdom of Castilla in the Eighteenth Century », *Feminist Economics*, vol. 19, n° 4, 2013, pp. 181-199.

Heuvel, Danielle van den, *Women and entrepreneurship. Female traders in the Northern Netherlands, c. 1580-1815*, Amsterdam, Aksant, 2007.

Honeyman, Katrina, « Doing business with gender : Service industries and British business history », *Business History Review*, vol. 81, n° 3, 2007, pp. 471-493.

Hufton, Olwen, « Les femmes et le travail dans la France traditionnelle », dans Danielle Haase Dubosc et Éliane Viennot (dir.), *Femmes et pouvoirs sous l'Ancien Régime*, Paris /Marseille : Rivages, 1991, pp. 266 et suiv.

Humpries, Jane et Carmen Sarasúa, « Off the Record. Reconstructing Women's Labor Force Participation in the European Past », *Feminist Economics*, vol. 18, n° 4, 2012, pp. 39-67.

Jacobsen, Grethe, « Women's work and Womens's role : ideology and reality in Danish Urban Society. 1300-1550 », *Scandinavian Economic History Review*, n° 31, 1983, pp. 3-20.

Jones, Jennifer, *Sexing la Mode. Gender, Fashion and Commercial Culture in Old Regime France*, Oxford, Berg, 2004.

Juratic, Sabine, « Marchandes ou savantes ? Les veuves des libraires parisiens sous le règne de Louis XIV », dans Colette Nativel (dir.), *Femmes savantes, savoirs des femmes, du crépuscule de la Renaissance à l'aube des Lumières*, Genève, Droz, 1999, pp. 59-68.

Klapisch-Zuber, Christiane (dir.), « Les femmes dans l'espace nord-méditerranéen. Introduction », *Études roussillonnaises. Revue d'histoire et d'archéologie méditerranéennes*, vol. 25, 2013.

———, « Women Servants in Renaissance Florence during the Fourteenth and Fifteenth Centuries », dans Barbara A. Hanawalt (dir.), *Woman and work in Preindustrial Europe*, Bloomington, Ind., 1986, pp. 56-80.

———, *Women, Family and Ritual in Renaissance Italy*, Chicago, The University of Chicago Press, 1985.

Knibiehler, Yvonne, « La mère au foyer », dans Geneviève Dermenjian, Jacques Guilhaumou et Martine Lapied (dir.), *Femmes entre ombre et lumière. Recherches sur la visibilité sociale (XVIe-XXe siècles)*, Paris, Éditions Publisud, 2000, pp. 33-40.

———, Catherine Marand-Fouquet, Régine Goutalier et Eliane Richard (dir.), *Marseillaises. Les femmes et la ville des origines à nos jours*, Paris, Côté-Femmes, 1993.

Krampl, Ulrike, Dominique Picco et Marianne Thivend, « Introduction. Le genre des apprentissages : contraintes et contournements (XVIIIe-XXe siècles) », *Genre & Histoire* [En ligne], 20 | Automne 2017, mis en ligne le 01 janvier 2017, consulté le 07 février 2018. URL : http://journals.openedition.org/genrehistoire/2979.

Kwloek-Folland, Angel, « Gender ; the Service Sector and U.S. Business History », *Business History Review*, vol. 81, n° 3, 2007, pp. 429-450.

Labardin, Pierre et Paulette Robic, « Épouses et petites entreprises : permanence du XVIIIe au XXe siècle », *Revue Française de Gestion*, vol. 34 (188-189), 2008, pp. 97-117.

Lacoue-Labarthe, Isabelle et Sylvie Mouysset, « De 'l'ombre légère' à la 'machine à écrire familiale'. L'écriture quotidienne des femmes », *Clio. Femmes, genre, histoire*, vol. 35, 2012, pp. 7-20.

Landry, Yves, *Les filles du roi au XVIIe siècle : orphelines en France, pionnières au Canada*, Montréal, Léméac, 1992.

Lanfranconi, Claudia et Antonia Meiners, *Femmes d'affaires mythiques : Veuve Clicquot, Coco Chanel, Florence Knoll, Estée Lauder, Miuccia Prada, Marie Tussaud et bien d'autres*, Paris, Dunod, 2010.

Laufer, Laurie et Florence Rochefort (dir.), *Qu'est-ce que le genre ?*, Paris, Payot et rivages, 2014.

Leleu, Fanny, « La mode féminine à Bordeaux (1770-1798) », *Annales du Midi*, t. 115, n° 241, 2003, pp. 103-114.

Le Mao, Caroline, « Une redoutable femme d'affaires : la première présidente Olive de Lestonnac (1572-1652) », *Annales du midi*, vol. 118, n° 253, 2006, pp. 11-29.

Lespagnol, André, « Femmes négociantes sous Louis XIV. Les conditions complexes d'une promotion provisoire », dans Alain Croix, Michel Lagrée et Jean Quéniart (dir.), *Populations et cultures. Études réunies en l'honneur de François Lebrun*, Rennes, 1989, pp. 463-470.

Lett, Didier, *Hommes et Femmes au Moyen Âge. Histoire du genre. XIIe-XVe siècles*, Paris, Armand Colin (coll. « Cursus Histoire »), 2013.

———, « Les régimes de genre dans les sociétés occidentales de l'Antiquité au XVIIe siècle », *Annales Histoire, Sciences sociales*, vol. 67, n° 3, septembre 2012, pp. 563-572.

Martinez, Jimenez Rocio, « Research on Women in Family Firms Current Status and Future Directions », *Family Business Review*, vol. 22, n° 1, 2009, pp. 53-64.

Marzagalli, Sylvia, « Mariée et indépendante ? Une femme d'affaires à la fin du XVIIIe siècle, Hélène de Meyere, épouse Skinner », *Annales du Midi*, t. 118, n° 253, janvier-mars 2006, pp. 73-84.

Mea, Elvira Azevedo, « Mulheres nas teias da expansão », dans *O rosto feminino da expansão portuguesa*, Congresso Internacional, Lisboa (21-24 de Novembro de 1994), Lisboa, Comissão para a Igualdade e para os Direitos das Mulheres, 1995, vol. I, pp. 65-75.

Micelli, Paulo, « O zelo da virtude contra a peçonha do diabo – Suspeitosas, virtuosas e impudentes. A visibilidade feminina nas viagens portuguesas à época dos descobrimentos », dans *O rosto feminino da expansão portuguesa*, Congresso Internacional Lisboa (21-24 de Novembro de 1994), Lisboa, Comissão para a Igualdade e para os Direitos das Mulheres, 1995, vol. 1, pp. 187-196.

Micheletto, Beatrice Zucca, « Only Unpaid Labour Force ? Women's and Girls' Work and Property in Family Business in Early Modern Italy », *The History of the Family*, vol. 19, n° 3, 2014, pp. 323-340.

Muñoz Abeledo, Luisa, « Women in the Rural and Industrial Labor Force in Nineteenth Century Spain », *Feminist Economics*, vol. 18, n° 4, 2012, pp. 121-143.

———, *Género, trabajo y niveles de vida en la industria conservera de Galicia (1870-1970)*, Barcelone, Icaria (coll. « Historia del Trabajo »), 2010.

Muñoz Abeledo, Luisa, Salomé Taboada Mella et Rosa Verdugo Matés, « Condicionantes de la actividad femenina en la Galicia de mediados del siglo XIX », *Revista de Historia Industrial*, vol. 59, 2015, pp. 30-80.

Nicholas, David, *The Domestic Life on a Medieval City : Women, Children and the Family in Fourtheenth-Century Ghent*, Lincoln, University of Nebraska Press, 1985.

Nielfa, Gloria, « Las mujeres en el comercio madrileño del primer tercio del siglo XIX », dans M. G. Durán Heras et R. M. Capel Martínez (dir.), *Mujer y sociedad en España, 1700-1975*, Madrid, Ministère de la Culture, 1982.

O rosto feminino da expansão portuguesa, Congresso Internacional Lisboa (21-24 de Novembro de 1994), Lisboa, Comissão para a Igualdade e para os Direitos das Mulheres, 1995.

Oakley, Ann, *Sex, gender, and Society*, London, Temple Smith, 1972.

Ogilvie, Sheilagh, « How does social capital affect women ? Guilds and communities in early modern Germany », *The American Historical Review*, n° 109, 2004, pp. 325-359.

Palmer, Jennifer L., « Women and contracts in the age of transatlantic commerce », dans Daryl M. Hafter and Nina Kushner (dir.), *Women and work in eighteenth-century France*, Baton Rouge, Louisiana State University Press, 2015, pp. 130-151.

———, « Atlantic Crossings : Race, Gender, and the Construction of Families in Eighteenth-century La Rochelle », Ph. D., University of

Michigan, Horace H. Rackham School of Graduate Studies, Ann Arbor Michigan, 2008.

Pareja, Arantza, « Las mujeres y sus negocios en la gran ciudad contemporánea. Bilbao a principios del siglo xx », *Historia Contemporánea*, vol. 44, 2012, pp. 145-182.

Pellegrin, Nicole et Sabine Juratic, « Femmes, villes et travail en France dans la deuxième moitié du xviiie siècle. Quelques questions », *Histoire, Économie et Société*, 1994, vol. 13, n° 3, pp. 85-108.

Penalva, Elsa, *Mulheres em Macau. Donas Honradas, Mulheres Livres e Escravas. Século xvi e xvii*, Lisbonne, CHAM, 2011.

Pérez-Fuentes, Pilar, « Women's Economic Participation on the Eve of Industrialization : Bizkaia, Spain, 1825 », *Feminist Economics*, vol. 19, n° 4, 2013, pp. 160-180.

Perrot, Michelle, *Les femmes ou les silences de l'histoire*, Paris, Flammarion, 1998.

Perrot, Michelle et Georges Duby (dir.), *Histoire des femmes en Occident*, Paris, Plon, 1991-1997, 5 volumes.

Petot, Pierre et André Vandenbossche, « Le statut de la femme dans les pays coutumiers français du xiiie au xviie siècle », dans *La Femme, Recueils de la Société Jean Bodin*, Bruxelles, Éditions de la librairie encyclopédique, 1962, vol. II, pp. 243-254.

Phillips, Nicola, *Women in Business, 1700-1850*, Woodbridge, The Boydell Press, 2006.

Picco, Dominique (dir.), *Femmes d'affaires, Annales du Midi*, vol. 118, n° 253, 2006.

Polónia, Amélia, « Female : the *Alter Ego* of Maritime Societies. Practices and Representations of Gender (Portugal, Sixteenth Century) », dans Amélia Polónia et Cátia Antunes (dir.), *Seaports in the First Global Age. Portuguese agents, networks and interactions (1500-1800)*, Porto, U. Porto Edições, 2016, pp. 269-288.

———, « Women's participation in labour and business in the European Maritime Societies in the Early Modern Period », dans *La famiglia nell'Economia Europea Secc. xiii-xviii. The Economic Role of the Family in the European Economy from the 13th to the 18th centuries*, Prato, Firenze University Press, 2009, pp. 705-720.

———, « Women's Contribution to Family, Economy and Social Range in Maritime Societies. Portugal. 16th Century », *Portuguese Studies Review*, vol. 13, n 1, 2005, pp. 269-285.

———, « De Portugal al espacio ultramarino. Inclusión y exclusión de agentes femeninos en el proceso de expansión ultramarina (Siglo XVI) », dans Dora Davila Mendonza (dir.), *Historia, Género y Familia en Iberoamérica. Siglos XVI-XX*, Caracas, Universidad Católica Andrés Bello, 2004, pp. 21-65.

———, « Mulheres que partem e mulheres que ficam. O protagonismo feminino na expansão ultramarina », *O Estudo da História*, Lisboa, A. P. H., n° 4, 2001, pp. 79-98.

———, « Ocupações femininas em sociedades marítimas (Portugal. Século XVI) », *Mare Liberum*, n° 18-19, Décembre 1999-Juin 2000, pp. 153-178.

———, « Desempenhos femininos em sociedades marítimas. Portugal. Século XVI », *Mare Liberum*, Lisboa, CNCDP, n° 18-19, Décembre 1999-Juin 1999, pp. 153-178.

Polónia, Amélia et Rosa Capelão, « Connecting worlds. Women as intermediaries in the Portuguese Overseas Empire. The State of India, 1500-1600 », dans Tanja Bührer, Flavio Eichmann, Stig Förster e Benedikt Stuchtey, *In the Shadows of Empire. Local Co-Operation in a Global Framework*, Oxford, New York, Berghahn Books, à paraître.

Portemer, Jean, « Le statut de la femme en France depuis la réformation des coutumes jusqu'à la rédaction du code civil », dans *La Femme, Recueils de la Société Jean Bodin*, Bruxelles, Éditions de la librairie encyclopédique, 1962, vol. II, pp. 447-497.

Poumarède, Jacques, « Le droit des veuves sous l'Ancien Régime (XVIIe-XVIIIe siècles) ou comment gagner son douaire », dans Danielle Haase-Dubosc et Éliane Viennot, *Femmes et pouvoirs sous l'Ancien Régime*, Paris/Marseille, Rivages, 1991, pp. 64-77.

Power, Eileen E., *Medieval Women*, Cambridge, Cambridge University Press, 1975.

Poza, Ernesto J. et Tracey Messer, « Spousal leadership and continuity in the family firm », *Family Business Review*, vol. 14, n° 1, 2001, pp. 25-36.

Rabuzzi, Daniel A., « Women as Merchants in Eighteenth-Century Northern Germany : The Case of Stralsund, 1750-1830 », dans *Central European History*, vol. 28, n° 4, 1995, pp. 435-456.

Reid, Anthony, « Female Roles in Pre-Colonial Southeast », *Modern Asian Studies*, vol. 22, n° 3, Special Issue : Asian Studies in Honour of Professor Charles Boxer, 1988, pp. 629-645.

Reyerson, Kathryn, « La participation des femmes de l'élite marchande à l'économie. Trois exemples montpelliérains de la première moitié du XIVe siècle », *Études roussillonnaises. Revue d'histoire et d'archéologie méditerranéennes*, 2013, n° 25, pp. 127-133.

Richard, Éliane, « Femmes cachée, femme oubliée, le cas de Marie Grobet », dans Geneviève Dermenjian, Jacques Guilhaumou et Martine Lapied (dir.), *Femmes entre ombre et lumière. Recherches sur la visibilité sociale (XVIe-XXe siècles)*, Paris, Éditions Publisud, 2000, pp. 27-32.

———, « Femmes chefs d'entreprise à Marseille : une question de visibilité », dans Geneviève Dermenjian, Jacques Guilhaumou et Martine Lapied (dir.), *Femmes entre ombre et lumière. Recherches sur la visibilité sociale (XVIe-XXe siècles)*, Paris, Éditions Publisud, 2000, pp. 89-97.

Rigollet, Catherine, *Les conquérantes : du Moyen Âge au XXe siècle, ces femmes méconnues qui, en France, firent prospérer des empires*, Paris, NIL, 1996.

Riot-Sarcey, Michèle, *Le genre en questions. Pouvoirs, politique, écriture de l'histoire, (Recueil de textes 1993-2010)*, Paris, Creaphis Éditions, 2016.

Ripa, Yannick, *Les femmes, actrices de l'histoire : France, 1789-1945*, Paris, SEDES, 1999.

Robic, Paulette et Nicolas Antheaume, « La veuve : une partie prenante méconnue dans la transmission des entreprises familiales », *Management international/International Management/Gestiòn Internacional*, vol. 18, n° 4, 2014, pp. 175-189.

Roch, Jean-Louis, « Femmes et métiers en Normandie au Moyen Âge », dans Bernard Bodinier (dir.), *Être femme(s) en Normandie*, Louviers, Fédération des Sociétés historiques et archéologiques de Normandie, 2014, p. 257-268 (48e Congrès des sociétés historiques et archéologiques de Normandie, Bellême, 16-19 octobre 2013).

Rodrigues, Ana Maria et Fátima Moura Ferreira « Mulheres portuguesas em Marrocos. Imagens do quotidiano feminino nos séculos XV e XVI », dans *O rosto feminino da expansão portuguesa*, Congresso Internacional Lisboa (21-24 de Novembro de 1994), Lisboa, Comissão para a Igualdade e para os Direitos das Mulheres, 1995, vol. I, pp. 417-431.

Rogers, Dominique et Stewart King, « Housekeepers, Merchants, Rentières : Free Women of color in the Port Cities of colonial Saint-Domingue, 1750-

1790 », dans Douglas Catterall et Jodi Campbell (dir.), *Women in Port Gendering Communities, Economies, and Social Networks in Atlantic Port Cities, 1500-1800*, Leiden-Boston, Brill, 2012, pp. 357-398.

Rogers, Rebecca et Françoise Thébaud, *La fabrique des filles. L'éducation des filles de Jules Ferry à la pilule*, Paris, Éditions Textuel, 2010.

Rossiaud, Jacques, *Amours vénales. La prostitution en Occident XIIe-XVIe siècle*, Paris, 2010.

Schweitzer, Sylvie, *Les femmes ont toujours travaillé. Une histoire du travail des femmes aux XIXe et XXe siècles*, Paris, Éditions Odile Jacob, 2002.

Scott, Joan W., « Genre : une catégorie utile d'analyse historique », *Les cahiers du Grif*, traduit par Eléni Varikas, 1988, *Le genre de l'histoire*, n° 37-38, pp. 125-153.

———, *Gender and the Politics of History*, Columbia University Press, 1988.

Simonton, Deborah (dir.), *The Routledge History Handbook of Gender and the Urban Experience*, London and New York, Routledge, 2017.

———, « Milliners and *marchandes de modes* : gender, creativity and skill in the workplace », dans Deborah Simonton, Marjo Kaartinen et Anne Montenach (dir.), *Luxury and gender in European towns, 1700-1914*, New York, Routledge, 2015, pp. 19-38.

———, « Claiming their Place in the Corporate Community : Women's Identity in Eighteenth-Century Towns », dans Isabelle Baudino, Jacques Carré, Cécile Révauger et (dir.), *The Invisible Woman. Aspects of Women's Work in Eighteenth-Century Britain*, Aldershot, Ashgate (coll. « Studies in labour history »), 2005, pp. 101-116.

Skora, Sylvain, « Les femmes dans le milieu éditorial rouennais aux XVIe et XVIIe siècles : un effacement trompeur ? », dans *Être femme(s) en Normandie. Congrès des sociétés historiques et archéologiques de Normandie (2013)*, Louviers, Fédération des sociétés historiques et archéologiques de Normandie, 2014, pp. 269-284.

Solà, Àngels, « Las mujeres como copartícipes, usufructuarias y propietarias de negocios en la Barcelona de los siglos XVIII y XIX según la documentación notarial », *Historia Contemporánea*, 44, 2012, pp. 109-144.

———, « Negocis i identitat laboral de les dones », *Recerques*, 56, 2008, pp. 5-18.

Steinberg, Sylvie, « "Au défaut des mâles" Genre, succession féodale et idéologie nobiliaire (France, XVIe-XVIIe siècles) », *Annales Histoire, Sciences sociales*, septembre 2012, vol. 67, n° 3, pp. 679-713.

———, « Hiérarchies dans l'Ancien Régime », dans Michèle Riot-Sarcey, *De la différence des sexes. Le genre en histoire*, Paris, Larousse, 2010, pp. 131-160.

Teixido, Sandrine, « Genre et identités sexuelles », dans Catherine Halpern et Jean-Claude Ruano-Borbalan (dir.), *Identité(s). L'individu. Le groupe. La société*, Auxerre, Éditions Sciences Humaines, 2004, pp. 76-77.

Thébaud, Françoise, *Écrire l'histoire des femmes*, Fontenay aux Roses, ENS Éditions, 1998, rééd. sous le titre *Écrire l'histoire des femmes et du genre*, Lyon, Éd. ENS, 2007.

———, *Pas d'histoire sans elles. Ressources pour la recherche et l'enseignement en histoire des femmes et du genre*, SCEREN-CRDP académie d'Orléans-Tours (coll. « Les guides pédagogiques »), 2004.

Thwaites, Wendy, « Women in the market place : Oxfordshire c. 1690-1800 », *Midland History*, n°°9, 1984, pp. 23-42.

Tilly, Louise A. et Joan W. Scott, *Women, Work, and Family*, New York, Rinchart and Winston, 1978.

Todt, Kim et Martha Dickinson Shattuck, « Capable Entrepreneurs : The Women Merchants and Traders of New Netherland », dans Douglas Catterall et Jodi Campbell (dir.), *Women in Port Gendering Communities, Economies, and Social Networks in Atlantic Port Cities, 1500-1800*, Leiden-Boston, Brill, 2012, pp. 183-214.

Truant, Cynthia, « La maîtrise d'une identité ? Corporations féminines à Paris aux XVIIe et XVIIIe siècles », *Clio. Histoire, femmes et sociétés* [En ligne], 3|1996, mis en ligne le 01 janvier 2005, consulté le 09 février 2018. URL : http://journals.openedition.org/clio/462 ; DOI : 10.4000/clio.462.

Uman, Saiful, « Controversies surrounding the Aceh's Sultanahas. Understanding relation between Islam and female leadership », *Journal of Indonesian Islam*, vol. 7, n° 1, 2013, pp. 1-23.

Van den Heuvel, Danielle, *Women and Entrepreneurship. Female Traders in the Northern Netherlands, c. 1580-1815*, Amsterdam, Aksant, 2007.

Wiesner, Merry E., *Working Women*, dans *Renaissance Germany*, New Brunswick, NJ : Rutgers University Press, 1986.

Yeager, Mary, *Women in business*, Cheltenham, Edward Elgar, 1999.

Zalc Claire, « Femmes, entreprises et dépendances », *Travail, genre et sociétés*, vol. 53, n° 1, 2005, pp. 51-74.

Zemon Davis, Natalie, *Juive, catholique, protestante : trois femmes en marge au XVIIᵉ siècle*, traduit par Angélique Levi, Paris, Seuil, 1997.

———, « Women in the Crafts in Sixteenth Century Lyon », *Feminist Studies*, n° 8, 1982, pp. 47-80.

———, « Women in the arts mecaniques in sixteenth century Lyon », dans *Lyon et l'Europe. Hommes et sociétés. Mélanges d'histoire offerts à Richard Gascon*, Lyon, Presses universitaires de Lyon, 1980, 2 volumes, t. 1, pp. 139-167.

Zucca Micheletto, Béatrice, « Epouses, mères et propriétaires : artisanes de Turin à l'époque moderne », *Clio Femmes, Genre, Histoire*, n° 38, 2013/2, pp. 241-252.

Histoire de la parenté, de la famille et des milieux négociants - Histoire sociale

Allouche, José et Bruno Amann, « L'entreprise familiale : Un état de l'art », *Finance Contrôle Stratégie*, vol. 3, n° 1, 2000, pp. 33-79.

———, « Le retour triomphant du capitalisme familial », dans *De Jacques Cœur à Renault : Gestionnaires et Organisation*, Toulouse, Presses de l'Université des Sciences Sociales de Toulouse, (coll. « Histoire, gestion, organisation n° 3 »), 1995.

Andrews, Richard, « L'assassinat de Jean-Louis Gérard, négociant lorientais (15 septembre 1792), *Annales Historiques de la Révolution Française*, n° 189, 1967, pp. 308-338.

Angiolini, Franco et Daniel Roche (dir.), *Cultures et Formations négociantes dans l'Europe moderne*, Paris, EHESS, 1995.

Barbier, Jean-Marie, *Le quotidien et son économie. Essai sur les origines historiques et sociales de l'économie familiale*, Paris, CNRS, 1981.

Bardet, Jean-Pierre, *Rouen aux XVIIᵉ et XVIIIᵉ siècles : les mutations d'un espace social*, Paris, SEDES, 1983.

Bayard, Françoise, « Voyager plus pour vendre plus. Les commis voyageurs lyonnais au XVIIIᵉ siècle », *Entreprises et histoire*, n° 66, 2012, pp. 62-78.

Bellavitis, Anna, Manuela Martini et Raffaella Sarti, « Familles laborieuses. Rémunération, transmission et apprentissage dans les ateliers familiaux de la fin du Moyen Âge à l'époque contemporaine en Europe », *Mélanges de l'École française de Rome. Italie et Méditerranée*, vol. 128, n° 1, 2016.

Bochaca, Michel, *Les Marchands bordelais au temps de Louis XI*, Bordeaux, Ausonius, 1998.

Bottin, Jacques, « Apprendre au large et entre soi : la formation des négociants rouennais autour de 1600 », dans Jean-Pierre Poussou et Isabelle Robin-Romero (dir.), *Histoire des familles, de la démographie et des comportements : en hommage à Jean-Pierre Bardet*, Paris, Presses de l'Université Paris-Sorbonne, 2007.

Boxer, Charles R., *Relações raciais no império colonial português 1415-1815*, 2e éd, Porto, Afrontamento, 1988.

Burguière, André, *Le mariage et l'amour. En France, de la Renaissance à la Révolution*, Paris, Éditions du Seuil, 2011.

Butel, Paul, *Vivre à Bordeaux sous l'Ancien Régime*, Paris, Perrin, 1999.

———, *Les dynasties bordelaises de Colbert à Chaban*, Paris, Perrin, 1991.

———, *Les Négociants bordelais, l'Europe et les Îles au XVIIIe siècle*, Paris, Aubier, 1974.

Cabantous, Alain, *Dix mille marins face à l'océan. Les populations maritimes de Dunkerque au Havre aux XVIIe et XVIIIe siècles (vers 1660-1794). Étude sociale*, Paris, Publisud, 1991.

———, *Le ciel dans la mer. Christianisme et civilisation maritime XVIe-XIXe siècles*, Paris, Fayard, 1990.

———, « Aspects des structures démographiques des populations maritimes de la France aux XVIIe et XVIIIe siècles », *Actes du Colloque « Les traditions maritimes »*, Québec, 1985, pp. 433-445.

Carmona Badía, Xoan (dir.), *Las familias de la conserva : sagas y capitanes de industria en la historia del sector conservero español*, Anfaco, Conseil général de Pontevedra, 2011.

Carrière, Charles, *Négociants marseillais au XVIIIe siècle. Contribution à l'étude des économies maritimes*, Marseille, Institut historique de Provence, 1973, 2 volumes.

Chanson, J., *Une famille de négociants nantais à l'époque moderne : Les Montaudouin*, maîtrise d'histoire, dactyl., Yves Durand (dir.), Université de Nantes, 1977.

Chartier, Roger, Dominique Julia et Marie-Madeleine Compère, *L'éducation en France du XVIe au XVIIIe siècle*, Paris, SEDES, 1976.

Chua, Jess H., James J. Chrisman, et Pramodita Sharma, « Defining the family business by behavior », *Entrepreneurship : Theory and Practice*, vol. 23, n° 4, 1999, pp. 19-39.

Clarke de Dromantin, Patrick, *Les Réfugiés jacobites dans la France du XVIIIe siècle : l'exode de toute une noblesse « pour cause de religion »*, Pessac, Presses universitaires de Bordeaux, 2005.

Coates, Timothy J., *Degredados e órfãs : colonização dirigida pela coroa no império português : 1550-1755*, Lisboa, CNCDP, 1998.

Colino, Gallego, « Ana et Emilio Grandío Seoane », *La Coruña en el siglo XIX*, La Corogne, Concello de A Coruña, 1994.

Colli, Andrea, *The history of Family-Business 1850-2000*, Cambridge, Cambridge University Press, 2003.

Colli, Andrea et Mary Rose, « Family Business », dans Geoffrey Jones et Jonathan Zeitlin (dir.), *The Oxford Handbook Business History*, Oxford, Oxford University Press, 2007, pp. 194-218.

Conti Odorisio, Ginevra, *La famille et l'État dans La République de Jean Bodin*, Paris, L'Harmattan (coll. « Bibliothèque du féminisme »), 2007.

Coornaert, Émile, *Les Français et le commerce international à Anvers. Fin XVe-XVIe siècles*, Paris, Rivière, 1961.

Corp, Edward T. (dir.), *L'autre exil : les jacobites en France au début du XVIIIe siècle*, Montpellier, Presses universitaires du Languedoc, 1993.

Cullen, Louis M., « The Irish diaspora of the Seventeenth and Eighteenth centuries », dans Nicholas Canny (dir.), *Europeans on the move : studies on European migration, 1500-1800*, Oxford, Clarendon Press, 1994, pp. 113-149.

Daumas, Jean-Claude, « Famille et entreprise en France pendant les Trente Glorieuses (1945-1975) », *International Economic History Conference*, Helsinki, 2006.

Davis, John A., et Renato Tagiuri, « Bivalent Attributes of the Family Firm : Familly Business Sourcebook », *The Advantages and Disadvantages of the Family Business*, Santa Barbara, Owner Managed Business Institute, 1982.

Delille, Gérard, « Parenté et alliance en Europe occidentale. Un essai d'interprétation générale », *L'Homme*, n° 193, mars 2010, pp. 75-136.

Díaz Aznarte, José, « Introducción al análisis de los Padrones Municipales como fuente para la Historia social », dans Santiago Castillo (dir.), *La*

Historia social en España. Actualidad y perspectivas, Annuaire d'Histoire Contemporaine, Grenade, 14, 1987-1991, pp. 241-262.

Dolan, Claire, *Le notaire, la famille et la ville. Aix-en-Provence à la fin du XVIe siècle*, Toulouse, Presses universitaires du Mirail, (coll. « Histoire notariale »), 1998.

Dubert, Isidro et Luisa Muñoz Abeledo, « Estructura ocupacional urbana y contextos sociolaborales en la Galicia Urbana de la segunda mitad del siglo XIX », *Revista de Demografía Histórica*, vol. 32, n° 1, 2014, pp. 35-71.

Dupouy, Madeleine, *Les Lamaignère. Une famille de négociants à Bayonne, Nantes, Le Havre, aux Isles (1650-1860)*, Rennes, Presses universitaires de Rennes, (coll. « Histoire »), 2010.

Dyer, Gibb W., « The Family : The Missing Variable in Organizational Research », *Entrepreneurship theory and practice*, vol. 27, n° 4, 2003, pp. 401-416.

Feille, Laurence, « Les Négociants bordelais sous le Consulat et l'Empire », maîtrise d'histoire, dactyl., Paul Butel (dir.), Université de Bordeaux III, 1991.

Flouret, Jean, « Les étrangers à La Rochelle : le mariage comme vecteur d'intégration sociale (1628-1732) », dans Mickaël Augeron et Pascal Even (dir.), *Les Étrangers dans les villes-ports atlantiques. Expériences françaises et allemandes. XVe-XIXe siècles*, Paris, Les Indes savantes, 2010, pp. 255-263.

Gardey, Philippe, *Négociants et marchands de Bordeaux de la guerre d'Amérique à la Restauration (1780-1830)*, Paris, Presses de l'Université Paris-Sorbonne, 2009.

Godelier, Maurice, *Métamorphose de la parenté*, Paris, Flammarion, (coll. « Champs essais »), 2010.

González Portilla, Manuel, Rocio García Abad et Karmele Zarraga Sangroniz, « La zonificación social de la ría de Bilbao (1876-1930) », dans Arantza Pareja Alonso (dir.), *El capital humano en el mundo urbano. Experiencias desde los padrones municipales (1850-1930)*, Bilbao, Université du Pays Basque, 2011, pp. 15-44.

Goody, Jack, *L'Évolution de la famille et du mariage en Europe*, Paris, Armand Colin, 1985.

Gresle, François, *L'univers de la boutique. Famille et métier chez les petits patrons du Nord (1920-1975)*, Lille, Presses universitaire de Lille, 1981.

Hardy, Marie, *Anciennes familles genevoises. Étude démographique XVIe-XXe siècles*, Paris, Presses universitaires de France, 1956.

Hérault, Cécile, *Heurs et malheurs d'une famille négociante nantaise d'origine basque, les Darquistade aux XVIIe et XVIIIe siècles*, maîtrise d'histoire, dactyl., Guy Saupin (dir.), Université de Nantes, 2003.

Herlihy, David et Christiane Klapisch-Zuber, *Les Toscans et leurs familles. Une étude du Catasto Florentin de 1427*, Paris, Éditions de l'EHESS, 1978.

Hroděj, Philippe, « Les premiers colons de l'ancienne Haïti et leurs attaches en métropole, à l'aube des premiers établissements (1650-1700) », *Les Cahiers de Framespa, L'espace atlantique : rôle et impact d'un monde sur ses acteurs*, vol. 9, 2012.

Jeannin, Pierre, *Marchands d'Europe, pratique et savoirs à l'époque moderne*, textes réunis par Jacques Bottin et Marie-Louise Pelus-Kaplan, Paris, Presses de l'École normale supérieure, 2002.

———, *Marchands du Nord, espaces et trafics à l'époque moderne*, textes réunis par Philippe Braunstein et Jochen Hooch, Paris, Presses de l'École normale supérieure, 1996.

———, « Distinction des compétences et niveaux de qualification : les savoirs négociants dans l'Europe moderne », dans Franco Angiolini et Daniel Roche (dir.), *Cultures et Formations négociantes dans l'Europe moderne*, Paris, EHESS, 1995, pp. 363-397.

———, *Les marchands au XVIe siècle*, Paris, Seuil (coll. « Le temps qui court »), 1957.

Julia, Dominique, « L'éducation des négociants français au 18e siècle », dans Franco Angiolini et Daniel Roche (dir.), *Cultures et Formations négociantes dans l'Europe moderne*, Paris, Éditions de l'EHESS, 1995, pp. 215-256.

Kenyon-Rouvinez, Denise et John L Ward, *Les entreprises familiales*, Paris, Presses universitaires de France, 2004.

Klein, Jean-François, *Les maîtres du comptoir : Desgrand Père & Fils (1720-1878). Réseaux du négoce et révolutions commerciales*, Paris, Presses de l'Université Paris-Sorbonne, 2013.

Klein, Jean-François et Bruno Marnot (dir.), *Les Européens dans les ports en situation coloniale (XVIe-XXe siècles)*, Rennes, Presses universitaires de Rennes, (coll. « Enquêtes & Documents »), 2017.

Klein, Jean-François, Virginie Chaillou et Antoine Resche (dir.), *Les négociants européens et le monde. Histoire d'une mise en connexion*, Rennes, Presses universitaires de Rennes, (coll. « Enquêtes et documents »), 2016.

Lardin, Philippe, « La pluriactivité dans le port de Dieppe : Hôtes-vendeurs et guerre de course à la fin du Moyen Âge », *Annales de Bretagne et des Pays de l'Ouest*, t. 120, n° 2, 2013, pp. 17-38.

Le Bouëdec, Gérard, « Les négociants lorientais et les Compagnies des Indes. Les Arnoux, du négoce du bois à la construction navale et à l'armement (1750-1794) », dans Philippe Haudrère, *Les flottes de la Compagnies des Indes (1600-1857)*, V^e journée franco-britannique d'histoire de la Manche, IIIe journée d'histoire maritime et d'archéologie navale (Lorient, 4-6 mai 1994), Vincennes, Service historique de la Marine, 1996, pp. 133-148.

Le Goff, Christelle, *Les négociants lorientais et l'argent, 1774-1782*, maîtrise d'histoire, dactyl., Gérard Le Bouëdec (dir.), université de Bretagne Sud-Lorient, 1997.

Lespagnol, André, *Messieurs de Saint-Malo. Une élite négociante au temps de Louis XIV*, Rennes, Presses universitaires de Rennes, 1997.

———, « Modèles éducatifs et stratégies familiales dans le milieu négociant malouin aux 17e et 18e siècles : les ambiguïtés d'une mutation », dans Franco Angiolini et Daniel Roche (dir.), *Cultures et Formations négociantes dans l'Europe moderne*, Paris, EHESS, 1995, pp. 257-274.

Lindoso Tato, Elvira, *Los pioneros gallegos. Bases del desarrollo empresarial (1820-1913)*, Madrid, Lid, 2006.

Lubinski, Christina, « Succession in Multi-Generational Family Firms. An Exploratory Study into the Period of Anticipatory Socialization », *Electronic Journal of Family Business Studies (EJFBS)*, vol. 5, n° 1-2, 2011, pp. 4-25.

Maillard, Jacques, « Une famille d'industriels sucriers à Angers. Gaspard Van Bredenbec et ses descendants (1673-1798) », dans René Favier *et al.* (dir.), *Tisser l'histoire. L'industrie et ses patrons, mélanges offerts à Serge Chassagne*, Valenciennes, Presses universitaires de Valenciennes, 2009, pp. 261-271.

Martinetti, Brice, *Les Négociants de La Rochelle au XVIIIe siècle*, Rennes, Presses universitaires de Rennes, 2013.

———, *Les Négociants rochelais au XVIIIe siècle. Formations, évolutions et révolutions d'une élite*, thèse d'histoire, dactyl., Didier Poton (dir.), Université de La Rochelle, 2012.

Mendes Pinto, Fernão, *Peregrinação*, Mem Martins, Publicação Europa-América, 1996, 2 volumes.

Merton, Robert K., *Social Theory and Social Structure*, New York, Free Press, 1968.

Michon, Bernard, « Les marchands de Nantes et le commerce avec Bilbao au milieu du XVIIe siècle », dans Jean-Philippe Priotti, Guy Saupin (dir.), *Le commerce atlantique franco-espagnol, acteurs, négoces et ports (XVe-XVIIIe siècles)*, Rennes, Presses universitaires de Rennes, 2008, pp. 249-273.

Minvielle, Stéphane, *Dans l'intimité des familles bordelaises du XVIIIe siècle*, Bordeaux, Éditions Sud-Ouest, 2009.

Mollat, Michel, « Les hôtes et les courtiers dans les ports normands à la fin du Moyen Âge » *Revue historique de droit français et étranger*, 4e série, t. 24, Paris, 1946-1947.

Pelus-Kaplan, Marie-Louise, « Les réseaux familiaux dans le monde hanséatique aux XVIe et XVIIe siècles : acteurs du transfert culturel, ou piliers d'une homogénéité culturelle et technique en Europe du Nord ? », dans Dorothea Nolde et Claudia Opitz (dir.), *Grenzüberschreitende Familienbeziehungen : Akteure und Medien des Kulturtransfers in der Frühen Neuzeit*, Böhlau Verlag, Köln, 2008, pp. 121-136.

———, « Merchants and immigrants in Hanseatic cities, c. 1500-1700 », dans Donatella Calabi et Stephen Turk Christensen (dir.), *Cultural exchange in early modern Europe, vol. 2 : Cities and cultural exchange in Europe, 1400-1700*, Cambridge, Cambridge University Press, 2007, pp. 132-153.

Pérez-Fuentes, Pilar, *Vivir y morir en las minas, estrategias familiares y relaciones de género en la primera industrialización vizcaína (1877-1913)*, Bilbao, Université du Pays Basque, 1993.

Pillorget, René, *La Tige et le rameau, familles anglaise et française 16e-18e siècles*, Paris, Calman-Lévy, 1979.

Pineau-Defois, Laure, *Les grands négociants nantais du dernier tiers du XVIIIe siècle. Capital hérité et esprit d'entreprise (fin XVIIe-début XIXe siècle)*, thèse d'histoire, dactyl., Guy Saupin (dir.), Université de Nantes, 2008.

Robic, Paulette, *Le management stratégique des PME et ETI familiales : une histoire de trajectoires individuelles et collectives entre rupture et continuité*, mémoire d'habilitation à diriger des recherches, dactyl., Université de Nantes, 2017.

Robic, Paulette, Dominique Barbelivien et Nicolas Antheaume, « La fabrique de l'entrepreneur familial. Une institutionnalisation du processus de transmission comme facteur de pérennité des entreprises familiales », *Revue de l'Entrepreneuriat*, vol. 3, n° 3, 2014, pp. 25-50.

Rodrigues, Eugénia, *Portugueses e Africanos nos Rios de Sena. Os prazos da Coroa nos séculos XVII e XVIII*, thèse d'histoire, dactyl., Université de Lisbonne, 2002.

Romaní, Arturo, *Una Industria salazonera catalana en Galicia, origen, apogeo y ocaso : la familia Romaní*, Saint-Jacques-de-Compostelle, Xunta de Galicia, 1998.

Saupin, Guy, « Les marchands nantais et l'ouverture de la route antillaise », dans Jean-Pierre Sanchez (dir.), *Dans le sillage de Colomb, l'Europe du Ponant et la découverte du Nouveau Monde (1450-1650)*, Rennes, Presses universitaires de Rennes, 1995.

Scherman, Matthieu, *Familles et travail à Trévise à la fin du Moyen Âge (vers 1434-vers 1509)*, Rome, École française de Rome (coll. « BEFAR »), 2013.

Segalen, Martine et Agnès Martial, *Sociologie de la famille*, Paris, Armand Colin, 2013.

Silva, Maria Beatriz Nizza da, *Sexualidade, familia e religião na colonização do Brasil*, Lisboa, Livros Horizontes, 2001.

Tanguy, Jean, « Les premiers engagés partis de Nantes pour les Antilles (1636-1660) », *Actes du 97ᵉ congrès des Sociétés Savantes*, t. 2, 1972, pp. 53-81.

Tanguy, Marion, *Étude d'une famille de grands marchands nantais au XVIIᵉ siècle : Les Libault*, master 1 d'histoire, dactyl., Guy Saupin (dir.), Université de Nantes, 2007.

Trivellato, Francesca, *Corail contre diamants. Réseaux marchands, diaspora sépharade et commerce lointian. De la Méditerranée à l'océan Indien au XVIIIᵉ siècle*, Paris, Éditions du Seuil, 2016.

Viguerie (de), Jean, *L'institution des enfants : l'éducation en France, XVIᵉ-XVIIᵉ siècles*, Paris, Calmann-Lévy, 1978.

Weber, Klaus, *Deutsche Kaufleute im Atlantikhandel 1680-1830 : Unternehmen und Familien in Hamburg, Cádiz und Bordeaux*, München, Beck, 2004.

Tattevin, Marie-Christine, *Les Michel, une famille de grands notables nantais au XVIIIᵉ siècle*, maîtrise d'histoire, dactyl., Yves Durand (dir.), Université de Nantes, 1976.

Zemon Davis, Natalie, *Society and culture in early modern France*, Stanford, Cafifornie, Stanford University Press, 1975.

Histoire économique et portuaire

Abraham-Thisse, Simonne, « Les relations commerciales entre la France et les villes hanséatiques de Hambourg, Lubeck et Brême au Moyen Âge », dans Isabelle Richefort et Burghart Schmidt (dir.), *Les relations entre la France et les villes hanséatiques de Hambourg, Brême et Lubëck : Moyen Âge-XIXᵉ siècle*, Bruxelles, Peter Lang (coll. « Diplomatie et histoire »), 2006, pp. 29-74.

Alonso Álvarez, Luis, *Las tejedoras del humo : Historia de la Fábrica de Tabacos de A Coruña, 1804-2000*, Vigo, A Nosa Terra-Fundación Altadis, 2001.

Alonso Álvarez, Luis, Elivira Lindoso Tato et Margarita Villar Rodríguez, *Construyendo empresas. La trayectoria de los emprendedores coruñeses en perspectiva histórica, 1717-2006*, La Corogne, Confédération des chefs d'entreprise de la Corogne, 2009.

Audran, Karine, *Les négoces portuaires bretons sous la Révolution et l'Empire. Bilan et stratégies. Saint-Malo, Morlaix, Brest, Lorient et Nantes, 1789-1815*, thèse d'histoire, dactyl., Gérard Le Bouëdec (dir.), Université de Bretagne Sud-Lorient, 2007.

Ballong-wen-mewuda, Joseph Bato'ora, *São Jorge da Mina. 1482-1637*, Paris, Fondation Calouste Gulbenkian, 1993, 2 volumes.

Bascoy Varela, Manuel, *Contribución al estudio de la estructura económica de Galicia : la matrícula industrial de Santiago, 1893-1936*, thèse d'histoire, dactyl., Université de Saint-Jacques-de-Compostelle, 1985.

Béchet, Laëtitia, « La traite négrière à la Martinique à travers la presse locale au début du XIXᵉ siècle », *Revue du Philanthrope*, n° 6, Presses universitaires de Rouen et du Havre, 2015, pp. 262-266.

Berg, Maxime et Helen Clifford, « Selling consumption in the eighteenth century. Advertising and the trade card in Britain and France », *Cultural and Social History*, vol. 4, n° 2, 2007, pp. 145-170.

Boiteux, Louis-Augustin, *La fortune de mer, le besoin de sécurité et les débuts de l'assurance maritime*, Paris, SEVPEN, 1968.

Butel, Paul et Louis M. Cullen (dir.), *Négoce et industrie en France et en Irlande aux XVIIIᵉ et XIXᵉ siècles*, Paris, CNRS, 1980.

Buti, Gilbert, « I luoghi dello scambio commerciale. La Loggia di Marsiglia, XVIIᵉ-XVIIIᵉ secolo », dans Teresa Colletta (dir.), *Città portuali del Mediterraneo. Luoghi dello scambio commerciale e colonie di mercanti stranieri tra Medioevo ed età moderna*, Milano, Franco Angeli, 2012, pp. 156-170.

———, « Comment Marseille est devenue port mondial au XVIIIe siècle », *Marseille*, n° 185, 1998, pp. 72-81.

Campos, Luque, *Mercado de trabajo y género en Málaga durante la crisis de la Restauración*, Grenade, Universidad de Granada, 2001.

Camps Cura, Enriqueta, *La formación del mercado de trabajo industrial en la Cataluña del siglo XIX*, Madrid, Ministerio del Trabajo y de la Seguridad Social, 1995.

Carmona Badía, Xoan et Jordi Nadal, *El empeño industrial de Galicia : 250 años de historia, 1750-2000*, La Corogne, Fondation Barrié de la Maza, 2005.

Carrière, Charles, *Richesse du passé marseillais. Le port mondial au XVIIIe siècle*, Marseille, Chambre de commerce de Marseille, 1979.

Chassagne, Serge, *Oberkampf un grand patron au siècle des Lumières. L'inventeur de la toile de Jouy*, Aubier 1980, Paris, Flammarion, (coll. « Collection historique »), 2015.

Coquery, Natacha, « La diffusion des biens à l'époque moderne. Une histoire connectée de la consommation », *Histoire urbaine, Ville, consommation, exotisme dans l'Europe atlantique, XVe-XVIIIe siècles*, n° 30, 2011, pp. 5-20.

———, « Les écritures boutiquières au XVIIIe siècle : culture savante, encadrement légal et pratiques marchandes », dans Natacha Coquery, François Menant, Florence Weber (dir.), *Écrire, compter, mesurer. Vers une histoire des rationalités pratiques*, Paris, ENS Ulm, 2006, pp. 163-180.

———, « The language of success : marketing and distributing semi-luxury goods in eighteenth-century Paris », *Journal of Design History*, vol. 17, n° 1, 2004, pp. 71-89.

Corella Álvarez, Ignacio, « La tarifa tercera de la Contribución Industrial desde la reforma de Mon a la reforma de Villaverde », *Trésor Public Espagnol*, 45, 1977.

Costa, Leonor Freire, *Naus e galeões na Ribeira de Lisboa. A construção naval no século XVI para a Rota do Cabo*, Cascais, Patrimonia, 1997.

Degryse, René, « Het schip en de zeevisserij te Dieppe in de 15de eeuw (Le navire et la pêche maritime à Dieppe) », *Académie de Marine de Belgique*, Anvers, 1975.

Dermigny, Louis, *Cargaisons indiennes, Solier & Co 1781-1793*, Paris, Sevpen, 1960.

Deseille, Ernest, *Études sur les origines sur les origines de la pêche à Boulogne-sur-mer*, Boulogne-sur-Mer, 1875.

Facal Rodríguez, Jesús, « La integración de comerciantes mayoristas en las redes financieras o bancarias de la segunda mitad del siglo XIX », *Actes du colloque d'Histoire économique*, Bellaterra, Université Autonome de Barcelone, 2005.

Fontaine, Laurence, *Le marché. Histoire et usages d'une conquête sociale*, Paris, Gallimard, 2014.

———, *L'économie morale. Pauvreté, crédit et confiance dans l'Europe préindustrielle*, Paris, Gallimard, 2008.

Garçon, Anne-Françoise, « La boutique indécise. "Réflexions autour de ces corps qui sont regardés comme mixtes, c'est-à-dire qu'ils tiennent du marchand et de l'artisan " (Savary, 1741) », dans Natacha Coquery (dir.), *La Boutique et la ville, Commerces, commerçants, espaces et clientèles, XVIe-XXe siècles*, Actes du colloque de Tours (1999), Tours, Publications de l'Université François Rabelais, 2000.

Gascon, Richard, *Grand commerce et vie urbaine au XVIe siècle. Lyon et ses marchands. 1520-1580*, Paris, Mouton, 1971.

Gautier, Bertrand, *Le monde du négoce dans les ports du Ponant sous Richelieu et Mazarin (vers 1625-vers 1660). Les exemples de Bordeaux et de Rouen*, thèse d'histoire, dactyl., Paul Butel (dir.), Université Bordeaux III, 1996.

González Portilla, Manuel, *Los orígenes de una metrópoli industrial : la Ría de Bilbao*, Bilbao, Fondation Banco de Bilbao Vizcay, 2001.

Grenier, Jean-Yves, « Travailler plus pour consommer plus. Désir de consommer et essor du capitalisme, du XVIIe siècle à nos jours », *Annales, Histoire, Sciences sociales*, 2010, 65e année, n° 3, pp. 787-798.

———, *L'économie d'Ancien Régime. Un monde de l'échange et de l'incertitude*, Paris, Albin Michel, 1996.

Hardy, Marie, *Le monde du café à la Martinique du début du XVIIIe siècle aux années 1860*, thèse d'histoire, dactyl., Danielle Bégot (dir.), Université des Antilles-Guyane, 2014.

Jeulin, Paul, « Aperçus sur la Contratación de Nantes, 1520 environ-1733 », *Annales de Bretagne*, 1932-1933, vol. XL, pp. 284-331 et 457-505.

Lardin, Philippe, « L'activité du port de Dieppe à travers la comptabilité de l'archevêque de Rouen », dans *Ports maritimes et ports fluviaux au Moyen Âge*, Actes du 35e Congrès de la SHMES, Société des historiens médiévistes de l'enseignement supérieur (La Rochelle, 5-6 juin 2004), Paris, Publications de la Sorbonne, 2005, pp. 171-182.

Laucoin, Chrystelle, *La naissance du trafic antillais (1638-1660)*, maîtrise d'histoire, dactyl., Guy Saupin (dir.), Université de Nantes, 1999.

Lavaud, Sandrine, *Bordeaux et le vin au Moyen Âge. Essor d'une civilisation*, Luçon, Éditions Sud Ouest (coll. « Références »), 2003.

Le Bouëdec, Gérard, *Activités maritimes et sociétés littorales de l'Europe atlantique 1690-1790*, Paris, Armand Colin, 1997.

Le Mao, Caroline, *Les villes portuaires maritimes dans la France moderne. XVIe-XVIIIe siècles*, Paris, Armand Colin, (coll. « U Histoire »), 2015.

LLovo Taboada, Santiago (dir.), *Memoria salgada dun pobo*, La Corogne, Conseil général de la Corogne, 2013.

Lobato, Alexandre, *Colonização senhorial da Zambézia e outros estudos*, Lisbonne, J. I. U., 1962.

Maillard, Jacques, « Les raffineries de sucre en Anjou aux XVIIe et XVIIIe siècles », *Archives d'Anjou*, n° 11, décembre 2007, pp. 87-109.

« La diffusion des produits ultramarins en Europe, XVI-XVIIIe siècle », Marguerite Martin et Maud Villeret (dir.), *Enquêtes et documents*, n° 60, PUR, 2018.

Meyer, Jean, *L'armement nantais dans la seconde moitié du XVIIIe siècle*, Paris, SEVPEN, 1969 (réédition EHESS en 1999).

Michon, Bernard, *Le port de Nantes au XVIIIe siècle. Construction d'une aire portuaire*, Rennes, Presses universitaires de Rennes, 2011.

Mollat, Michel, « La pêche à Dieppe au XVe siècle », *Bulletin de la société libre d'émulation du commerce et de l'industrie de la Seine-Inférieure*, Rouen, 1938.

Montenach, Anne, « Vendre le luxe en province : circuits officiels et réseaux parallèles dans le Dauphiné du XVIIIe siècle », dans Natacha Coquery et Alain Bonnet (dir.), *Le commerce du luxe. Le luxe du commerce. Production, exposition et circulation des objets précieux du Moyen Âge à nos jours*, Paris, Mare et Martin, 2015, pp. 47-51.

Morineau, Michel, « La vraie nature des choses et leur enchaînement entre la France, les Antilles et l'Europe (XVIIe-XIXe siècles) », *Revue française d'histoire d'outre-mer*, vol. 84, n° 314, 1997, pp. 3-24.

Pelus-Kaplan, Marie-Louise, « La Prusse orientale dans le commerce baltique au XVIe siècle », *Histoire, économie & société*, vol. 32, n° 2, 2013, pp. 39-49.

Pétré-Grenouilleau, Olivier, *Les négoces maritimes français. XVIIe-XXe siècles*, Paris, Belin, 1997.

———, *L'argent de la traite. Milieu négrier, capitalisme et développement : un modèle*, Paris, Aubier, 1996.

Polónia, Amélia, *A expansão ultramarina numa perspectiva local. O porto de Vila do Conde no século XVI*, Lisboa, Imprensa Nacional-Casa da Moeda, 2007.

———, « The Sea and Its Impact on a Maritime Community. Vila do Conde, Portugal, 1500-1640 », *International Journal of Maritime History*, n° 1, 2006, pp. 199-222.

———, « A Tecelagem de Panos de Tréu em Entre-Douro-e-Minho no Século XVI. Contributos para a definição de um modelo de produção », dans Jorge Fernandes Alves (dir.), *A Indústria Portuense em Perspectiva Histórica. Actas do Colóquio*, Porto, CLC-FLUP, 1998, pp. 11-24.

Pourchasse, Pierrick, *Le commerce du Nord : les échanges commerciaux entre la France et l'Europe septentrionale au XVIIIe siècle*, Rennes, Presses universitaires de Rennes, 2006.

Poussou, Jean-Pierre, *Bordeaux et le Sud-Ouest au XVIIIe siècle : croissance économique et attraction urbaine*, Paris, éditions de l'EHESS, 1983.

Priotti, Jean-Philippe et Guy Saupin (dir.), *Le commerce atlantique franco-espagnol. Acteurs, négoces et ports (XVe-XVIIIe siècles)*, Rennes, Presses universitaires de Rennes, 2008.

Rambert Gaston (dir.), *Histoire du commerce de Marseille (1599-1789)*, Paris, Plon, 1954-1966.

Robic, Paulette, et Dragos Zelinschi, « Des pratiques d'archivage des Petites et Moyennes Entreprises à l'écriture de l'histoire de la gestion », *XXe Journées d'Histoire de la comptabilité et du management*, Lille, 2015.

Roch, Jean-Louis, *Un autre monde du travail. La draperie en Normandie*, Rouen, Presses universitaires de Rouen et du Havre, 2013.

Seshan, Radhika, « Trans-National and Informal Networks in the Seventeenth Century Coromandel Coast », dans Amélia Polónia et Cátia Antunes (dir.), *Seaports in the First Global Age. Portuguese agents, networks and interactions 1500-1800*, Porto, U. Porto Edições, 2016, pp. 347-355.

Sée, Henri, « Notes sur les assurances maritimes en France et plus particulièrement à Nantes au XVIIIe siècle », *Revue d'Histoire du droit français et étranger*, Paris, 1927.

Tanguy, Marion, *L'essor d'un port atlantique connecté. Nantes et le commerce des « Isles de l'Amerique » durant le règne de louis XIV (1661-1697)*, thèse d'histoire, dactyl., Guy Saupin (dir.), Université de Nantes, 2014.

Vérin, Hélène, *Entrepreneurs, entreprise : histoire d'une idée*, Paris, Presses universitaires de France, 1982.

Villeret, Maud et Marguerite Martin (dir.), *La diffusion des produits ultra-marins en Europe (XVIe-XVIIIe siècles)*, Rennes, Presses universitaires de Rennes, (coll. « Enquêtes et documents »), 2018.

Liste des contributeurs

Bernard Michon
Maître de conférences en histoire moderne
Centre de recherches en histoire internationale et atlantique (CRHIA-EA 1163)
Université de Nantes

Nicole Dufournaud
Docteure en histoire moderne
Laboratoire de démographie et d'histoire sociale (LaDéHiS) et « Histoire du genre »
École des hautes études en sciences sociales (EHESS), Paris

Philippe Lardin
Maître de conférences honoraire en histoire médiévale
Groupe de recherche d'histoire (GRHis-EA 3831)
Université de Rouen

Anne Montenach
Professeure d'histoire moderne
Aix Marseille Univ, CNRS, telemme, Aix-en-Provence, France

Luisa Muñoz Abeledo
Département d'histoire
Université de Saint-Jacques-de-Compostelle

Amélia Polónia
Professeure au département d'histoire
Centre de recherches pluridisciplinaires sur la culture ibérique et sa mémoire (CITCEM)
Université de Porto

Marion Tanguy
Docteure en histoire moderne
Centre de recherches en histoire internationale et atlantique (CRHIA-EA 1163)
Université de Nantes

Gilbert Buti
Professeur émérite d'histoire moderne
Aix Marseille Univ, CNRS, telemme, Aix-en-Provence, France

Krystel Gualdé
Directrice scientifique
Musée d'histoire de Nantes, Château des ducs de Bretagne

Brice Martinetti
Docteur en histoire moderne
Centre de recherches en histoire internationale et atlantique (CRHIA-EA 1163)
Université de La Rochelle

Philippe Gardey
Docteur en histoire
Centre d'études des mondes moderne et contemporain (CEMMC-EA 2958)
Université Bordeaux-Montaigne

Karine Audran
Docteure en histoire
Centre de recherches en histoire internationale et atlantique (CRHIA-EA 1163)
Université de Nantes

Paulette Robic
Maîtresse de conférences HDR en sciences de gestion
Laboratoire d'économie et de management Nantes-Atlantique (LEMNA-EA 4272)
Université de Nantes

Martine Cocaud
Maîtresse de conférences honoraire en histoire contemporaine
Laboratoire Tempora (EA 7468)
Université de Rennes 2

Collection « Pour une histoire nouvelle de l'Europe »

Cette collection est destinée à rassembler une partie des travaux de recherche du LabEx (laboratoire d'excellence) EHNE, *Écrire une histoire nouvelle de l'Europe,* créé en 2012. Renonçant à une approche dominée par les dimensions politique et institutionnelle, EHNE appréhende l'histoire selon une démarche thématique recouvrant une large palette de champs qu'elle saisit dans leurs évolutions autonomes. Elle revêt une dimension globale en ce qu'elle cherche à comprendre les transversalités et les modes d'interaction existant entre ces champs en vue d'une interprétation d'ensemble. Les travaux du LabEx EHNE s'articulent ainsi autour de sept axes : « l'Europe comme produit de la civilisation matérielle », l'Europe dans une épistémologie du politique », « l'humanisme européen », « l'Europe, les Européens et le monde », « l'Europe des guerres et des traces de guerre », « une histoire genrée de l'Europe », « Traditions nationales, circulations et identités dans l'art européen ». La collection « Pour une histoire nouvelle de l'Europe » réunit les travaux, monographies, colloques ou tables-rondes, issus des travaux d'EHNE. Ces derniers se veulent des contributions et synthèses partielles constitutives d'une entreprise d'ensemble se développant sur plusieurs années.

Collection dirigée par le Laboratoire d'excellence
« Écrire une histoire nouvelle de l'Europe »
Éric Bussière

Titres parus

Vol. 6 – Bernard Michon et Nicole Dufournaud (dir.), *Femmes et négoce dans les ports européens. Fin du Moyen Âge - XIXe siècle*, 2018.

Vol. 5 – Thierry Laugée et Carole Rabiller (dir.), *Critique d'art et nationalisme. Regards français sur l'art européen au XIXe siècle*, 2017.

Vol. 4 – Olga Medvedkova (dir.), *Les Européens : ces architectes qui ont bâti l'Europe*, 2017.

Vol. 3 – Olivier Dard, Didier Musiedlak et Éric Anceau (dir.), *Être nationaliste à l'ère des masses en Europe (1900-1920)*, 2017.

Vol. 2 – Marie Bouhaïk-Gironès, Tatiana Debbagi Baranova et Nathalie Szczech (dir.), *Usages et stratégies polémiques en Europe. (XIVe–premier XVIIe siècles)*, 2016.

Vol. 1 – Corinne Doria et Gérard Raulet (dir.), *L'espace public européen en question. Histoire et méthodologie / Questioning the European Public Sphere. An historical and methodological approach*, 2016.

www.ingramcontent.com/pod-product-compliance
Lightning Source LLC
LaVergne TN
LVHW020418070526
838199LV00055B/3650